Démontage, détournement, dérision

La défaite numérique

GILLES BOENISCH

Démontage, détournement, dérision

La défaite numérique

PANACOTTA

Introduction

Nous ne sommes ni critique d'art, ni historien, ni philosophe, mais plasticien. En tant que tel, nous passons l'essentiel de notre temps dans un atelier à confectionner des œuvres, laisser s'exercer le mouvement passionné de notre élan créatif, bricoler et méditer entre rationalité et affectivité. En investissant le domaine artistique avant tout en acte, nous ne pouvons prétendre donner ici, une définition générale et objective de l'art. Notre ambition, bien plus modeste, consiste à mettre en lumière ce que subjectivement nous pensons être notre approche singulière dans ce vaste domaine. Il s'agit donc d'exposer comment, en tant que praticien, nous vivons cette activité, d'éclairer le déroulement réel de nos investigations plastiques : comment nous procédons dans la conception et la construction de nos œuvres, en donnant des éclaircissements sur ce qui les anime.

Ce travail théorique est donc né d'une pratique, et ceci nous semble devoir caractériser la recherche scientifique qui touche au domaine artistique. Cela engage des difficultés que tout praticien éprouve à discourir sur son travail : à le problématiser. Or, échapper à cette difficulté pour emprunter limitativement des schémas de recherche propres à d'autres disciplines nous semble inadapté à une étude originale de sujets pour lesquels « *une approche de l'intérieur* » fait précisément défaut. La spécificité de notre tentative n'est pas de faire l'impasse sur des ressources que nécessite le sujet, bien au contraire, mais d'en exploiter tout le potentiel conjointement à l'outil majeur de notre réflexion : *notre connaissance et notre pratique du numérique*. Persuadé que c'est dans la réflexion animée par l'acte de création que se situe notre originalité, il est pourtant difficile de parler de son travail, car celui-ci mêle de manière continue des états de maturité différents, il est une perpétuelle remise en cause de ce qui précède et même de ce qui est.

Ainsi, parler des éléments déjà réalisés n'est pas s'exprimer sur son travail. Parler de son travail serait de l'ordre d'une quête dont seules les traces expérimentales des travaux en cours seraient les supports : *il s'agit de parler du « faire », mais de son propre faire.* Cependant, il ne s'agit pas de se limiter à cela, l'objectif n'est pas de justifier le travail ou de se justifier, ni de justifier un discours tourné sur lui-même. Il s'agit d'envisager une analyse des constituants de la pratique et de leur dimension expressive. Alors le seul travail plastique ne suffit plus, il s'inscrit dans une étude plus vaste et plus fondamentale dont il devient le champ d'expérimentation. C'est pourquoi nous préférons parler *d'une réflexion menée autour d'une pratique* plutôt que d'un travail théorique élaboré à partir d'une pratique.

De cette manière le travail plastique devient le moyen de suggérer des interrogations, de révéler précisément des résultats, de dévoiler le fonctionnement de nouveaux systèmes. Il devient un outil de réflexion susceptible de donner accès à une vue générale sur la question du numérique. C'est donc ce va-et-vient entre fabrication et réflexion, où l'antériorité de l'un par rapport à l'autre dépend de l'interrogation qui impose le discours. Ce dernier porte donc essentiellement sur *l'acte de défaire le numérique.* C'est-à-dire, *utiliser le numérique comme un matériau* avec toutes les failles et maladresses qu'un travail plastique engendre.

Chapitre 1. Défaire

Le travail créatif se fait sous condition, assujetti à des contraintes qui structurent son déroulement. Au-delà des usages prévus des technologies, encore moins des théories, il déploie ses propres questionnements, moyens, procédés, pour nourrir les œuvres. En cela, chaque activité plastique semble hors-norme en utilisant de manière singulière des matériaux et des technologies issues d'autres domaines, en parallèle de ce qui semble institué. Si parler d'art numérique concourt à la légitimité et à la visibilité de nombreuses démarches artistiques, ces dernières ne peuvent que partiellement coïncider avec les caractéristiques promues.

1.1 Manipulations

Nous resituons ici notre démarche après avoir dégagé les fondements de notre posture plastique. Défaire semble pour nous le moyen d'arpenter un parcours exploratoire, à la fois empreint de tradition et de réinvention. Défaire s'apparente à un engagement instaurateur où le numérique devient l'objet, le matériau de nos questionnements. Une telle démarche est fondée sur un terrain que nous n'avons cessé d'expérimenter, reposant sur la découverte, la résistance, et la connaissance. Une connaissance à la fois enfouie dans les objets techniques, et dans la pratique elle-même productrice de sens. Défaire engage donc une pensée en acte, où la figure fondamentale est le démontage, engendrant la compréhension, la modification, la reformulation. En ce sens, défaire est une affaire de gestes permettant de nous insérer dans les dispositifs. Un geste, qui pour les utilisateurs semble bien amoindri, ne laissant aucune latitude à la compréhension, encore moins à l'appropriation. Le numérique exploite le potentiel aveugle et naïf, fasciné par les séductions mises en jeu, engageant un usage superficiel, voire superflu, de ses potentialités réelles. Ainsi, défaire semble être un moyen d'inventer, d'être en rupture, de trouver de nouvelles manières, de susciter des points de vue singuliers.

Défaire

défaire [defɛʀ] verbe transitif[1]
étym. desfaire 1080 ◊ de dé- et 1. faire

- *Réduire (ce qui était construit, assemblé) à l'état d'éléments. démonter,
abattre, démolir, renverser, ouvrir*
- *Supprimer l'ordre, l'arrangement de (qqch.). déranger, déballer, ouvrir.*
- *Détacher, dénouer.*
- *Défaire (qqn) de : délivrer de ce qui gêne. débarrasser, délivrer.*
- *Mettre en déroute. battre, vaincre.*

Défaire. C'est à cela que pourrait se résumer notre première pensée dès l'instant où nous entreprenons une réalisation. Cette prise de conscience sur le vif est sans aucun doute la convocation au démontage, c'est-à-dire qu'elle marque le démarrage de l'analyse d'un concept parfois emblématique, parfois insignifiant, par la mise en pièces des rouages techniques d'un objet.

Défaire comporte comme une sorte de prise de risque, quelque chose d'irréversible, sans retour, qui ne propose que des possibilités d'arrivées à des stades temporaires. Défaire tient donc de cet « engagement instaurateur[2] » dont parle René Passeron, une certaine responsabilité à diriger son œuvre dans la bonne direction. L'engagement de l'œuvre comporte pourtant une marge d'incertitude, à laquelle s'ajoute une marge d'approximation au bout de la réalisation. C'est alors moins le résultat final ou encore les différentes possibilités qui comptent, plutôt l'intentionnalité de la démarche et ses dérives progressives. Défaire, tient

---

[1] Le Petit Robert, *définition du mot « défaire »*, 2003, Paris, LR, p. 653.
[2] PASSERON, R., « La poïétique », in *Recherche poïétiques, Tome 1*, Paris, Klincksieck, 1975, p. 22.

donc à la fois autant de l'engagement que de l'imaginaire, et marque le début d'un parcours exploratoire. Un parcours méticuleux où il est inutile de prendre des décisions hâtives, avec lequel il est souvent nécessaire de perdre les acquis de la veille afin de surprendre un nouvel objet, trouver une autre manière « d'opérer », acclimater la pratique dans un geste réinventé. Il y aurait en fait quelque chose de l'ordre d'une consumation apparente des antécédents. Il s'agit aussi d'un passage, tel « un passage à l'acte » qui s'insinue dans une sorte de disponibilité instrumentale et imaginaire propre à défaire. Une disponibilité de notre affect, de notre mémoire, du numérique lui-même. Mais aussi une opportunité provoquée par les obstacles sur lesquels on bute, les écueils techniques, et les « trouvailles » qui fonctionnent comme de véritables déclics et investissent notre attention, au point de devenir le départ obsédant d'une aventure du défaire, l'inspiration essentielle à toute réalisation :

> « *J'ai poursuivi mon travail comme si j'étais guidé par un esprit, quelque chose qui me commande, qui me dit la manière de faire ; quand c'est bien incrusté dans ma tête, ça se répand en moi, dans mes mains, dans mes doigts, je suis poussé à travailler* [3] ».

Mais défaire est aussi « un passage délicat », une « instauration[4] » au sens poïétique, qui tient du zigzag de l'intention à la réalisation. Il suit un mouvement de va-et-vient entre retours et détours, réussites et échecs oscillant autour du couple convention contre invention. Perdre et tenter encore, termes en jeu, aspect ludique de l'entreprise, laquelle semble

---

[3] ISIDORE, R., cité par EHRMANN, G., *Les inspirés et leurs demeures*, Paris, Le Temps, 1962, p. 39.
[4] SOURIAU, E., « Le mode de l'existence de l'œuvre à faire », *Bulletin de la Société française de philosophie, n°1,* 1956, p. 8.

parfois ne suivre aucun but pratique : comme « toute activité qui apporte avec elle le plaisir qu'on y prend, inutile de chercher au-delà[5] ».

Pourtant le mode d'existence du défaire, est une sorte « d'accomplissement virtuel[6] » d'une œuvre « déjà là », où l'objet matériel devient le modèle de l'objet ; modèle à suivre, modèle à tuer, modèle anti-modèle. C'est pourquoi, dès lors que l'on parle de « défaire et de faire, des jeux de mots interviennent. Il s'agit aussi de fêtes et de défaites. De fêtes gaies ou sinistres, cruelles ou tendres, réussies ou non ; de défaites lamentables ou flamboyantes, éclairées par les rouges éclats d'incendies mystérieux[7] ». En fait ces passages antagonistes ne sont ni linéaires, ni uniques, ni monodirectionnels, car « je n'aurais jamais un processus spécifique ; il me faudrait sans cesse les réinventer encore et toujours[8] ». Notre faire n'est finalement peut-être qu'un passage dont nous avons fait un dédale. Nous en démêlons laborieusement des fils embrouillés alors que nous devrions avoir un plan. Pourtant, rien n'est joué d'avance, entre les différents états concrets et l'intention initiale qui fluctue d'un agencement à un autre alternativement, par un affrontement du dedans « au-dehors ».

Défaire peut en effet apparaître comme un obstacle à franchir entre désir et réalisation. Un étalage nécessaire des contraintes et des pièces, la mise en présence des gênes, voire la manifestation de

---

[5] SAULNIER, C., *Le dilettantisme, Essai de psychologie, de morale et d'esthétique*, Paris, Librairie Philosophique, 1940, p. 39.
[6] SOURIAU, E., *Ibid*, p. 13.
[7] LASCAULT, G., *Faire et défaire*, Paris, Fata Morgana, 1985, p. 11.
[8] Interview de SIMON, J., traduite par MASSERA, J.-C., « Breaking the silence : An interview with Bruce Nauman », *Art in America, 76, n°9*, New York, 1988, p. 16.

l'irrésolution de l'engagement théorique et technique. Défaire, permet surtout de « boucler constamment dans des fins provisoires[9] », garder ouverte la tension du possible. Ainsi, défaire convoque toujours d'autres tentatives, comme séduites par la compréhension de ce qui résiste. Des tentatives qui peuvent se lire comme un vaste brouillage, une zone d'épreuves renouvelées, qui traduisent une réponse à un problème posé sans que cette réponse soit une solution de synthèse, le dérèglement restant présent. Mais brouiller n'est pas seulement provoquer du désordre, il participe sans doute aussi à la résistance du défaire, dé-brouiller : résister aux réponses conventionnelles, préétablies et connues ; brouiller et révéler à la fois.

Brassant ainsi des données multiples, défaire permet d'expérimenter des rapprochements particuliers, faits de précarités et de conflits, autrement dit une recherche d'une certaine qualité de rencontre. Inserts, réactivations, recontextualisations permettent d'ouvrir le travail dans une zone d'échanges et de flux. Défaire engage un processus de réciprocité, un dialogue provisoire, une passerelle, avec des réalisations, une histoire, des concepts qui ne proposent pas une quelconque résolution, mais permettent de faire le chemin d'une approche, d'une interprétation. Défaire est « une sorte d'adjacence marquée de haltes, d'arrêts, où se montrent les pièces, rouages et segments[10] ». En un sens, le défaire est une solution de recul pour envisager la distance qui le sépare de l'imposé, du standardisé. Sa mise en œuvre souvent hasardeuse, la rencontre fortuite qui l'a animé, les propositions qui en découlent sont vraisemblablement un antidote aux conceptions *a priori* infaillibles du

---

[9] ENRICI, M., *Identification d'un artiste*, in GASIOROWSKI, G., Coll. Contemporais monographies, MNAM – Centre G. Pompidou, 1995, p. 90.
[10] DELEUZE, G., GUATTARI, F., *Kafka pour une littérature mineure*, Paris, Les Editions de Minuit, 1975, p. 16.

numérique. En cela, défaire est le moyen d'entrer en résistance. Refuser l'accumulation étouffante, ne pas croire qu'il n'y a rien par-delà ce qui est imposé massivement. Défaire c'est entretenir l'intensité, la puissance d'émotion contenue dans la découverte de certaines formes. C'est requalifier un numérique qui découle d'une prolifération sans précédent de l'usage généralisé, d'une multiplication industrielle au-delà de toute maîtrise. C'est décliner le principe d'un système où tout se vaut. Si tout se vaut, rien ne vaut rien : *inventer, être en rupture, trouver de nouvelles manières, des points de vue singuliers.*

La question est celle de la liberté d'exploiter le numérique hors de son « formatage », tenter d'échapper aux standards, ou encore d'en jouer. Il s'agit aussi de se démarquer d'une sorte de phénomène d'uniformisation des œuvres produites « au moyen du numérique », ce qui pour nous consiste à se réapproprier ces moyens, questionner les stéréotypes à notre échelle instrumentale et personnelle. Se déprendre de ses habitudes, ne pas se répéter systématiquement, se dégager de la culture acquise. Peut-être sommes-nous en train d'expérimenter des postures à même de produire des « éclosions de singularité[11] », ce que suggère Werner Rammert à propos de la réappropriation artistique des moyens numériques face aux paradigmes dominants ? Les technologies, depuis toujours n'ont elles pas contribué à remodeler les genres artistiques, voire à en susciter ?

De ce fait, il n'existe pas de réponse unique, mais plutôt des positionnements divers et variés se devant d'expérimenter et tester de

---

[11] RAMMERT, W., « Relations that constitute technology and media that make a difference: Toward a social pragmatic theory of technicization », in *Society for Philosophy and Technology* 4, Delaware, Agazzi, 1999, p. 281-302.

possibles validités signifiantes. La question des verrous technologiques est aussi indirectement liée à notre démarche : *comment reformuler, comment contourner, comment faire autrement*, dans une perspective artistique ? Cela donne une distance et une fraicheur à un écart nécessaire entre le besoin posé et imposé *a priori* nécessaire, et sa réelle potentialité dans une utilisation courante. C'est aussi une manière de manifester certaines revendications, ou encore se rebeller contre l'air du temps, l'obsolescence consumériste qui prône le numérique comme une valeur universelle, et qui en même temps ne fait que restreindre ses usages et ses mécanismes au plus grand nombre. En fait, en tant qu'utilisateur, nous n'avons bien souvent aucune occasion de nous interroger sur toutes ces « boites noires » qui envahissent et s'immiscent insidieusement dans notre quotidien : seul un droit d'usage, latitude limitée et totalisante « interdisant » plus « qu'autorisant », qui à renfort de légalité ou d'illégalité incite à ne pas démonter, à ne pas comprendre et encore moins à prendre la liberté de modifier. Pourtant c'est précisément ce qui nous intéresse dans nos objets : *démonter, comprendre, modifier.*

Nous nous attachons donc à cette activité que nous menons, à émettre des hypothèses, élaborer des objets qui sont comme autant d'observations amenant des nouveaux dispositifs, des pistes, des conditions de possibilité au service de la singularité plastique. C'est précisément en ce point que nous espérons positionner cette partie de notre recherche en utilisant le numérique comme un matériau : entre la supposée articulation antagoniste de la connaissance numérique suggérée, et celle de l'éprouvé, entre le cloisonné et le proliférant, entre la fermeture des systèmes et l'ouverture que recèle chaque réalisation dans sa mise en œuvre ou dans sa formalisation.

En ce sens, les propositions que nous élaborons sont comme autant de remarques issues d'attentions premières portées sur une référence, une situation, un modèle, un objet. La remarque sert à s'orienter, à faire attention, à constater en même temps qu'à singulariser. Nous faisons des remarques afin d'aiguiller le travail dans tels sens ou directions. Comme des lignes de fuite qu'il faudrait légèrement déplacer, affiner. Formuler une remarque s'effectue toujours dans une posture qui n'est pas anodine, il y a une sélection des choses qui seront dignes d'être défaites. En ce sens, il y a une recherche du remarquable, de l'éminent, de « l'instant sentimental[12] » produit sans conteste par ce qui doit se signaler et être défait.

Disséquer

    « Comment ça marche » ? Enfant, nous examinions longuement de nombreux objets. À cet âge notre imaginaire engendre de nombreuses fantaisies et nous n'avons pas conscience de leur caractère insolite. On invente des hypothèses, on imagine, mais on ne sait pas. Nous voulions savoir et apprendre en ayant comme modèle les adultes qui donnent l'impression de tout connaître. Malheureusement, tous ne savent pas, nous constations qu'il s'agissait même de la majorité. Généralement ils éludaient nos interrogations en prétextant notre jeunesse et qu'il s'agissait de choses trop complexes. Probablement que les systèmes étaient incompréhensibles, mais il nous fallait savoir, même un minimum. Nous avons finalement pris l'initiative de nous informer par nous-mêmes, en démontant en cachette, en bravant les interdits et les remontrances. Et il nous a fallu tout démonter, tout ce que nous avions sous la main, tout ce

---

[12] MATISSE, H., *Ecrits et propos sur l'art*, Paris, Editions Hermann, 1992, p. 48.

qu'il y avait autour, sans avoir l'assurance d'être en mesure de remettre en état, de masquer nos agissements. D'ailleurs cela n'avait pas de réelle importance, même si nous déposions méticuleusement chaque pièce en les ordonnant côte à côte pour un futur remontage. Chaque articulation, chaque rouage trouvait sa place une fois arraché « conformément », par force, ou encore par destruction, à son squelette principal. Cela demandait du temps et beaucoup d'attention. Puis ce qui n'était qu'une représentation fantasmée et farfelue prenait corps. Lentement après de longs moments de déconstruction, on arrivait enfin à l'objet convoité : le mécanisme principal. On le dégageait, et dans notre esprit insouciant brillait une intensité coupable empreinte d'intelligence : l'impression d'avoir compris quelque chose. Ensuite, on oubliait rapidement, on modifiait un peu, on remontait ou généralement on laissait en pièce et on passait à l'objet suivant pour s'emparer avec passion de ces bribes de connaissances comme d'un butin inestimable.

Dans notre recherche, défaire n'est pas seulement une métaphore qui guide notre pensée vers la réalisation, la déréalisation, et l'instauration. En tant qu'activité, elle guide aussi une pensée en acte, au niveau des attitudes et de la mise en œuvre. Elle est dans notre pratique une figure fondamentale, « un motif fécond[13] » qui conduit notre travail dès les premiers gestes. Il ne s'agit donc nullement d'un référent ou simplement d'un élément stylistique qu'il s'agira de retraduire passivement dans nos réalisations. Le défaire n'appelle pas nécessairement à la réussite technique, à l'analogie ou encore au style d'une finition. Il ne s'agit pas, non plus, de la reproduction d'une vision par les moyens du numérique, mais bien la production raisonnée et active de cette défaite.

---

[13] EHRENZWEIG, A., *L'ordre caché de l'art*, Paris, Gallimard, 1982, p. 357.

Défaire est le moyen de « redécouvrir de l'intérieur » par une investigation primitive quasi « anatomique » : *réduire ce qui était assemblé à l'état d'éléments, démonter*[14]. En somme, défaire est peut-être aussi synonyme de l'expression aujourd'hui tombée en désuétude « faire l'anatomie de quelque chose », qui s'attache à rendre visible et perceptible ce qui ne l'est plus, chercher à savoir ce qu'il y a « dedans » et « dessous », sous la peau, sous l'apparence courante des objets. Elle autorise la pénétration d'un regard, par un geste qui consiste à découper, ouvrir, extraire, ce qui est invisible derrière l'enveloppe matérielle qui suscite des représentations à la fois techniques et imaginaires. Faire un examen « à la loupe », mettre à nu ou à plat le fonctionnement. C'est également un moyen de présenter des morceaux, des fragments, des unités élémentaires qui extirpés, déracinés, arrachés, offriront un nouveau champ de relations en vue de les exploiter ailleurs. Une investigation qui permet de percer des mystères du numérique en découpant minutieusement dans les arcanes de ses concepts et de ses appareillages, à la manière d'une véritable quête censée former une brèche dans son emprise cloisonnée et hermétique : *abattre, démolir*[15], *entamer, amputer, trancher, démembrer, désarticuler, désosser, observer, considérer, inspecter, scruter.* Montrer le démantibulé, faire voir le dedans, décoder l'assemblage initial y compris ses forces et faiblesses. Pourtant, aujourd'hui encore, après tant de voyages vers le dedans nous éprouvons un même sentiment de transgression d'un interdit quand nous contemplons l'intérieur des objets, la même crainte irrationnelle de commettre une mauvaise action, « un délit d'initié[16] », confortant en même temps l'excitation de la reconnaissance et de la découverte guidée par cette profanation. Il s'agit également d'une affaire de regards :

---

[14] Le Petit Robert, *op. cit.*, p. 653.
[15] *Ibid.*
[16] PIGUET, P., *Jean-Luc André, éloge de la dissection*, Frac Basse-Normandie, 1997, p. 5.

regards que l'on apprend, mais surtout une affaire de gestes : des mains qui morcèlent. L'acte du défaire est une traversée des apparences. Habiles rituels d'exploration, dévoilement des structures enfouies, inventaire des composants internes. « L'art de défaire » est la mise à jour du caché, de l'immontrable, de l'inimaginable. Une sorte de violation exploitant des cadavres jusqu'à l'épuisement des pièces, outrage aux interdits, outrepassement des présupposés, dans une mise en œuvre des restes : faire apparaître de l'épaisse profondeur des entrailles, les mystères du numérique. Cela s'apparente à un tabou, la dissection est interdite, car elle dévoile d'une certaine façon « la vacuité du sanctuaire », la profanation du dispositif. Une « mise à nu », qui s'oppose à l'état fermé. Secret d'une intériorité offerte qui ne se laisse pas aisément découvrir au plus grand nombre. Action du geste contre passion du regard. C'est tantôt l'opération et l'auscultation, tantôt l'interrogatoire, ou la mise en examen. C'est avant tout la nécessité de comprendre pour avancer et inversement la nécessité d'avancer pour comprendre[17]. Mais dans tous les cas il y a comme une tentative particulière d'établir et de ré-établir des connexions qui ne sont pas forcément envisagées *a priori* : *renverser, ouvrir[18]*. Il s'agit d'une sorte de réapprentissage, comme si l'on avait perdu, en effet, le contrôle instrumental des systèmes techniques hétérogènes, universellement consommés et légitimés : *délivrer, dénouer[19]*. Cette posture est motivée par une impassible curiosité, « une pulsion cannibalique[20] », bribes infantiles, consistant à vouloir savoir ce qui se passe au-dedans en bravant les interdits. Tel un objet d'exotisme, cette approche nous accorde une sorte de voyage intérieur. La résistance à la

---

[17] Voir Claude RUTAULT, C., *Le commencement de l'objet, sans fin*, Nantes, Joca seria, 2009, p. 27-28.

[18] PIGUET, P., *Ibid.*, p. 653.

[19] *Ibid.*

[20] BROSSARD, L., « Audace et citation », in BERTHET, D. (Dir.), *L'audace en art*, Paris, L'Harmattan, 2005, p. 35.

saisie soutient le désir de rendre peu à peu accessibles au regard des territoires de seconde main. Nos effractions et intrusions nous incitent à regarder de près, examiner, révéler une vérité secrète, comme moyen de connaissance. Il s'agit de tout connaître. Le désir de savoir se découvrant sous le désir de voir.

Mais défaire procède par cheminements, approximations, étapes successives, qui convoquent une sorte de fonction initiatique où l'explorateur que nous sommes doit lutter avec lui-même, où nous faisons l'expérience déroutante d'une perte de maîtrise permanente. Les règles du jeu sont multiples et changent pendant la partie. Défaire peut signifier la destruction, alors qu'il s'agit pour nous d'un concept constructif. Le plaisir immédiat du défaire se double d'une autre précarité, celle engendrée par la déperdition d'expérience jusqu'à l'exclusion et la mort de l'activité en train de se faire. C'est un passage entre intériorité et extériorité qui construit tout en détruisant. Un passage suspendu entre l'apparition et la disparition, un entre-temps qui s'inscrit dans le présent. Un passage qui construit du sens, de la connaissance, de la reconnaissance, mais aussi des figures plus poétiques. Précisément, avec le numérique il y a comme un sentiment fort « de ne plus rien savoir, d'avoir perdu ses références[21] » au profit de l'enchantement assisté des automatismes sous-jacents invisibles et préprogrammés. Pour faire face à cet oubli, il y a une volonté de réapprendre différemment, *dés*apprendre et *dés*obéir, « *dé*faire », qui se donne comme une tentative pour retrouver un sens premier, un souci de reprendre le contrôle : *battre, vaincre*[22], mettre en échec ; mettre en œuvre la « défaite » du numérique. Il s'agit de repartir de zéro, d'envisager sans *a priori* des rapprochements, des

---

[21] RULLIER, J.-J., cité par BRESSON, C., *1989-95 : deuxième époque*, Limoges, FRAC, 1996, p. 110.
[22] Le Petit Robert, *op. cit.* p. 653.

combinaisons qui n'ont d'autre ambition que de permettre de comprendre progressivement.

Ainsi, nous désassemblons des totalités, nous les déplaçons des unes aux autres, nous les agençons d'une nouvelle manière. À la fois « démembreur » et ajusteur, nous ne savons pas toujours nous-mêmes à quel moment le désir de disséquer fonde nos constructions à venir. Parfois c'est l'acte même de démanteler du défaire qui constitue notre faire. Mais il nous arrive plus volontiers d'être transformé en constructeur, le défaire va si loin dans la volonté de mettre en pièces que nous finissons invariablement par édifier, reconstruire, remettre en œuvre. Ce faisant, défaire est tout simplement une occasion de créer une ouverture, *s'insérer dans les dispositifs*, non pas tant de construire un discours spécifique que d'ouvrir des possibilités de dialogue.

Si le défaire est aussi une question d'affect dans notre pratique, pour un objet, un reste, une idée, il est question surtout du comment il sera *à faire*, comment il sera instauré dans chacune des approches que constitue cette recherche. Défaire à cet égard est de l'ordre d'un désir ontologique : une saisie qui tend à chercher ce que le numérique est en soi, elle l'explore, l'exploite, l'explicite. Ce n'est donc pas le défaire isolément qui donnera des résultats significatifs, mais comment le numérique produit du sens réciproquement à la manière dont il est traversé et interrogé, comme une sorte « d'histoire qui trouble l'objet, et qui ouvre l'espace du sujet au cœur même de l'objet[23] ». Et si défaire est une question centrale, il est question surtout du comment il opère dans les faits.

---

[23] JEAN, M., « Sens et pratique », in GOSSELIN, P., LE COGUIEC, E. (Dirs.), *La recherche création*, Presses de l'Université du Québec, 2009, p. 37.

« Pour l'art postmoderniste, la pratique se définit en fonction non d'un médium donné (...), mais d'opérations logiques effectuées sur un ensemble de termes culturels et pour lesquels tout médium peut être utilisé [24] ».

Défaire en tant que pratique peut se définir comme un espace habité par un comportement. En d'autres termes, le défaire pourrait être moins défini par le médium que par le positionnement conceptuel. Cependant, dans notre approche elle fait apparaître deux directions complémentaires : d'une part une extension de la pratique antérieure du numérique où celle-ci est maintenue et prolongée par le défaire ; d'autre part le numérique comme positionnement, l'objet de la recherche où le défaire en tant que pratique est un espace d'analyse servant à des opérations logiques de questionnement et de déconstruction ponctuelle permettant de produire du sens.

Ce qui importe, est peut-être la question de l'usage, du mouvement du défaire avant même celle du sens. L'itinéraire, basé sur des hypothèses plurielles, transformées ou abandonnées, semble primer sur un désir d'explication. Les signes, les formes, les gestes n'ont d'intérêt qu'à y être croisés, recontextualisés, défaits : « l'artiste crée aujourd'hui du sens par le mouvement des éléments qu'il expose, plus encore que par les éléments eux-mêmes[25] ».

---

[24] BOURRIAUD, N., *Formes de vie, l'art moderne et l'invention de soi*, Paris, Denoël, 2003, p. 116.
[25] BOURRIAUD, N., « Relations et Programmations », in *Transit, 60 artistes nés après 60*, Paris, Ecole Nationale Supérieure des Beaux-Arts, 1997, p. 23.

Néanmoins, sans inscrire notre pratique spécifiquement dans l'un ou l'autre de ces positionnements, mais plutôt dans l'interrelation qu'ils produisent, il y a un paramètre que sous-entend ces postures. Le numérique apporte sa mémoire, à la manière dont Paul Valéry disait que « le peintre apporte son corps[26] ». La mémoire du préexistant, l'historique et le technique du déjà là, du déjà fait, de l'éprouvé : une mémoire qui « imprègne le comportement, le langage, la façon de penser[27] ». Une mémoire qui se retraduira dans les gestes, dans le comportement et dans les décisions qu'elle impose aux matériaux à défaire, dans les développements possibles qui sont comme autant d'altérations « rappelées au jour que par de nouvelles circonstances[28] ». Une mémoire en tant qu'attirail conceptuel et technique, mais aussi une mémoire en tant que résistance du matériau, de l'objet, qui s'affronte aux gestes et aux conduites de la pratique. Le numérique sera donc abordé dans sa résistance matérielle, en questionnant « l'empreinte de la technique[29] » qu'il impose, et à laquelle se mesure et s'affronte le faire, ou plutôt le défaire de la pratique dans ses qualités spécifiques de médium, de « milieu » d'exploration.

[26] VALERY, P., cité par MERLEAU-PONTY, M., *L'œil et l'esprit*, Paris, Gallimard, 1985, p. 16.
[27] PERRIAULT, J., *La logique de l'usage. Essai sur les machines à communiquer*, Paris, L'Harmattan, 2008, p. 203.
[28] CERTEAU, M., *L'invention du quotidien, tome 1 : Arts de faire, op. cit.*, p. 132.
[29] PERRIAULT, J., « Un exemple d'empreinte de la technique : le cas de la machine à vapeur », in *Culture Technique N°4*, 1981.

Le geste

Le geste qualifie l'acte ou action. On parle de geste de générosité, d'autorité, pour signifier un acte symbolique. Le geste peut aussi accompagner la parole, en illustrant les idées et les mots, ou encore remplacer la parole avec le langage des signes. Le geste est une composante essentielle aux rapports humains en tant qu'élément communicatif. Le geste « technique » est quant à lui toujours lié à une pratique, une tâche spécifique. Il concerne l'environnement physique en déterminant toute action sur la matière, il appelle fréquemment l'usage d'un outil. Le geste technique est l'objet de nombreuses professions caractérisées par le savoir-faire. Dans le quotidien, il s'applique à toutes les choses disponibles dans notre environnement matériel.

La machine est un « objet fabriqué, généralement complexe, destiné à transformer l'énergie, et à utiliser cette transformation. Tout système où existe une correspondance spécifique entre une énergie ou une information d'entrée et celles de sortie ; tout système utilisant une énergie extérieure pour effectuer des transformations, des exécutions sous la conduite d'un opérateur ou d'un autre système[30] ».

La machine est directement issue des gestes techniques en répondant aux besoins physiologiques de l'homme. Elle est une extension du geste technique, afin de le prolonger, l'amplifier, le répéter, et produire de meilleurs résultats. En travaillant de manière autonome, asservie à l'homme, elle le libère tout autant qu'elle le dépossède du

---

[30] *Ibid.*, p. 1497.

mouvement initialement sien, c'est à dire de la jouissance de sa propre implication. Pourtant, la machine ne possède pas l'autodétermination dans tout ce qu'elle réalise, elle agit selon les desseins de celui qui en tire parti et qui la commande. C'est cette part de contrôle qui offre une marge de manœuvre, celle « qui permet à la machine d'être sensible à une information extérieure[31] ». Le geste par sa nature technique est ainsi le vecteur naturel de cette information dans les interactions homme-machine, même si paradoxalement l'un à pour vocation de remplacer l'autre dans son efficacité. Pourtant quand il s'agit de machines domestiques, le geste d'utilisation supplante les gestes techniques traditionnels.

Les machines devenues « autonomes » n'ont pas nécessairement besoin de la participation physique de l'homme, ou d'un savoir-faire, elles coordonnent seules les différents stades d'une opération. Le geste d'utilisation est celui de l'utilisateur : un geste peu à peu standardisé suivant la nomenclature des machines miniaturisées et personnelles. Ce sont souvent les capacités élémentaires de la main, ou seulement de quelques doigts qui forment la gestuelle de contrôle. On passe ainsi « d'un gestuel universel de travail à un gestuel universel du contrôle[32] » qui se limite à la désignation d'une commande, d'un ordre, d'une envie. Il est celui qui déclenche un événement sans y prendre part, à la volonté d'actionner des fonctions sans concourir à l'accomplissement de la tâche. Il s'agit d'un geste différent du geste technique initial : il n'affronte pas directement la matière, il n'exerce pas le savoir-faire d'un outil, il est le geste d'une interaction avec les objets « qui contiennent de la technique » et qui « fonctionnent ». Leur mode d'existence n'est pas nécessairement

[31] SIMONDON, G., *Du mode d'existence des objets techniques*, *op. cit.*, p. 138.
[32] BAUDRILLARD, J., *Le système des objets*, Paris, Gallimard, 1968, p. 66.

tributaire de leur forme ou de la matière dont ils sont constitués, mais d'un mécanisme lié à des organes internes inaccessibles pour l'utilisateur.

Les commandes sont axées sur des actions minimales, privilégiant une utilisation amateur des équipements technologiques. Avec les machines numériques, les gestes assument un rôle de transmission par lequel un utilisateur doit pouvoir commander précisément les fonctions selon une intervention standardisée et basique. Pourtant, la complexité croissante des interfaces de commande nécessite souvent de recourir à un guide d'usage, une notice détaillant les procédures à adopter face à des machines de moins en moins accessibles dans leurs processus internes. L'appareil est maîtrisé quand l'utilisateur a assimilé les modalités définissant les « bons usages », et quand il sait s'en servir sans effort cognitif. Les capacités requises relèvent surtout d'un exercice de mémorisation plus que de compréhension. Il y a même pour certains systèmes techniques une période préliminaire de « rodage », constituant une sorte de familiarisation réciproque. L'utilisateur est alors convié à s'en servir précautionneusement afin qu'il puisse, en contrepartie, s'habituer à lui. Au terme de ce processus, la machine est non seulement apprivoisée, mais aussi personnalisée.

Par le cloisonnement, le non-initié ne peut deviner le rôle de chacune des commandes. Tout naturellement, « la bête noire » est symbolisée par le mode d'emploi, cet objet « froid et impersonnel que bien des usagers ne consultent jamais[33] ». À cela s'ajoute la lente et difficile adoption du public pour chaque nouveauté quelle que soit l'époque. D'autant plus que l'utilisateur accepte, au fil de l'usage, les

---

[33] PERRIAULT, J., *La logique de l'usage. Essai sur les machines à communiquer, op. cit.*, p. 113.

petits travers qui l'amènent à réajuster sa conduite. Il est vrai qu'en tant qu'utilisateur nous ne cédons que rarement servilement à l'usage le plus élégant, le meilleur. Par ailleurs, le geste réduit à une entrée d'information sommaire dans la machine incite à l'expérimentation de l'utilisateur qui « détient fondamentalement une part de liberté dans les choix qu'il fait [...] pour s'en servir conformément ou non[34] ». En tant que profane, il tente tant bien que mal de se réapproprier les diverses procédures et fonctions, dans une logique propre qui « ne partage pas nécessairement les fantasmes des concepteurs[35] ». Serge Tisseron parle d'un « corps à corps technique et fantasmatique[36] » que nous établissons avec ces objets : l'utilisateur tente de les adapter à ses besoins, mais leur coopération ou leur inexplicable résistance fait naître non seulement de nouveaux gestes, mais aussi de nouveaux fantasmes à leurs égards. Et ceux-ci stimulent parfois nos relations avec eux ou y font obstacle, nous engageant sur des voies totalement nouvelles et imprévisibles.

« Apprivoiser l'étranger, est exactement la leçon à laquelle nous devons nous soumettre devant les appareils[37] », écrit Pierre-Damien Huyghe. Aussi bien leurs fonctionnalités que leur apparence doivent à la fois nous rassurer et exciter nos affects, notre sentimentalité. En ce sens, la fonction instrumentale est fréquemment au service d'une intention en deçà ou au-delà, par manque de connaissance ou inadaptation de la fonction première. Une domestication où « s'il y a résistance, on improvise[38] », si le besoin s'en fait ressentir, on « détourne carrément l'appareil de son usage primitif[39] », du coup « un appareil peut avoir les

---

[34] *Ibid.*, p. 1 de l'introduction
[35] *Ibid.*, p. 20.
[36] TISSERON, S., *Petites Mythologies d'aujourd'hui*, Paris, Aubier, 2000, p. 12.
[37] HUYGHE, P.-D., *L'art au temps des appareils*, Paris, L'Harmattan, 2005, p. 75.
[38] TISSERON, S., *Ibid.*, p. 128.
[39] *Ibid.*

usages les plus divers selon les mains dans lesquelles il se trouve[40] ». L'appareil est ce qui rend utilisable, conforme à un projet des dispositions matérielles, mais devient invariablement une ressource propre à explorer ses contraintes. Autrement dit, l'appareil gère les effets, voulus ou non, qu'il a lui-même engendré. En cela, il ne forme pas, mais révèle plutôt un « jeu » qui fait naître des désirs et des usages insoupçonnés. Or, si l'appareil « interpose une distance qui manifeste le caractère construit et matériel de la perception[41] », cette distance est aussi celle de l'aléatoire lié à la mise en œuvre d'une potentialité indépendamment de sa fonction initiale. Il permet d'explorer ce qui dans un processus reste virtuel, des relations inconscientes, qui désaccordent le jeu des déterminations. Ainsi le geste des usagers est à un moment ou un autre indubitablement déviant, avec des attitudes multiples et variables, rendant la fixation des usages problématique et inattendue. Les usages préconisés, de plus en plus imposés en modulation à ceux relevant de l'accoutumance, sont de ce fait consécutifs aux échecs, à l'expérience, aux ambitions et aux ritualisations du geste se devant de trouver un équilibre entre norme et déviance : « […] une sorte de négociation entre l'homme porteur de son projet, et l'appareil, porteur de sa destinée première[42] ». Cela fait donc apparaître une nouvelle dimension de la technique, non pas au service d'une finalité, mais un moyen duquel la déviance devient active, engendre son espace. Un espace qui permet le passage, le changement, le décentrement, le faire sien instituant un lieu mobile et singulier.

L'automatisation est généralement considérée comme un progrès : moins le geste est sollicité, plus l'objet est considéré comme performant. À cela s'ajoute la miniaturisation où l'objectif est de décupler

---

[40] *Ibid.*
[41] HUYGHE, P.-D., *op. cit.*, p. 97.
[42] TISSERON, S., *Ibid.*, p. 220.

28

les capacités d'objets de plus en plus petits, en concentrant une somme croissante de technologies difficilement accessible et appréhendable aux non-spécialistes. Cela peut se justifier par la volonté d'aller à l'essentiel, mais cette économie de moyens se substitue souvent à une sophistication extrême soigneusement dissimulée. L'objet technique se fait oublier, la complexité est camouflée. Cela induit l'impression de systèmes ou d'objets par lesquels chaque problème serait anticipé et déjà résolu grâce à un dispositif interne que l'on n'a pas besoin de comprendre et dont on ne veut pas connaître l'existence.

De ce point de vue, l'hégémonie du numérique rend l'utilisateur aveugle aux nombreuses tâches exécutées et aux mécanismes des dispositifs. L'acte de déclenchement, privilège de l'utilisateur, s'efface progressivement au profit d'une confiance naïve et fascinée accordée aux séductions mises en jeu : l'acte de déclenchement d'une tâche automatisée est souvent elle-même automatisée. L'intervention de l'utilisateur déjà réduite devient presque inexistante : il perd le contrôle, ne le reprend ponctuellement qu'en cas de défaillance ou de réponses inadaptées. En ce sens, le système peut devenir oppressant en empêchant l'usager de s'approprier un environnement qui n'est pas seulement dépendant du geste en tant qu'acte, mais le résultat de la facilité et de la rapidité dicté par les normes profondément ancrées dans les mécanismes et procédures discrètes.

La technologie s'efface en apparence. Le geste perdure. Le corps lui-même tend à devenir une interface, un dispositif de commande capable d'acquérir et de produire des informations numériques, avec des machines devenues intrusives et qui ont tendance à insuffler une logique insidieuse. Le processus d'appropriation des technologies par les utilisateurs même avisés est court-circuité par le flux incessant d'objets nouveaux et leur obsolescence rapide. « De nouvelles techniques apparaissent sans cesse sur la scène, avant que les anciennes ne soient pleinement utilisées[43] ». Cela produit un usage superficiel, voire superflu de la technologie devenue un produit de consommation à la mode. D'ailleurs, l'idée même d'une technologie nouvelle paraît plus importante que les nouveautés réelles qu'elle pourrait apporter.

---

[43] EDGERTON, D., « De l'innovation aux usages. Dix thèses sur l'histoire des techniques », *Annales histoire, Sciences sociales, Histoire des techniques, n°4-5,* 1998, p. 815-837.

1.2 Non-savoir

Le numérique est producteur d'ignorance. D'une part, dans la complexité croissante mise en jeu, de l'autre par l'occultation de ses nombreux éléments sous-jacents. Ce constat semble étayer un processus d'inculturation, exploitant la crédulité et la fascination du public pour les technologies à la mode. De notre point de vue, cette ignorance peut être un moteur légitime à une pratique plastique. Elle introduit une démarche d'apprentissages, d'essais, d'invitations à défaire, derrière laquelle s'inscrit le désir de comprendre, d'emmagasiner, de résoudre, d'expérimenter. Il s'agit d'une manière de ne pas prendre la technologie pour acquise, mais comme un défi à relever, une logique à comprendre. Paradoxalement, l'ignorance semble toujours réactualisée. La connaissance se structure autour d'un « non-savoir » comme un horizon vers lequel nous avançons, une aptitude spécifique à même de découvrir des situations nouvelles. Ainsi, « savoir que nous ne savons pas » nous engage dans un jeu sans commencement ni fin, dans une pensée qui se construit sur une mise en question incessante. Plus concrètement, le non-savoir face au numérique, se traduit par le désir de produire une expérience authentique, l'aspiration à un état précaire du bricolage et du bidouillage, convoquant la fragmentation et le métissage.

31

Ignorance

L'informatique et le numérique, sous prétexte de convivialité, de simplicité, d'automatisation, de performances, nous infantilisent avec soin. Ils planifient « notre ignorance, et l'ignorance de cette ignorance ; au fur et à mesure de son perfectionnement », et induisent chez l'usager « une véritable involution, rebâtissant en lui les structures de la personnalité infantile. Et du coup l'adulte, l'humain accompli, le savant absolu, ou plutôt l'informé suprême c'est l'ordinateur[44] ». Aujourd'hui la compétence technique n'est plus un préalable à l'emploi des nouvelles technologies, qui s'accompagne d'un discours qui insiste justement sur la facilité de manipulation et sur l'accessibilité. L'informatique mise enfin à la portée de tous, vraie et fausse réalité, car l'idéologie ambiante mythifie la technique en en faisant un incontournable de notre société. Claude Javeau, remarque que « l'utilisateur d'un ordinateur ignore généralement tout du fonctionnement interne de l'appareil, de ses principes régulateurs, de l'épistémologie qui fonde son assemblage et ses usages […] il en est un usager, car sa participation se limite à l'usage de la machine. Il est incapable, le plus souvent, de la réparer, de l'améliorer, de l'adapter à des usages qu'il aurait lui-même imaginés. Seule une petite minorité d'utilisateurs en sont capables[45] ». Dans la pratique il s'agit plutôt d'un rapport de force avec la technologie. D'ailleurs, c'est depuis toujours que l'usager ignore délibérément ou non, le fonctionnement de l'appareil dont il se sert. Seul un petit nombre sait précisément, et réalise, au regard du

---

[44] BARILIER, E., *L'ignorantique. L'ordinateur et nous*, Genève, Editions Zoé, 2005, p. 6.
[45] JAVEAU, C., « La socialisation du monde informatique : la rencontre « jeunes enfants-ordinateurs » dans la vie quotidienne », in GRAS, A., JOERGES, B., SCARDIGLI, V. (Dirs.), *Sociologie des techniques de la vie quotidienne*, Paris, L'Harmattan, 1992, p. 61.

plus grand nombre qui ignore. L'écart entre ceux qui détiennent ce savoir, et ceux qui en sont privés, ne semble paradoxalement que s'amplifier.

L'ignorance est constitutive, nous dit Étienne Bariller, « nous sommes entrés dans l'ère de l'ignorantique[46] ». En cela, il pointe l'inaptitude des usagers non seulement par une conséquence regrettable, mais proportionnellement inévitable face à la complexité des instruments qu'ils manipulent. Surtout, il dénonce cette posture qui est soigneusement « organisée, entretenue, surveillée[47] » pour d'évidentes logiques de rentabilité commerciales incarnées par une figure paternelle et despotique dans nos démocraties modernes. En fait, c'est cela même, dans notre époque de surveillance généralisée, qui est recherché avec le plus grand soin. Il s'agit de stratégies pour rendre indispensable, et même asservir l'usager par des méthodes « de grand frère bienveillant ». Et le contournement de la pesanteur des systèmes demeure limité. La modification, l'ouverture, le gratuit, le partagé, et le « savoir comment ça marche » en tant qu'activité de connaissance ne sont considérées ni plus ni moins comme des attitudes déviantes et délictuelles à réprimer sévèrement. Alors que le niveau de compétences et de connaissances informatiques ne cesse de progresser, l'usager est maintenu dans une sorte d'analphabétisme technique pour des motifs très concrets, « l'ignorance et l'inculture mêmes sont chantées comme des vertus[48] » par de nombreux spécialistes et « évangélistes » en robotique, en cybernétique, en informatique, en ergonomie, et en marketing. Ceux-ci espèrent, plus que jamais, que les utilisateurs puissent exploiter en tant que « consommateurs » les machines « le plus naturellement du monde », sans les comprendre, épargnant à ces derniers les efforts d'apprentissage

---

[46] *Ibid.*, p. 15.
[47] *Ibid.*
[48] *Ibid.*, p. 12.

pour assimiler leur fonctionnement, leur langage, leurs systèmes et rouages internes. C'est-à-dire utiliser ce à quoi l'on ne comprend rien, tel est donc l'objectif ?

Comme le précise Gilbert Simondon, « les objets techniques qui produisent le plus d'aliénation sont ceux qui sont destinés à des utilisateurs ignorants. De tels objets se dégradent progressivement : neufs pendant peu de temps, ils se dévaluent en perdant ce caractère, parce qu'ils ne peuvent s'éloigner de leurs conditions de perfection initiale. Le plombage des organes délicats indique cette coupure entre le constructeur qui s'identifie à l'inventeur et l'utilisateur qui acquiert l'usage de l'objet technique uniquement par le procédé économique[49] ».

Bon nombre de verrous logiciels et matériels, empêchent et découragent « légalement » les plus curieux et les plus enthousiastes de franchir le cap de la connaissance des dispositifs numériques. Ceux-ci colonisent pourtant massivement notre environnement. Curieusement, une multitude de fonctions et de dispositions sont censées nous protéger de nous-mêmes, de notre incompétence avérée, au point qu'il est difficile pour un néophyte même chevronné de réparer soi-même, y compris les pannes ou les problèmes les plus infimes. Cela va jusqu'à occulter, « par défaut » une foule d'éléments logiciels et matériels[50], comme pour nous prémunir de nos intrépidités, en suggérant « faites attention, ne touchez pas à ça ». Étrangement inquiétants, les spécialistes eux-mêmes semblent

---

[49] SIMONDON, G., *Du mode d'existence des objets techniques*, *op. cit.*, p. 250-251.
[50] Scellés sur les boîtiers, composants noyés sous une épaisse couche de résine, pièces inamovibles, outillage spécialisé pour déboiter ou dissocier des pièces serties, accès au systèmes logiciels verrouillés, fichiers cachés, capteurs et palpeurs d'ouverture, contrôles à distance par routines masquées, système sous-jacent inaccessible sans modifications alternatives, débridages ou solutions « pirates », etc.

dépassés, et ne maîtrisent plus l'ensemble des processus qui sont mis en jeu, au point où désormais eux-mêmes perdent la maîtrise, surtout lors des dysfonctionnements. C'est pourquoi, beaucoup de pannes sont vouées à rester mystérieuses, non par des faits inexplicables, mais par la complexité des paramètres, l'inexistence volontaire de documentation, ou l'investissement temporel et matériel trop important. Alors on jette et on remplace par un nouveau dispositif plus perfectionné, plus séduisant, qui est lui-même plus rapidement obsolète que son prédécesseur, jeté et remplacé à son tour.

Aussi, l'obsolescence est minutieusement programmée en tant que paramètre initial, comme « concept opérationnel » afin d'optimiser au maximum une durée de vie limitée, privilégiant un taux de remplacement rapide. Une posture qui implique d'ajouter sciemment des défauts de conception, une part de défectuosité, ou encore, de limiter la durée par péremption et autopéremption. Mais aussi d'empêcher insidieusement l'usage sur le long terme par la disparition progressive des accessoires et consommables, ou plus directement l'incompatibilité, le manque de performances, le design, ou en s'appuyant sur des lois et décrets poussant au renouvellement. Dans la plupart des cas, les produits associés et les pièces détachées disparaissent du marché dès l'apparition d'un nouveau modèle, tout comme le support matériel et logiciel, rendant maintenance et réparation impossibles. La tendance actuelle amenée par le numérique est l'obsolescence par notification, une forme évoluée de l'autopéremption. Le produit peut signaler à l'utilisateur qu'il est nécessaire de réparer, de mettre à jour, ou de le remplacer en tout ou partie. L'appareil a donc la capacité à se rendre inutilisable lui-même contraignant au renouvellement, que la panne soit avérée ou artificielle. Une telle pratique est appuyée par la non-communication des spécifications, soutenue par la lutte juridique au travers de brevets empêchant d'autres acteurs de satisfaire la demande. Ces techniques d'obsolescence programmée, banalisées par le numérique, reposent sur des situations de monopole et d'occultation. La durée de vie doit rester secrète. Le consommateur ne doit pas en être informé, ni connaître à l'avance où se situent les défauts de conception. Ce que les marchands et les fabricants se gardent bien d'indiquer, dans un système où l'on soustrait sciemment à l'usager la maîtrise, et la connaissance historique et technique de ce qu'il manipule.

Curieusement, l'usager moyen est souvent un généreux complice ignare et content de l'être, ne souhaitant pas savoir « comment ça fonctionne », se satisfaisant pleinement du fait que « ça fonctionne ». Pourtant, cette docilité n'est-elle pas le résultat d'un processus d'inculturation ? Si l'on doit considérer que ce sont les dispositifs qui par leurs divers arrangements dictent en réalité les modalités de déclenchement et d'intervention, et ce malgré un apprentissage sophistiqué, la seule action réelle qui subsiste se résume à l'acte de manipuler divers boutons et capteurs de commande. Ainsi, sous l'égide bienveillante de la « convivialité » des interfaces, les dispositifs les plus complexes se terminent par divers « claviers » minimalistes : « le plus ardu se révèle comme le plus convivial, et c'est dans notre fauteuil, ou plutôt notre hamac de primitifs heureux, que nous grimpons aux cimes sourcilleuses de la connaissance[51] ». Un numérique qui par son omniprésence et ses promesses enchanteresses est devenu « la plus formidable et la plus effrayante machine à faire rêver », exploitant largement la crédulité et la fascination technique du public. Une dimension qui trahit très justement « l'idéal frileux, l'idéal de victime qu'elle véhicule » passant aujourd'hui pour le dernier cri « de l'extase du bonheur[52] ». Comme si en tant qu'utilisateurs potentiels nous n'étions pas

---

[51] BARILIER, E., *op. cit.*, p. 14.
[52] *Ibid.*, p. 136.

capables de rêver par nous-mêmes, et surtout comme si rêver était une fin en soi et forcément liée à la technologie. L'ère du numérique sera-t-elle « celle des crétins[53] » victimes et asservis à la technologie, comme le pense Michel Henry ?

D'ailleurs, avec la numérisation de toute chose, à faire de toute valeur un chiffre, à rendre le numérique indispensable à toutes tâches même les plus insignifiantes, comment est-il envisageable de rester dans la superficialité du contentement fonctionnel ? Certes, il est difficile de résister à l'appel continu et séduisant du numérique qui fait de nous les détenteurs par procuration du monde entier, qui élargit à l'infini le champ du savoir, du loisir, du plaisir. Pourtant, il ne s'agit que d'une mise à disposition technique qui ne résulte que d'une accumulation préexistante, qui prévaut sur la cohérence globale. Le numérique fait appel à un système où chacun peut désormais « accéder directement à l'ensemble des connaissances communes », mais où « la profusion a au moins autant de chances de favoriser l'atomisation des connaissances et la dislocation du *common ground* collectif[54] ». En ce sens, comme pour le fonctionnement technique, le lien supposé entre possibilité d'accès aux connaissances et acquisition de ces connaissances est une pure fiction. Il y a « ceux qui savent » et « ceux qui ne savent pas et qui s'en moquent[55] ». Comment y résister ? Comment ne pas penser qu'il s'agit du moyen idéal pour résoudre tous les problèmes, ceux de l'économie et de la connaissance ?

---

[53] HENRY, M., *La barbarie*, Paris, PUF, 2004, p. 93.
[54] LABASSE, B., *Une dynamique de l'insignifiance. Les médias, les citoyens et la chose publique dans la « société de consommation »*, Villeurbanne, Presses de l'ENSSIB, 2004, p. 96-97.
[55] *Ibid.*, p. 97.

Néanmoins, pour répondre à l'affirmation de Michel Henry, si l'on considère « la différence entre l'ensemble des connaissances disponibles et celles que maîtrise effectivement une personne donnée, force est de constater que *nous n'avons jamais été aussi ignorants*. Si l'on s'en tient en revanche, à l'ensemble des connaissances que maîtrise chaque personne, il n'est pas moins vrai *que nous n'avons jamais été aussi savants*[56] ».

Ainsi, ce ne sont pas seulement les entrailles des machines qui nous demeurent obstinément fermées, nous interdisant de comprendre l'origine et la nature des fonctionnements, et des problèmes qui peuvent survenir. C'est aussi le mécanisme même du modèle économique et technique, reposant sur l'obsolescence programmée, au service d'une rentabilité artificiellement orchestrée, où « l'idéal est celui d'un univers de biens jetables, où l'on se débarrasse des choses dès qu'elles ont perdu leur attrait initial. Que quoi que ce soit doive être réparé, rénové ou remplacé est une notion étrangère à l'éthique[57] ». Pourtant, les produits du numérique ne sont pas le résultat d'un projet individuel ou collectif ordonné, mais celui d'un entassement de gestes et de choses, d'inventions et d'améliorations, d'interfaces, d'une certaine part d'incontrôlé, d'innovations déviantes.

Nous sommes tous à des degrés variés confrontés à cette problématique de l'ignorance. Néanmoins, cette réflexion introduisant notre pratique prouve que nous avons une certaine conscience de ne pas savoir. Toutefois, l'ignorance en ce point ne saurait se résumer à un quelconque abîme, une « région noire » de notre connaissance.

---

[56] *Ibid.*, p. 67.
[57] LASCH, C., *Les femmes et la vie ordinaire*, Paris, Climats, 2006, p. 164.

L'ignorance telle que nous l'entendons, est au contraire raisonnée, expérimentée ; elle est l'observation consciente, la constatation qui vient indiquer une démarche d'apprentissages, d'essais ; elle est comme un appel, une invitation irrémédiable à défaire, presque une contrainte à engager nos activités. Une posture qui nous place dans l'état primordial de l'apprenti, conscient de son ignorance. « Nous savons communément un peu, médiocrement, assez, beaucoup, cela ondoie diversement[58] ». Derrière cette position, il y a l'intention d'intelligence, le désir de comprendre, d'emmagasiner, de résoudre, de quêter, d'avancer, d'expérimenter. Notre ignorance toujours actualisée, est ici la conséquence d'un savoir déjà existant, parfois consistant, parfois embryonnaire, intuitif. Une intelligence qui est à la fois constitutive et étrangère, qui impose de nouvelles ignorances et de nouvelles connaissances, nous permettant sans cesse de rebondir, de vouloir en savoir plus, moins, différemment. L'une et l'autre en effet se dérobent : elles se dérobent dans l'instant même où elles se révèlent[59]. Et quoi que l'on fasse, quel que soit l'état de nos connaissances ou de nos lacunes, au fur et à mesure que le champ du savoir s'élargit, d'une façon paradoxale l'ignorance s'étend elle aussi.

La connaissance se structure ainsi autour de ce qu'on ne sait pas, un non-savoir qui n'est pas que de l'ignorance, mais ce « pas encore » auquel nous sommes soumis en permanence. Chaque nouveau problème résolu entraîne l'apparition de nouvelles énigmes, de sorte que le processus d'apprentissage, de fabrication, de création nous apparaît constamment par l'essai-erreur et le tâtonnement, glisse puis se multiplie. Les frontières de la connaissance semblent ainsi se déplacer sans arrêt,

---

[58] SERRES, M., *Genèse*, Paris, Grasset, 1986, p. 19.
[59] SASSO, R., *Georges Bataille : le système du non savoir. Une anthologie du jeu (Arguments)*, Paris, Editions de Minuit, 1978, p. 71.

faisant naître des questions jusqu'alors insoupçonnées, banales, complexes, insurmontables, insignifiantes, dans l'ensemble de nos approches. Il n'est donc pas tant question « de savoir pour savoir », mais plutôt d'une attirance pour l'aptitude spécifique « à ne pas savoir », à admettre et à découvrir des choses de l'ordre possible du « non-savoir ».

Le savoir du non-savoir détaché de l'objet libère la voie, permet le recul salutaire. Il laisse alors l'attention libre pour une logique ouverte à tout savoir, à un savoir autre, un savoir à la fois empreint de technique et d'intelligence plastique. Et c'est par une absence de pensée pragmatique initiale que le jeu peut être joué à fond. Un moyen à la fois d'apprendre, et à la fois de se libérer de cet apprentissage : une approche momentanément désobturée, défascinée, désintéressée. Une opportunité de se positionner entre « le savoir et son autre qui lui résiste[60] », entre la rationalité et ce qui la dérobe : le non-savoir à la fois en tant que système et excès. Une articulation de sa propre mise en jeu dans un va-et-vient permanent, ou plutôt au-delà et en dehors du savoir. Ainsi, il n'est pas tant question de positionner le non-savoir comme l'opposé du savoir, ce qu'il n'est pas, puisqu'il est une manière à partir de laquelle un nouveau savoir est possible, une possibilité de « penser l'impensable en le saisissant comme impensable », et c'est justement ce qui est intéressant et motivant. D'un point de vue plastique cela ouvre la voie à l'imagination, à la modification et au détournement. Ainsi, le principal intérêt que porte le non-savoir est sans doute celui de nous donner l'occasion d'une remise en question du statut de nos connaissances et de notre ignorance face au numérique. En ce sens, « savoir que nous ne savons pas » engage notre pratique dans un jeu sans commencement ni fin. Une pratique qui souligne le refus de l'achèvement et se présente comme une promesse des

---

[60] DOMINIC, M., *Savoir et affect : pour une économie du non-savoir*, Montréal, Université de Montréal, 2009, p. 3.

œuvres à venir, comme réserve d'inventions, de rencontres plastiques. Un jeu entre deux nécessités : celle de la limite, et celle de la transgression de cette limite. C'est-à-dire une impossibilité d'aboutir, de suivre une pensée qui se construit à mesure qu'elle se construit, dans une mise en question permanente.

En somme, il ne s'agit pas de s'intéresser uniquement à la fonctionnalité inéluctable d'un système, mais sur la nécessité de la résistance au système comme faisant partie du système : ce qu'est le non-savoir face au savoir imposé du numérique. Cela se traduit par le possible désir d'une expérience authentique, de l'aspiration à un retour à un état primitif antérieur que les dispositifs numériques occultent scrupuleusement. Peut-être notre approche se résume-t-elle à tenter d'orienter le savoir imposé dans une tension vers le non-sens, vers le non connaissable, dans l'accumulation de stratifications de connaissances à travers une véritable passion de ne pas savoir [61] ?

Bidouillage

> *« Ne pas avoir à penser avec ses dix doigts équivaut à manquer d'une partie de sa pensée normalement[62] »*

---

[61] BATAILLE, G., *« Le non-savoir »*, dans Œuvres complètes VIII, Paris, Gallimard, 1976, p. 199.
[62] LEROI-GOURHAN, A., *Le geste et la parole, la mémoire et les rythmes*, Paris, Albin Michel, 1998, p. 61-62.

C'est avec un prendre part que le numérique trouve sa spécificité. Le défaire est aussi un geste, comme opération qui dirige la pensée. En tant que geste, il permet de réintroduire dans le numérique une dimension artisanale de façonnage rustique, qui n'est pas nécessairement celle du savoir-faire ni « de la belle ouvrage », mais celle de l'expérimentation, du *bidouillage*.

Le bidouillage, en tant que faire, est à entendre dans son sens premier, celui de « la bidouille », d'une réalisation technique permettant d'obtenir des résultats avec peu de moyens, sans respecter les règles de l'art : *bricoler, fabriquer, transformer, trafiquer*. Précisément, le bidouillage partage la démarche vacillante du bricolage : « Aller par-ci, par-là », « ricocher, zigzaguer, biaiser[63] ». La *bidouille*[64], *l'objet du bidouillage,* est aussi à entendre comme un synonyme de *la bricole*[65], comme un « coup indirect », une marche « hésitante », une « petite chose instable » une conjugaison d'accidents, un tâtonnement, une « mésaventure ». Cela renvoie également dans un sens étendu à « dire des mensonges, tromper ». Et précisément, *bidouiller* emprunte, dans le sens où nous l'entendons dans ce travail, autant à la valeur noble et astucieuse du bricolage qu'à celle qui s'attache à dévaloriser l'activité par la précarité des réalisations, que celle d'éluder, leurrer, mettre en œuvre par la ruse, s'aventurer. L'étymologie du terme proviendrait de l'allemand *Klug*, intelligent, lui-même émanant du polonais *Klucz* qui signifie : une clé, un indice, un des principaux points[66]. Il permet une déprise possible

[63] Le Nouveau Petit Robert de la langue française 2010, p. 300.
[64] *Ibid.*
[65] *Ibid.*
[66] CHATELAIN, Y., ROCHE, L., *Hacking dictionary, « The jargon files »*, Paris, L'Harmattan, 2001, p. 277.

des systèmes cloisonnés, et d'aller au-delà des logiques de conformité dans une approche à la fois oiseuse et emprunte d'intelligence.

« Exécuter des menues besognes » comme l'indiquent certaines définitions, pointe l'univers du bricolage et de la bidouille comme un espace qui oscille entre l'insignifiance de l'objet bricolé, son aspect commun, ordinaire et l'importance d'une action qui met en œuvre des moyens de fortune et éphémères. Le bricoleur est d'ailleurs souvent qualifié de manière dévalorisante comme une « personne qui se livre à un travail intermittent et sans connaissances techniques ». Cette absence d'instruction technique implique une certaine idée de négligence insouciante, que l'on retrouve dans les réalisations et vis-à-vis de la mise en œuvre de la réalisation elle-même. Pourtant, bricoler signifie aussi « arranger ingénieusement quelque chose » et met en lumière « l'idée d'ingéniosité adroite », qui correspond à l'activité d'une « personne qui se livre à des menus travaux ingénieux » à partir d'une connaissance technique « de circonstance ». Et c'est « quand vous en arrivez véritablement aux actions détaillées qui doivent être réalisées, *in situ*, vous ne comptez pas sur les plans, mais sur des habiletés incorporées dont vous disposez[67] ». Cette définition illustre bien la connotation variable du concept qui se place tantôt du côté péjoratif, tantôt du côté de l'éloge de l'habileté instrumentale. Pourtant quel que soit le point de vue, tous deux partagent la notion de provisoire et d'approximation dans la facture qui détermine un « travail d'amateur peu soigné », ou encore une « réparation ou travail manuel effectué approximativement ».

---

[67] SUCHMAN, L., citée par JULIEN, M.-P., ROSSELIN, C. (Dirs.), *Le sujet contre les objets… tout contre, Ethnographies de cultures matérielles*, Paris, CTHS, 2009, p. 13.

« Le bricoleur utilisera la plupart du temps des moyens de fortune, dont il dépend. C'est de cette manière qu'afin de satisfaire son but et de satisfaire des besoins, il utilise ce qui lui tombe sous la main. Le bricolage répond donc à des besoins utilitaires et nécessaires, il répare, dépanne, il n'apparaît pas en priorité comme une jouissance ou un agrément personnel, mais il peut être un passe-temps souvent utile[68] ».

Le bricolage est ainsi défini comme « une réparation faite tant bien que mal », un ouvrage « mal soigné », où le bricoleur fait preuve d'habileté et d'ingéniosité par ses capacités d'inventivité, basée sur la ruse, l'astuce, l'adresse, les combines, l'imagination. L'objectif est souvent décrit comme étant celui de réparer, rétablir les caractéristiques fonctionnelles d'un objet détérioré, d'une manière approximative et provisoire en vue d'une utilisation précise et pratique. Le bricolage est donc dans son acception commune synonyme de sauvetage malhabile à base de débrouillardise, qui s'efforce par une finesse grossière à générer artisanalement des moyens inventifs de substitution, afin de tenter de récupérer ou de réaliser des ouvrages utiles.

« Éviter autant que possible d'acheter du neuf[69] » en privilégiant le souci de sauvegarde d'une part de l'objet abimé, apporte une dimension supplémentaire décrite par Alain Corbin qui est celle de « renforcer l'attachement à l'objet[70] », un lien sentimental qui sera plus

---

[68] MAGLIOZZI, M., *Art brut, architectures marginales. Un art du bricolage*, Paris, L'Harmattan, 2008, p. 22.
[69] CORBIN, A., « Les balbutiements d'un temps pour soi », in *L'avènement des loisirs 1850-1960*, Collectif, Paris, Aubier, 1995, p. 364.
[70] *Ibid.*

intense quand il s'agit d'exploiter des pièces de récupération collectées préalablement sans usage précis.

Le *bidouilleur* partage la posture instrumentale *du bricoleur*. Bidouiller est une manière de valoriser *le flou* comme procédé choisi et assumé. Du « flou » bidouillant comme l'opposé au « net » de l'efficacité numérique, au bon fonctionnement, au donné, aux idées claires imposées prenant le pas sur la sensation et l'intuition. Le flou réintroduit des choses que le net calculatoire avait tenté de chasser : les traces des conditions concrètes des prises, les ratés aboutissant sur des possibilités nouvelles, le précaire, le bâclé, l'informel dans une formulation où « l'artiste travaille sans discrétion : il laisse en évidence les traces de son geste[71] », le « tremblé » en quelque sorte de l'indécision de la pratique. L'acte de création ne se confronte-t-il pas à chaque seconde aux ratés irrémédiables ? « Du net, rien que du net[72] », voilà ce qui est exigé avec le numérique. Le flou est son opposé, le peu net, l'adouci, le trouble, le vague, l'indécis, le faible, la faillite. En ce sens, le flou renvoie également à l'imprécision et à l'amateurisme. « Bons tours du faible dans l'ordre établi par le fort, art de faire des coups dans le champ de l'autre, astuce de chasseurs, mobilités manœuvrières et polymorphes, trouvailles jubilatoires, poétiques[73] » nous dit Michel de Certeau. Il nous incite à naviguer à vue, et l'on se trouve engagé du côté de la découverte exaltante de ce qui se dévoile : il nous assure la surprise, comme « plonger d'abord un spectacle dans une brume épaisse afin de mieux jouir du bonheur de le découvrir progressivement[74] ». Il nous amène à « faire le point », et parfois à nous imaginer net ce que nous voyons flou,

---

[71] DUFRENNE, M. *Esthétique et philosophie*, tome 3, Paris, Klincksieck, 1981, p. 70.
[72] TISSERON, S., *Petites Mythologies d'aujourd'hui*, op. cit., p. 137.
[73] CERTEAU, M., *op. cit.*, p. 65.
[74] *Ibid*, p. 139.

à changer la distance de notre regard, de nos niveaux d'interprétation, à jouer sur la profondeur. Une pratique floue et bidouillante parle alors des émotions, des sensations et des mouvements de la main au travail, autrement dit, elle parle des formes sensorielles, émotives et motrices qui nous poussent à passer à l'acte. Le flou pose l'espace du numérique comme un territoire à conquérir. Il nous assure une pratique toujours différente, c'est à dire toujours disponible aux désirs que nous projetons en lui, jusqu'à sa dissolution dans une netteté alternative de la mise en œuvre : sa disparition. Le bidouillage possède donc cette potentialité intrinsèque, parfois même cette visée : l'effacement. Si l'objectif n'est pas spécifiquement de détruire matériellement, le bidouillage tend à occulter, substituer, précipiter la disparition. L'extrapolation de la figure se donne ainsi en même temps qu'elle se retire. Ce qui signifie s'identifier non à un élément, mais au mouvement d'un ensemble d'éléments, en chacun des points où ils se stabilisent provisoirement, dans une approche qui les rend pluriels, changeants. Bidouiller avance comme sa propre redite, dans l'apparition simultanée d'un aval et d'un amont inversables : chaque approche se donne comme une variation au sein d'une suite. Un objet ne se définit pas en fonction de ce qu'il est, mais en fonction de ce qu'il peut devenir ; et toute la dynamique du bidouillage consiste en ce va-et-vient entre un projet et un ensemble d'objets questionnés pour répondre à ce projet. Ainsi, le bidouillage est à la fois une opération de manipulation et une opération de lecture qui cherche dans les matériaux les usages inédits et les qualités nouvelles dont ils sont porteurs.

Le bidouillage est également à entendre dans le sens de son anglicisme, le *hack*[75]. Plus précisément défaire partage avec le *hack*, ce

---

[75] « *To hack* » : tailler, hacher, se définit comme une solution nouvelle, élémentaire, créative et astucieuse à une difficulté donnée : le « hack » ; celui qui le produit est un

qui pourrait être une manière d'agir librement, un cheminement de la pensée en acte, une recherche de discordance vis-à-vis des méthodes officielles, une volonté de « tailler des brèches[76] ». C'est la redéfinition d'une tâche, un autre chemin pour arriver à ses fins, un raccourci, une infiltration astucieuse, le déplacement d'une problématique, le contournement d'une barrière, le canular, l'invention, l'expérimentation, la subversion, le challenge intellectuel. Aussi bien dans la posture de se livrer pleinement à une activité de création que de s'y impliquer, défaire tout comme le *hack*, cherche une attention sur un résultat, une proposition. Celle-ci est fondée sur la passion, le plaisir et le partage. Dans une telle posture, il s'agit aussi de répondre à la formulation d'une motivation créative, trouver « la différence qui fait la différence[77] » et jouer.

> *« Le hacking peut se caractériser comme la mise en œuvre opportune d'une ingéniosité. Que le résultat soit un travail de bricolage brut et vite fait ou un chef d'œuvre soigneusement réalisé, son intelligence force l'admiration[78] ».*

« hacker ». On le considère comme un « virtuose-bricoleur », à la recherche de la trouvaille imprégnée d'innovation, de style et de prouesse technique qui lui donnera sa reconnaissance vis-à-vis de ses pairs. Le hacker n'est pas « le pirate », le « voyou du net », le « cybercriminel » instrumentalisé par les médias et connotant le « hacker » péjorativement. Voir : CHATELAIN, Y., ROCHE, L., *Hacking dictionary, « The jargon files »*, *op. cit.*, p. 231 ; MCKENZIE, W., *Un manifeste hacker*, Paris, Criticalsecret, 2006, p. 071.
[76] MCKENZIE, W., *Ibid.*, p. 088.
[77] *Ibid.*, p. 035.
[78] CHATELAIN, Y., ROCHE, L., *op. cit.*, p. 233-234.

Cela induit des modes d'apprentissages et des pratiques de production inductives liés à l'expérience individuelle via les essais et les erreurs, les moments de lucidité et d'indécision. Se comporter en *hacker* n'est pas se mettre dans la peau d'un théoricien, plutôt d'un pragmatique qui s'inspire de la devise « *hands on !* » : *mettre la main à la pâte*. Un peu comme le dit Arman, « je ne suis pas un conceptuel, je suis un *homo faber*. J'aime bien faire les choses. J'aime bien les contrôler avec mes mains[79] ». Chaînon par chaînon, maille par maille, il nous est donné de découvrir. C'est cette chaîne de découvertes, par l'addition de chacune des découvertes, qui donne naissance à cette inconnue qui est l'objet de notre création et qui doit devenir potentiellement une œuvre. Pour agir, réagir, il faut comprendre, être curieux, manipuler, explorer et questionner pour apprendre : chercher à être non pas plus intelligent, mais « plus rusé », plus habile, plus créatif. Le désir de compréhension est un élément fort de notre motivation. C'est lui qui nous incite à ne pas abdiquer devant la complexité technique.

En outre, toute création suppose une sorte d'appétit que fait naître l'anticipation de la découverte. Cette anticipation accompagne l'intuition d'une inconnue déjà possédée, mais non accessible, et qui ne sera définie que par l'effort d'une technique attentive. Cet appétit qui s'éveille en nous à la seule idée de bidouiller n'est pas quelque chose qui relèverait strictement du fortuit, mais d'une activité quotidienne et périodique, assidue, comme un besoin vital. Cette intuition d'un engagement, cet avant-goût, ce réflexe conditionnel, montre clairement que c'est l'idée et la relation passionnée de la découverte et du labeur qui nous attire. Le fait même de mettre la main à la pâte est inséparable pour nous du plaisir de la création. « C'est très amusant d'être *hacker*, mais c'est un amusement

---

[79] PONGE, F., cité par MOULIN, R., « De l'objet à l'œuvre », *Arman*, Jeu de Paume, Paris, 1998, p. 35.

qui demande beaucoup d'efforts[80] ». De tels efforts sont nécessaires même pour faire avancer peu de choses, ou mieux de se surpasser de façon surprenante, afin d'apporter une contribution nouvelle. En cela, créer n'est pas faire n'importe quoi. Il s'agit d'abord de maîtriser les règles d'un système pour ensuite avoir la possibilité de le transcender. L'ingéniosité, au-delà des connaissances, est surtout pour nous la possibilité de suivre prioritairement notre instinct de plasticien, afin de contourner, dépasser, détourner, ne pas se laisser enfermer par des présupposés ou des façons de faire acquises : faire autrement pour voir si ça fonctionne, voir ce que ça donne, expérimenter. En somme une attitude intrinsèquement « ludique » qui relève d'un état d'esprit commun à la plupart des *hackers* : l'esprit du jeu.

S'il existe une part de divertissement ou de délassement dans ce ludisme, celui-ci reflète aussi une réalité plus fondamentale : le plaisir de l'engagement dans la résolution d'un problème. Le jeu qu'il appelle pour pouvoir exister doit permettre l'expression de la créativité de l'individu, ce terme étant à comprendre comme « la coloration de toute une attitude face à la réalité extérieure[81] ». Une dimension proche de celle des enfants qui ont l'habitude d'inventer leurs propres règles, voire de modifier les règles en cours, adaptant à la volée l'activité à ce qui semble ludique et intéressant. Si « jouer c'est faire[82] » comme l'indique Donald Woods Winnicott, ici il est plutôt question d'un espace d'expérience et de créativité du « faire soi-même », de mettre en scène son propre imaginaire au jeu. Comme l'a montré Roger Caillois, l'attitude ludique oscille entre deux pôles, deux « manières de jouer », d'un côté la *paidia,*

---

[80] RAYMOND, E. S., cité par HIMANEN, P., *L'éthique hacker et l'esprit de l'ère de l'information*, Paris, Exilis, 2001, p. 35.
[81] WINNICOTT, D. W., *Jeu et réalité, L'espace potentiel, op. cit.*, p. 91.
[82] *Ibid.*, p. 59.

le jeu libre des instincts sans règles en tant que puissance primaire d'improvisation et d'allégresse, et de l'autre le *ludus* qui cadre l'exubérance de la *paidia* par des contraintes, des règles qui en font une pratique active :

> « *À une extrémité règne, presque sans partage, un principe commun de divertissement, de turbulence, d'improvisation libre et d'épanouissement insouciant, par où se manifeste une certaine fantaisie incontrôlée qu'on peut désigner sous le nom de paidia. À l'extrémité opposée, cette exubérance espiègle et primesautière est presque entièrement absorbée, en tout cas disciplinée, par une tendance complémentaire, inverse à quelques égards, mais non à tous, de sa nature anarchique et capricieuse : un besoin croissant de la plier à des conventions arbitraires, impératives et à dessein gênantes, de la contrarier toujours davantage en dressant devant elle des chicanes sans cesse plus embarrassantes, afin de lui rendre plus malaisé de parvenir au résultat désiré. [...] Je nomme ludus cette seconde composante* [83] ».

En effet, il s'agit de comprendre le contexte dans lequel s'inscrivent le problème et sa logique, les règles du jeu et son but, puis de mettre à profit ces règles pour atteindre un objectif nouveau : jouer le jeu qu'on s'impose. Et tout jeu correspond à cette structure : des règles circonscrivent un espace de liberté à explorer et à apprivoiser pour réussir à atteindre une fin : perdre, gagner, participer, transgresser.

---

[83] CAILLOIS, R., *Les Jeux et les Hommes, Le masque et le vertige*, Paris, Gallimard, 1967, p. 48.

De surcroît, partager cette posture *hacker*, c'est véritablement réfuter le cliché de criminel, de cyber-terroriste, de pirate, du « mythe noir » malveillant hollywoodien. Car être *hacker*, « fonctionner » en hacker, chercher le *hack*, chercher la faille, bidouiller, n'est pas une quête pour nuire à autrui. Au contraire, c'est proposer un esprit alternatif, ouvert, enthousiaste, curieux, innovant, dans un rapport actif à la technique. Et s'il s'agit de parler de « pirate », c'est pour partager l'étymologie grecque du terme *peiraô*, signifiant « essayer de », « tenter sa chance à l'aventure ». Avant toute chose, être *hacker* est vouloir savoir « comment ça marche » : ce qui nous motive depuis toujours. Ne pas prendre la technologie pour acquise, mais comme un défi à relever, une logique à comprendre, à intégrer et à maîtriser pour ne pas être victime. Cette aventure ludique évolue en une véritable « quête » existentielle qui consiste à apprivoiser le système technique, en suivant la « passion de ne pas savoir » comme nous l'indiquions précédemment :

> *« Les hackers peuvent faire n'importe quoi et être hacker. Vous pouvez être charpentier hacker. Ce n'est pas nécessairement hi-tech. Je crois que cela a à voir avec l'art/habileté et le soin qu'on y apporte [...]*[84] *».*

Le *hack* est ainsi rarement une découverte pure, mais plutôt le résultat d'intuitions, fondées sur une appréhension des éléments nourrie par une recherche et une documentation continue de connaissances et d'expériences diverses et multiples : corriger, se corriger, reprendre, trouver à redire, interférences, lacunes, brouillons, frottements, distraction. On bidouille, on bricole en glanant des informations un peu

---

[84] HIMANEN, P., *op. cit.,* p. 26.

partout, en empruntant des « tuyaux », en trouvant soi-même des « trucs » par déduction d'erreurs, par essais de probabilité :

> « *Le vrai bricoleur bricole aussi à l'usine ou à l'atelier [...]. Pour un vrai bricoleur tout est en fait propice au bricolage. Le temps et le lieu n'y font rien*[85] ».

Rien n'y est jamais acquis. De ce point de vue, l'ingéniosité et l'innovation résultent d'un travail intense et personnel qui progresse par essais et erreurs en se nourrissant de connaissances techniques, plastiques, instrumentales, contextuelles :

> « *Chacun a son secret, mais presque tous ont des pratiques multiples sans spécialisation technique, ils touchent à tout, bricolent avec n'importe quel objet, ne sont savants en rien, mais utilisent tous les matériaux et toutes les techniques pour arriver à matérialiser ce qu'ils veulent créer*[86] ».

D'ailleurs, nous passons nos jours et nos nuits à travailler, ou plutôt à faire et défaire dans ce jeu de construction-déconstruction. Faire quelque chose qui a du sens, créer, découle de la nature de l'activité elle-même, la créativité en est une valeur intrinsèque :

---

[85] CAM, P., « Le bricolage, un art pour l'art », in *Critiques sociales*, mai 1991, p. 34.
[86] MARTINON, J.-P., « Les formes du pauvre », *Revue d'ethnologie française, n°2/3*, 1978, p. 209.

« J'ai toujours eu le goût du bricolage [...]. On me dit parfois que ça doit être compliqué et très dur de confectionner autant d'objets [...]. Pour moi, c'est plutôt une question de patience et de volonté. Je n'ai pas la notion du temps. Je crois que pour celui qui a envie de créer, le temps n'est pas un obstacle[87] ».

Justement, au fil du temps, la pratique est devenue pour nous une véritable obsession, occupant toutes les pensées, chaque instant, relayant bien loin des définitions communes associées aux loisirs pour le bricolage et au pirate informatique nuisible pour le *hack*. En ce sens, il s'agit de mesurer la valeur de « bidouillabilité »[88] des objets que nous interrogeons. L'enjeu se situe dans l'élaboration de stratégies exploratoires nouvelles, propres à résoudre ingénieusement des problématiques spécifiques, tenter de « créer la possibilité que des choses nouvelles s'engagent »[89]. « Nul ne produit une œuvre s'il ne travaille pas dans cette nappe continue d'où surgit, parfois, une forme »[90], nous dit Michel Serres. *Faire surgir* du sens dans une pratique avec ses modalités propres et en devenir, n'est-ce pas à cet instant que se repère l'acte de création ? Cette mise en œuvre n'est ni de l'ordre du loisir, ni du passe-temps, ni de l'ordre de l'oisiveté ou encore le résultat d'une absence d'activité. Elle est de l'ordre d'un travail actif qui appelle des efforts d'apprentissages permanents dans l'optique de développer des solutions singulières et anticonformistes : « défaire, bidouiller, *hacker* ».

---

[87] BINDLER, A., cité par MAGLIOZZI, M., *op. cit.,* p. 143.
[88] Traduction française de « Hackability » : la possibilité de s'emparer d'un appareil ou d'un objet pour en détourner l'usage.
[89] MCKENZIE, W., *op. cit.,* p. 004.
[90] SERRES, M., *op. cit.,* p. 39.

Nous disons souvent « qu'il va nous arriver des bricoles ». Et, en effet, il arrive des choses le plus souvent sans intérêt, mais quelquefois porteuses de points de fuite. Nous l'avons dit, la pratique semble tendre vers un langage délibéré, contradictoire et hésitant, sous lequel se cache notre subjectivité. Cela rejoint parfaitement *La Pensée sauvage* de Claude Lévi-Strauss qui rappelle les sens anciens du verbe bricoler : il « s'applique au jeu de balle et de billard, à la chasse et à l'équitation, mais toujours pour évoquer un mouvement incident : celui de la balle qui rebondit, du chien qui divague, du cheval qui s'écarte de la ligne droite pour prévenir un obstacle[91] ». Le bricolage est de l'ordre du détour, du détournement, de la dérivation.

Nous faisons et défaisons pour être efficaces, pour faire surgir des phénomènes nouveaux. Faire et défaire constitue notre agir, parfois même le fait d'agir moins, ou plus exactement de ne pas récolter tout le fruit de nos actions. Une agitation ayant pour but de ne pas converger toujours dans la même direction. Même d'effacer nos traces. De nous donner des buts impossibles, voire impensables, dans des tentatives contradictoires. « Parfois, le faire engendre le défaire. Parfois, le faire et le défaire donne naissance au faire. Parfois, ils se nuisent et parfois s'assistent. Tantôt ils sont simultanés, tantôt ils se succèdent, à des rythmes divers. Leur collaboration peut viser à l'efficacité, ou rechercher le plus d'inefficacité possible. Parfois le faire prend le masque du défaire. Ou bien le défaire se déguise en faire[92] ».

Il est toujours question d'un pari sur la rencontre : « point de cœur, mais un problème, c'est-à-dire une distribution de points

---

[91] LÉVI-STRAUSS, C., *La pensée sauvage*, Pocket, Paris, 2009, p. 27.
[92] LASCAULT, G., *Faire et défaire*, *op. cit.*, p. 14.

remarquables ; nul centre, mais toujours des décentrements, mais des séries avec, de l'une à l'autre, la claudication d'une présence et d'une absence d'un excès, d'un défaut[93] ». En bidouillant, donc en se décentrant, en marquant des différences, il nous est possible d'effectuer un travail artistique. Toute œuvre plastique n'est-elle pas, à l'évidence, un travail des différences ? Défaire, bidouiller, opérer ces différences, donc se décentrer, c'est probablement opter invariablement pour une discipline à l'état d'ébauche et du bricolant : un décentrement telle une perte de référence au profit de l'interférence, c'est-à-dire comme libre jeu des conjonctions, des possibles. Une aptitude à bouger, changer de forme, à re-localiser, à suivre l'impermanence : adjoindre le geste hésitant dans la matière, aux épisodes de l'informe qui menacent la forme de ce qui serait trop clairement défini. Mais aussi décentrer son regard souvent trop restrictif et rivé sur l'objet. L'activité artistique se situe à la croisée de ces deux attitudes. « Tout le monde sait que l'artiste tient à la fois du savant et du bricoleur ; avec des moyens artisanaux, il confectionne un objet matériel qui est en même temps un objet de connaissance[94] ». Comme le bricolage, le bidouillage part de matériaux préexistants qu'il fait dialoguer avec un projet pour produire une composition sensible dans laquelle le tout se laisse percevoir avant les parties. Ainsi, le bidouillage comme figure du décentrement n'est pas tant une négation des systèmes référents qu'un moyen de mobiliser de multiples éléments, c'est-à-dire d'assumer des attachements épars, des lignes de fuite tracées à partir du bidouillage lui-même : une définition possible de l'artistique dans nos réalisations ?

---

[93] FOUCAULT, M., « Theatrum philosophicum », *Dits et Ecrits, op. cit.*, 1994, p. 76.
[94] LÉVI-STRAUSS, C., *op. cit.*, p. 33.

Fragment

Les amas de matériaux, le démontage des objets, l'assemblage semblent à première vue confronter notre pratique à une problématique du fragment. Mais envisager ces objets une fois mis en pièces détachées en tant que fragments, ce serait pourtant leur accorder d'emblée un statut d'autonomie. C'est en quelque sorte le paradoxe du fragment, en tout cas dans son acception courante : le morceau rompu se trouve isolé, et en cela, il se replie sur ses propres limites. En se suffisant à lui-même, son sens est à chercher à l'intérieur de cette finitude, nous décrit Jean-Luc Nancy[95]. Il existe cependant une seconde manière d'aborder la fragmentation selon lui :

> « à supposer qu'il ne reste rien, que la fragmentation ait proprement disloqué l'essence à laquelle elle est survenue, il faudrait se demander si cette essence ne s'est pas elle-même délivrée, jetée et projetée, offerte comme ce qu'il faudrait appeler [...] une essence fractale. En ce sens, plutôt que le contour du fragment déjà tracé, le fractal désignerait la dynamique et l'initialité de la dif-fraction...[96] ».

Cette formulation décrit le fragment bien plus proche de la dynamique même de sa mise en morceau, que dans sa finitude. Une dynamique de l'écart, de l'espacement, ou comme l'exprime Jean-Luc Nancy, une dynamique de la diffraction.

---

[95] NANCY, J.-L., *Le Sens du monde*, Paris, Galilée, 1993, p. 191.
[96] *Ibid.*

Si dans notre parcours du lentement trafiqué, nous dispersons par démontage des éléments hétérogènes où les figures et associations se font et se défont, nous ne nous arrêtons pas aux fragments, ni à leur éparpillement. Nous tentons de réactiver, de raviver, et de mettre à jour dans leur scission ce qui les caractérise, ce qu'ils pourraient porter comme capacité de leurs traces initiales. S'agit-il de montrer quelque chose qui remonte à leur rupture ? Probablement, il est question de « réveiller le langage latent des morceaux de réalité[97] », comme l'écrit Christian Béthune à propos de l'échantillonnage musical. Sommes-nous alors plus enclins à leur construction ou reconstruction ?

Il est étrange et attachant de constater que notre progression est toujours identique sur ce point : prendre un objet, happé aux aléas de la captation et de la collecte, et le réduire presque à néant, en parcelles disjointes, presque lacérées, vandalisées. Fragmentation, construction et reconstruction vont de pair. Nos objets sont toujours le fruit d'une déconstruction première, de fragmentations, scissions, escarpements et incises à des degrés variés. Néanmoins, ce n'est pas le fragment en lui-même qui nous intéresse véritablement, plutôt la possibilité d'union de l'ordre de la greffe, ou carrément l'inverse, l'ablation dans un nouvel ensemble : la fin se situe là où les fragments se replient sur eux, se rétractent et fixent l'irrégularité de leurs raccords dans de nouvelles autonomies dictées par le détournement et le choc des rencontres. Les unions, les ruptures, les métissages heureux se font et se défont, lors d'un rapport qui se vit dans le conflit et l'assimilation, l'attrait et le retrait. Une pratique comme un mouvement de ricochet entre dislocation et mise en forme, quelque part entre l'émergence et la contingence du fragment qui

---

[97] BETHUNE, C., « Le rap, une esthétique hors la loi », Paris, *Revue Autrement*, 2003, p. 77.

croise et interpole en lui même des perspectives aux points de fuite enchevêtrés : liaison et déliaison, présence et absence.

Néanmoins, qu'il s'agisse de produire, de modifier, de désintégrer ou réintégrer, le processus suit invariablement la sélection : *choisir*, même par inadvertance, des fragments susceptibles d'ouvrir un champ créatif *nouveau*, puiser dans une multitude de possibilités prédéfinies, « semi-ouvrées » comme le dirait Claude Levi-Strauss, pour mettre en forme, répéter, amplifier, inverser, incorporer à l'ensemble dans un processus complexe d'enchevêtrement. Un enchevêtrement qui est géré par la main, par notre faire. Où paradoxalement la sélection au même titre que le cadrage est une figure de la fragmentation.

Le tout produit ou en train de se faire, en tant que synthèse d'éléments épars, ne peut être le résultat d'une compression de fragments dispersés selon un régime du matériau. Au même titre que les parties ne sont pas des données « inertes », « mortes », arrachées à leurs dispositions premières, mais « des centres de forces qui tendent vers la totalité et sont naturellement, par nécessité également préformées par celle-ci[98] ». Sans doute, « le fait de se tourner vers le brisé et le fragmentaire est en vérité une tentative de salut de l'art par le démontage de leur prétention d'œuvres à être ce qu'elles ne peuvent être et ce qu'elles veulent pourtant devenir : le fragment renferme ces deux aspects[99] ». En ce sens, il s'agit de tenter de repérer comment et à quelles conditions les fragments épars issus du morcellement ont une chance de devenir des fragments dynamiques, c'est-à-dire de dialoguer au sein

---

[98] PAYOT, D., « Construction et vérité », *Le collage et après*, Paris, L'Harmattan, 2001, p. 140.
[99] *Ibid.*, p. 352.

d'une œuvre articulée, entre continu et discontinu sans forcer la mise en œuvre d'une totalité arbitraire.

Mettre en œuvre, construire, se présente comme une tentative de former de l'hétérogène, un sauvetage pour les objets et fragments d'objets que nous exploitons. Les fragments restent souvent visibles et perceptibles dans nos réalisations, suggérant les totalités antérieures dont ils sont extraits, dont ils ne sont plus qu'un « extrait ». Une sorte d'élément déjà énoncé, déjà performé, sur lequel notre emprise opère une remédiation. Le fragment n'est alors pas seulement un énoncé, mais aussi une énonciation spécifique qui n'existe que dans la tension entre prélèvement et transformation. Il convoque une pratique collagiste qui exploite des discontinuités immiscibles par une sorte d'examen, de filtre, et de passage au crible du préexistant qu'il porte en lui, reconnu comme emprunt ou matière rapportée.

Défaire, détourner, bidouiller se joignent ici dans une pratique composite allant de l'association de fragments qui conservent leur identité et leur caractère allusif, à la fusion d'éléments qui ne sont plus repérables ni séparables, générant des résultats hybrides, sans rupture où l'origine est masquée, brouillée, inconnue. Le principe oscille alors entre un jeu du discontinu et de l'hétérogène, vers celui de la « fusion des matrices », de lien de correspondances, d'enchevêtrement et de métissage. La création devient collection, destruction et reconstruction, re-création : *récréation*.

Et ce que l'on obtient dépend exclusivement de la façon de faire. Ce qui semble à première lecture une évidence, se révèle comme une proposition complexe, dans le sens où ce faire est toujours à inventer. À ce stade, le geste de défaire questionne la notion d'invention où le geste, comme passage et comme trace bidouillante de la pensée est lié à la mise en pièce et à la mise en œuvre de manière inextricable. Faire un geste signifie donc, suivre le devenir d'un mouvement, suivre son devenir forme avant même que ne se pose la question de son devenir signe, de son vouloir dire. N'est-il pas ce qui alimente en premier l'appétit de l'œil dans le faire ? C'est une idée que soulève Jacques Lacan à propos de « la touche du peintre qui est quelque chose où se termine un mouvement […] en tant qu'il engendre […] son propre stimulus[100] ». Si le geste éveille la vue, il pose aussi la question de l'origine dans le défaire. On a bien le sentiment du morcellement, dans une pratique toujours suspendue et interrompue. Mais simultanément, les choses et les fragments de choses s'imposent dans leur dynamisme et même, les arrêts et les silences s'enchaînent paradoxalement sans discontinuités. Une pratique du joindre qui consiste à trouver une manière inédite de mettre ensemble, tout en explorant le disparate par « une mise en tension du figuratif, des rythmes plastiques et des matériaux en tant qu'exploration de l'écart, comme processus engendrant une œuvre[101] ». Le défaire est certainement ce complément d'information, ou peut-être une interprétation du geste, par sa relation avec l'éphémère qui le caractérise. Si le geste est comme le dit René Passeron « transfert enregistreur et inventif », il est aussi pour nous ce qui perturbe ce passage, car il est résistant, proprement instable, dérivant, il prélève et sélectionne dans la contrainte. Il se présente comme résistance à une posture systématique, comme réflexion sur un sensible récalcitrant, à l'aide des fragments qui palpitent d'une dynamique sous-jacente, tendant vers le tout sans fermetures. Il est ce qui trouble sa propre lecture. Le geste est là, non pas tant dans l'accumulation de postures, que dans le fait de *ruptures* qui, paradoxalement, enchaînent un passé disparu

---

[100] LACAN, J., *Le séminaire, livre XI : Les quatre concepts fondamentaux de la psychanalyse*, Paris, Seuil, 1973, p. 104.
[101] ONCINS, V., « COLLAGE= what a b what a b what a beauty », *Le collage et après, op. cit.*, p. 8.

et un devenir non encore apparu. Retenons alors que le geste du défaire n'est pas ce qu'il est, mais bien plutôt l'écho d'un avant et d'un après. En d'autres termes, le geste se tient dans l'écart, à l'écart. Le plus souvent, il n'est pas directement identifiable, mais cherche à faire sens, à créer du sens dans l'entrelacs, dans les failles, dans les ruptures. Le geste serait-il partout au point de n'être nulle part ?

La bricole trouve sa racine en allemand « brechen », briser, d'où émanent des mots comme brèche ou brique : la fracture, le fragment, le morceau. Faire le détail avons-nous dit précédemment : décomposer, démonter, défaire, arracher aux objets des éléments. C'est le regard qui d'abord découpe en morceaux, qui détache. Le geste, en déchirant, isole le détail ainsi délimité et le fixe sur d'autres supports, d'autres rencontres. Ces fondamentaux du bricolage - prélèvement des fragments, liaison de fragments - apparaissent comme des moments incisifs. Le détail en ce qu'il est le témoin disloqué d'un tout, fascine par le manque, « la mise en évidence exclusive de ce dont le tout ensemble n'est plus là, disparu, englouti dans son détail[102] » et impose la présence du défaire. Cette petite coupure provoque un effet de surprise devant ce que l'on croyait connaître. Il peut témoigner d'un hasard, d'une aspiration propre du matériau. Mais dans ce plaisir du détail, il y a plus que la simple jouissance de la quête du caché, de l'étranger dans le familier. Là encore, il s'agit de faire rupture tout en cherchant à retrouver ce qui, dans la faille de l'écart semble perdu.

Le fragment est un morceau « de ce qui a été brisé », un émiettement, une fraction. Il suggère l'absence, la perte, et l'invariable

---

[102] ARASSE, D., *Le détail, pour une histoire rapprochée de la peinture*, Paris, Flammarion, 1996, p. 268.

présence du coupé et du séparé. Jean-Pierre Mourey le désigne comme « résultat d'une brisure, rupture, arrachement, perte, comme le produit d'une violence[103] ». Fragmenter répond au besoin de prélever, collectionner, découper, classifier, garder des traces, invariablement anéantir, supprimer, jeter, amputer, dissoudre. Il est la signification d'un reste, d'un débris, d'un déchet, le témoignage d'un intérêt plastique ponctuel et particulier. Par le découpage, le démontage, on extrait de la continuité des objets, des repères, qui deviennent des éléments, des morceaux. En ce sens, le fragment, en tant que *morceau de*, est pour nous un « motif » prélevé, un « tiré hors de », « un extrait de ». Extirper[104] est un acte qui consiste à *déraciner* un élément en vue de le *replanter, transplanter*, ailleurs.

> *« Les mots latins de fragmen, de fragmentum viennent de frango, briser, rompre, fracasser, mettre en pièces, en poudre, en miettes, anéantir. En grec, c'est klasma, l'apoklasma, l'apospasma, le morceau détaché par fracture, l'extrait...[105] »*

En même temps *qu'extrait de*, il « apparaît comme contenant en soi l'essence de la totalité[106] » tout en s'inscrivant en lui-même comme une nouvelle totalité dans l'activité bidouillante du défaire. La fragmentation ne porte donc pas spécifiquement sur la forme, mais sur la relation où elle s'institue comme opérande du défaire. Chaque fragment

---

[103] MOUREY, J.-P., *Philosophies et pratiques du détail*, Hegel, Ingres, Sade et quelques autres, Seyssel, Champ Vallon, 1996, p. 103.
[104] Extirper vient du latin *stirps* qui veut dire racine.
[105] QUIGNARD, P., *Une gêne technique à l'égard des fragments*, Saint Clément, Fata Morgana, 1986, p. 33.
[106] DAMISCH, H., *La partie et le tout*, Revue d'esthétique n°23, Paris, 1970, p. 185.

représente ainsi une totalité séparée et une partie où se recueille le tout. De ce fait, le contenu du fragment illustre un vide, une disjonction, un état-limite liant et déliant, ingrédient même de la fragmentation. Peut-être est-ce pour nous un moyen de contenir à la fois une proximité au vide et à l'absence, ainsi qu'un voisinage immédiat de l'échec ? Un moyen qui bascule entre le désir de construction et une aspiration vers la faillite, entre effort de réagencement et persistance de la ruine ?

En tant que bricoleur, nécrophage de fragments, nos assemblages tentent des rapprochements surprenants, en mettant en contact des ordres habituellement disjoints, interdits. Le fragment est un élément primordial de notre activité. Il appelle l'hétérogène, l'hétéroclite, le polysémique, le pluraliste, voire l'hétérodoxe, dans des combinaisons qui intègrent le métissage comme règle productive. Peut-être s'agit-il plus de « créolisation » que de métissage dans le sens défini par Édouard Glissant. Une pratique faite de rencontres et d'interférences, de chocs, d'harmonies et de disharmonies liées à l'imprévisibilité et aux mouvements incidents dus au bidouillage[107]. Certaines pièces disparaissent, sont détruites, ou au moins s'égarent, pendant que d'autres se créent. « Le tout se construit, se ramifie, se renouvelle, s'enrichit et se développe par poussées successives, en une croissance précaire et cahotante toujours au bord du désastre[108] ».

---

[107] « J'appelle créolisation la rencontre, l'interférence, le choc, les harmonies et les disharmonies entre les cultures, dans la totalité réalisée du monde-terre », « la créolisation, c'est le métissage ave une valeur ajoutée qui est l'imprévisibilité », GLISSANT, E., *Traité du Tout-Monde*, Paris, Gallimard, 1997, p. 194.
[108] LASCAULT, G., *op. cit.,* p. 37.

1.3 Fétichismes

Dans cette partie émerge une posture particulière et fondatrice de notre démarche : la collection. Défaire semble inhérent à cette activité accumulatrice, car elle constitue le matériau de nos productions. Il s'agit d'une règle invariable nous faisant négocier avec une délimitation instrumentale, résultante d'une insatiable curiosité pour les objets périmés du numérique. L'acquisition apparait aussi importante que la possession, qui ne prend sens que par l'excès, le trop : finalement l'inaccessible. L'attachement que nous éprouvons pour ces « vestiges du numérique » déborde de la pulsion première pour constituer un stock, un amas, un bric-à-brac qui reste toujours inachevé dans un mouvement rebelle à l'idée même de collection. Celui-ci s'apparente à une réserve, un catalogue de possibles. L'univers instrumental qui s'en dégage constitue l'amorce de toute création, tout en offrant une lecture réaffectée des objets. Mais comme nous l'analysons, cette condition ne semble possible que par l'inscription dans un espace : l'atelier qui fait corps avec les objets qui le façonnent et l'encombrent jusqu'à le modeler lui-même comme un objet. S'engagent alors des relations complexes entre l'œuvre et le lieu, le lieu et les œuvres, les œuvres elles-mêmes, le lieu lui-même. Une dépendance qui participe à une pertinence, voire une coïncidence de la pratique au lieu : l'atelier nourrit l'œuvre.

Collection

Notre première démarche pratique est pourtant rétrospective. Nous semblons nous tourner « vers un ensemble déjà constitué, formé d'outils et de matériaux » pour « en faire, ou refaire, l'inventaire ; enfin et surtout, engager avec lui une sorte de dialogue, pour répertorier, avant de choisir entre elles, les réponses possibles que l'ensemble peut offrir au problème qu'il pose[109] ». Cette manière de procéder décrite par Claude Lévi-Strauss est nécessairement guidée par un ensemble instrumental spécifique et délimité. Le « défaitiste », l'opérateur de la défaite, comme nous aimons nous dénommer est aussi collectionneur. Nous recueillons des témoins fossiles d'une société de l'information sans cesse en quête de renouvellement. Nous sommes depuis toujours atteints de la « collectionnite, cette pathologie aux symptômes bien connus, aux patients innombrables et aux conséquences plus ou moins épouvantables pour les proches, les finances, la décoration…[110] ».

Nous approuvons peu la mise au rebut, le fait de détruire. Si bien qu'en plus des trésors extirpés des décharges ou raflés de part et d'autre, nous cohabitons quotidiennement parmi tous les objets dont nous refusons vigoureusement de nous défaire. La collection définit « une réunion d'objets ayant un intérêt esthétique, scientifique ou valeur de rareté rassemblés par goût de l'accumulation[111] ». En réalité, la collection implique beaucoup plus qu'une adjonction ou un assortiment d'objets. Elle semble motivée par une insatiable curiosité. Elle correspond toujours à l'ordonnancement plus ou moins secret d'un monde, d'une vision du

[109] LÉVI-STRAUSS, C., *op. cit*, p. 32.
[110] PIERRAT, E., *La collectionnite*, Paris, Le Passage, 2001, p. 11.
[111] Le Nouveau Petit Robert de la langue française 2010, p. 464.

monde qui donne une cohérence. Chaque système de collection forme ainsi une sorte de microcosme, qui se veut une manière d'expliquer cette vision. Or, il s'avère que non seulement cet arrangement demeure toujours problématique et provisoire, mais il forme comme une entité close, où les liens entre les objets eux-mêmes finissent par prévaloir, donnant une certaine consistance à un savoir qui n'est pas nécessairement productif. C'est-à-dire, une entité qui serait pour nous le lieu de l'atelier, à la fois partielle et surabondante où les objets renvoient en continu à l'ensemble des représentations potentielles, avec tout un jeu de contiguïtés, de superpositions, de correspondances, de références, d'interprétations possibles. En cela, agir en collectionneur est pour nous plus que de choisir et conserver des objets, plus que d'opérer le sauvetage de matériaux, c'est une manière simple de déterminer des correspondances, des liaisons, des catégories communes permettant de classer, proposer des dispositions, des écarts. C'est pour cela, par anticipation, espérance, précaution, obsession fétichique, que nous amassons plus d'objets que nous n'en utilisons. L'important étant en effet de collectionner. Il n'y a donc, en ce sens, pas de collection figée possible. Et, comme pour tout collectionneur elle est le résultat visible d'une passion qui trahit une forme d'excès :

> *« L'excès dans la collection ne signifie pas accumulation désordonnée ; il est un principe constituant : pour qu'il y ait collection –aux yeux même du collectionneur – il faut que le nombre dépasse les capacités matérielles [...] d'entreposer chez soi la collection entière. L'excès se traduit tout autant au niveau des capacités de mémorisation : il faut pour qu'il y ait collection, que le collectionneur ne puisse pas se souvenir [...]. En somme, il faut qu'il y ait assez pour qu'il y en ait trop [...]. Disons-le d'une autre façon : pour qu'il y ait*

collection, il faut que le collectionneur ne soit plus tout à fait maître de sa collection[112] ».

De temps en temps, nous avons un accès de déblaiement qui correspond à un besoin utilitaire, celui de pouvoir circuler normalement dans l'espace de l'atelier. Tous les recoins débordent d'une sorte de marmelade d'objets, obligeant à des dégagements, des pseudo-classements. Cela nous résigne à quelques sacrifices qui suscitent beaucoup de peine : l'impression qu'on se débarrasse d'une partie de nous-mêmes.

« On se collectionne toujours soi-même[113] » dit Baudrillard, peut-être est-ce vrai, ce que nous accumulons n'est-il pas une manière de représenter ce que nous sommes, ce que nous faisons ? Est-ce les objets qui capturent leur sujet et non l'inverse ? Les objets que nous amassons produisent en nous une sorte de choc. Peut-être révèlent-ils au plus profond de notre être le souvenir d'autres chocs, déjà suscités dans le passé par des objets de nature très différente. D'ailleurs, si la collection est le miroir de soi, c'est que l'on est aussi le miroir de cette collection. Sans doute les relations entre la collection et le collectionneur en sont la finalité ? Mais n'est-ce pas le cas de toute collection ? S'il est vrai que le collectionneur se montre dans sa collection, s'il « habite sa collection - en est habité[114] » comme l'indique Gérard Wajcman, est-il possible de nous retrouver dans cette activité accumulatrice ? Probablement dans ce qui vaut à nos yeux la peine d'être recueilli, ou dans l'attrait du nombre et de la profusion, mais aussi dans celui de l'excès, du trop. Il y a bien aussi cet

[112] WAJCMAN, G., in FALGUIERES, P., CRIQUI, J.-P., WAJCMAN, G., *L'intime, le collectionneur derrière la porte*, Lyon, Fage, 2004, p. 89.
[113] BAUDRILLARD, J., *Le système des objets, op. cit.,* p. 128.
[114] WAJCMAN, G., *Ibid*, p. 24.

intérêt pour les objets en eux-mêmes, que ce soit dans la rareté ou au contraire la disponibilité, l'anomalie, la recherche de la série, dans le représentatif du genre, ou encore l'affection de restes, de pièces, de l'exceptionnel. La qualité principale est probablement la valeur affective liée le plus souvent aux circonstances des prélèvements, à la mémoire dont les objets sont chargés, au fait qu'il s'agit de choses rejetées par d'autres. Il y a indéniablement comme pour tout collectionneur, une curiosité qui s'exprime en « un désir de voir, d'apprendre ou de posséder des choses rares, nouvelles, secrètes ou singulières[115] », telle une acuité visuelle qui fonctionne par vagabondage, par coup d'œil divinatoire et ingénu, qui saisit les parentés inaperçues entre les objets : une liberté de la curiosité face à la restriction, le même, le normé. En outre, tout ce qui est collecté fait l'objet d'une sorte de mémorisation de ses conditions, la date, la raison éventuelle, le lieu, le type, puis rapidement la mémoire s'en détache, libère, laisse voué à l'oubli, au mélange, à la confusion, s'abandonne au désordre de l'atelier.

Peut-être que cet attrait de la collection apparaît aussi, dans cette intime conviction sans doute naïve, que toutes les choses que nous conservons puissent resservir un jour. Une sorte d'écho lointain au « rien ne se perd, rien ne se crée, tout se transforme[116] ». Et l'instant où nous commençons à travailler avec, ces notes et ces objets perdent parfois leurs significations. C'est seulement dans l'action que nous nous rendons compte si ces attirances possèdent un pouvoir d'évocation qui fait naître en nous des sensations d'ordre plastique. Inversement il y a surtout l'attrait du comprendre, le fait de capturer un objet, le prendre dans le

[115] POMIAN, K., *Collectionneurs, amateurs, curieux : Paris-Venise, XVIe - XIIIe siècles*, Paris, Gallimard, 1987, p. 74.
[116] LAVOISIER, A., cité par BERTOLINI, G., *Art et Déchets*, Angers, Aprede / Le Polygraphe, 2001, p. 27.

filet : soit, car il est incompréhensible, soit parce qu'il étonne dans le contexte, ou simplement qu'il séduit, résonne avec un travail antérieur ou enfin, qu'il évoque déjà des images d'action. Et même si tel n'est pas le cas, il reste ce goût de la découverte, de la traque, de la prise, de ce qui se passe d'indescriptible dans l'instant précis où une sorte de chasse commence, qui tente vainement d'épancher une soif inassouvie de toujours accumuler plus, ou de trouver des parties manquantes et inédites, et qui relèvent d'une sorte d'instinct de prédation, un besoin d'accaparement des choses que d'autres jettent, délaissent :

> *« Un lien profond relie le geste du collectionneur à la chasse, activité originellement nécessaire à la survie, mais aussi productrice de trophées, de parures ou de fétiches, et donc dotée d'une indéniable dimension esthétique[117] ».*

Nous sommes peut-être davantage chasseur que collectionneur. Nous aimons faire notre propre marché, nous aimons la chasse, la découverte « tel un anthropologue passant au crible les ordures ménagères d'une tribu disparue[118] ». Il faut que nous désirions l'objet, qu'il nous parle. La capture se pratique en tout temps, en tout lieu, et produit le sentiment d'un comblement d'une attente par une immense satisfaction, une « jouissance distillée par la découverte, cette excitation si proche du vol[119] ». Il peut s'agir de ramassage, de séances de braconnage, d'appropriation de seconde main, d'acquisition à la sauvette

---

[117] WAJCMAN, G., *op. cit.,* p. 69.
[118] TANNER, M., cité par WHITELEY, G., in JAMET-CHAVIGNY, S., LEVAILLANT, F. (Dirs.), *L'art de l'assemblage*, Presses Universitaires de Rennes, 2011, p. 84.
[119] CUECO, H., *La petite peinture, Carnet, journal du 25 juillet 99 au 21 janvier 2000*, Paris, Éditions Cercle d'art, 2001, p. 36.

sans raison apparente, une sorte de cleptomanie où toujours la curiosité est déterminante. Parfois certaines pièces de choix sont traquées en lisière dans un usage précis, souvent insaisissables elles nous mettent sur la piste d'autres variétés inattendues, pittoresques, pacotilles exubérantes, qu'il est indispensable de ramener. Les décharges, les brocantes, et tout ce qui peut s'apparenter à des cimetières d'objets sont autant de territoires qui nous attirent et nous inspirent, dans lesquels nous ne pouvons nous résigner à piéger d'inestimables carcasses, déposées là en attente d'affectation, dés-affectées, oubliées.

L'esthétisme, la possibilité de former des multiples, l'intérêt historique ou technique, associé à l'aspect émotif, formel et matériologique sont autant d'éléments qui peuvent intervenir dans le processus d'acquisition qui reste de l'ordre de l'attachement et de la pulsion. Il ne nous est guère possible de nous souvenir comment chacun de ces objets a pu l'un après l'autre nous conduire à les amener ici. Mais nous avons conscience que leur réunion dans cet espace délivre quelque chose de sauvage et de libre, d'inachevé, de provisoire qui nous touche particulièrement. Il en découle un mouvement d'ouverture vers l'ailleurs, un espace qui impose son propre essor et progresse selon ses hasards et ses règles, qui nous donne le prélude à toutes sortes d'histoires.

Cet intérêt pour l'accumulation des « vestiges du numérique » tient aussi d'une certaine pratique de l'archéologie. Notre collection, s'il tel est le cas, semble être plus proche du bric-à-brac que de l'ordonnancement classificatoire habituel, elle se donne comme tas, amas, strates, cohorte, vrac, fatras. Une densité comme en un champ archéologique, un espace où les idées et essais s'enfouissent dans une sédimentation, une « mémoire-cache » à déchiffrer. Et même sous cet aspect intentionnellement désordonné, il reste peut-être un ordre, celui de la mise en coupe d'une pulsion accumulative qui reste toujours dans le provisoirement incomplet et inachevé, rebelle à l'idée même de classification. Accumuler dans cette optique semble être le moyen de former des singularités, provoquer des instants de redécouverte, dans un ensemble d'objets qui partagent entre eux l'étrange sortilège d'un destin commun, celui d'échapper définitivement à toute tentative de rangement[120]. Néanmoins cette prolifération d'objets induit des ramifications qui envahissent l'espace de l'atelier. Des ramifications qui aménagent des pleins et des vides insoupçonnés, tels des cavités secrètes, « des reliquaires », qui se transforment peu à peu, enfouissant, préservant, anéantissant des couches anciennes sous-jacentes. Ce qui tour à tour, donc, nécessite des prospections suivies d'extractions, forages et prélèvements, réaffectations, en rapport à la surface récente de l'entassement qui ne cesse de se renouveler. De miroir de soi, la collection devient opacité. Il faut dès lors sortir de cette opacité, même momentanément, sortir de la collection, mettre au-dehors : sélectionner.

Ainsi, une activité courante est la fouille dans la collection elle-même : user d'un œil perçant à la recherche du détail, flairer sa proie. Cependant il est surtout question de curiosité, d'adoption, de récolte, d'amour pour les résidus et les insignifiants, la ruine, l'objet éclopé, abandonné et oublié, les appareillages et supports considérés comme obsolescents. Accumuler et glaner ces rebuts désenchantés qui sont autant de matériaux, témoins de faits et gestes, de souvenirs et de rêves, que nous entassons inlassablement avec le plus grand soin : « Pour les gens c'est un tas, pour moi c'est une merveille, un tas de possible[121] ».

---

[120] ROUSSEAUX, F., BONARDI, A., «Parcourir et constituer nos collections numériques», CIDE 10, http://goo.gl/lQLWL
[121] PONS, L., interviewé par VARDA, A., « Les glaneurs et la glaneuse », Ciné Tamaris, 2000.

D'ailleurs, nous n'aimons pas que d'autres farfouillent dans notre collection. Leurs remarques disent trop souvent que certaines choses sont hors d'usages, inutiles, éculées, défoncées, encombrantes. En fait, nous sommes convaincus qu'on nous dévalise, que l'on débarrasse à notre insu, que l'on jette. Il est vrai que notre activité accumulatrice n'est pas sans interférer dans la promiscuité avec nos proches. Alors que nous accumulons sans cesse, que notre collection devrait s'enrichir, par petits secteurs oubliés, par de minutieuses zones reculées, elle diminue sournoisement, s'amenuise.

Comme le dit François Dagognet, tous ces objets que nous gardons « portent toujours en eux une sorte de *tatouage*, dû au temps et au maniement : dans ces conditions, l'abandonné ou désormais sans emploi nous semble un incontestable témoignage[122] ». Ils sont patinés, en quelque sorte humanisés par l'usage, puis devenus irrécupérables pour la société de consommation. Cependant, contrairement à l'archéologue, le but n'est pas seulement de révéler une histoire ou simplement de préserver, mais véritablement de faire témoigner ces objets dans un contexte créatif particulier et réactualisé, propre à la défaite, en jouant sur plusieurs tableaux : être producteur et observateur, critique et collectionneur.

Cette activité préalable et complémentaire au bidouillage, est probablement pour nous une réponse instinctive, plastique, presque un réflexe « matérialiste » face aux tendances actuelles qui font que la collection se déploie mondialement, planétairement, où l'on systématise la collection de tout ce qui est, et même plus, de ce qui n'est pas : où l'on

---

[122] DAGOGNET, F., *Des détritus, des déchets, de l'abject, une philosophie écologique*, Les empêcheurs de tourner en rond, Paris, 1997, p. 13.

collectionne les collections de manière équivalente par entassement et superposition, par numérisation de tout et rien. Mais également où la collection atomise la collection, où elle trouve enfin l'unité équivalente quantifiant toute chose, où la profusion anéantit l'idée même de tout ensemble particulier, où tout s'efface d'un clic, se renouvelle, se jette, où tout perd ses qualités concrètes et matérielles initiales : où la collection n'existe plus.

Finalement, plus impure qu'une réelle collection, plus provisoire qu'un classement, plus vitale qu'une possession, arche de Noé des formes, des matières et des objets, cette accumulation afficherait manifestement un « parti pris des choses[123] ». Le nombre joue alors comme étalonnage qui ne constitue pas seulement une accumulation, mais plus encore un catalogue des possibles. Somme ou réserve, se trouverait là le cœur d'un travail, celui de notre recherche. Voilà présenté l'atelier, foisonnant : mélanges en tout genre, choses vagues ou précises, multiples, mouvantes, accumulatives, disparaissant sous la sédimentation du temps, soigneusement filtrées, choisies mais livrées au regard, au toucher, à la récupération, au défaire, au bidouillage, et en retour : quelques objets.

Ainsi, au même titre que le bricoleur[124], « le bidouilleur défaitiste » que nous sommes, jouit de cette collection d'objets variés : un amoncellement de matériaux et d'instruments dont chacun peut servir à des emplois divers, récupérés au fil du temps et enrichi continuellement « en vertu du principe que ça peut toujours servir[125] ». De cette réunion

---

[123] PONGE, F., *Méthodes*, Gallimard, 1961.
[124] LÉVI-STRAUSS, C., *op. cit.*, p. 30-46.
[125] *Ibid.*, p. 31.

brocantée ayant tour à tour un intérêt esthétique, historique ou valeur de rareté affective, il émerge comme une sorte de « présence matérielle[126] », tel un microcosme qui se voudrait le miroir des réalisations, le miroir de l'univers instrumental clos dans lequel s'alimente chaque nouvelle tentative de défaite :

> « Chaque élément représente un ensemble de relations, à la fois concrètes et virtuelles ; ce sont des opérateurs, mais utilisables en vue d'opérations quelconques au sein d'un type[127] ».

Ce butin patiemment constitué impose sa règle du jeu, qui est aussi sa contrainte : « s'arranger avec les moyens du bord[128] ». Chaque pièce possède sa propre histoire, provient d'un système déterminé et caractéristique. L'activité est donc confrontée à chaque instant à la configuration matérielle, formelle, technique, symbolique. Ainsi, dans la réalisation « à mesure que l'ouvrage s'étoffe, il arrive facilement qu'une association d'idées s'y greffe[129] » nous faisant avancer de biais à travers les choses, regarder, écouter et se taire, ou rôder autour des objets pour les palper de l'œil, les ausculter : notre esprit vagabonde pendant que la main s'active. Les objets ne se présentent jamais seuls, ils nous apparaissent porteurs d'une perpétuelle invitation au voyage. C'est ce qui guide la progression, les déviations, les modifications. En fait, faire avec les moyens du bord, avec ce qui est à portée de main, signifie, en termes de défaire, outre se limiter aux éléments en jeu, d'avancer à tout instant avec les contraintes qu'exercent ces matériaux. Il s'agit d'une règle

---

[126] PASSERON, R., op. cit., p. 101.
[127] LÉVI-STRAUSS, C., op. cit., p. 31.
[128] Ibid.
[129] PASSERON, R., op. cit., p. 61.

fondatrice et non d'une exception. Défaire est donc conjoint à l'instauration et à l'intentionnalité première, d'une activité de compromis, *un bidouillage*, qui négocie avec cette délimitation instrumentale dans un univers de possibles : défaire ne se réalise pas en agissant à partir d'éléments, mais par ce qui est envisageable entre les éléments récoltés. « L'ensemble des moyens […] n'est donc pas définissable par un projet […][130] », mais par un ensemble auquel se subordonne la tâche à accomplir. De ce fait, défaire tout comme le bricolage « s'apparente à l'art culinaire d'accommoder les restes[131] ».

> *Je me demande à chaque fois « avant de jeter [...]*
> *n'importe quel ustensile détraqué, est-ce que ça ne peut*
> *pas servir à quelque chose ? [132] »*

« Précontraint par le trésor d'objets qu'il s'est constitué, le bricoleur est avant tout un *combinard*[133] ». C'est justement à cette capacité de *combiner* que ce réfère le défaire qui ne se limite pas à un simple travail d'expérimentation manuel. Cette capacité à *combiner*, ce besoin de *bidouiller*, cette recherche du *hack* associée à l'état d'esprit propre à l'activité créatrice, impliquent par conséquent un apprentissage technique, mais aussi une dimension esthétique, refusant l'usage du neuf, exigeant la connaissance ou l'invention d'outils inédits à partir de techniques alternatives. La préoccupation est de tirer parti de *la combine, du truc, du tuyau* qui fonctionnera dans *une combinaison* d'objets et de méthodes « pro-actives ».

---

[130] LÉVI-STRAUSS, C., *op. cit.*, p. 31.
[131] CORBIN, A., *op. cit.*, p. 364.
[132] JOE, O., *ABC du bricolage, un guide pour les amateurs de « bric-à-brac »*, Paris, Librairie Delagrave, 1925, p. 5.
[133] CAM, P., « Le bricolage, un art pour l'art », *op. cit.*, p. 34.

« Comme la petite pêche, le bricolage repose sur le truc, le tuyau, dispensé par un individu d'expérience qui n'a rien d'un ingénieur. Le bricoleur doit savoir faire face et prouver une débrouillardise naturelle[134] ».

Combiner, bidouiller, être en permanence à la recherche de la brèche qui sera signifiante, relève d'un rituel d'improvisation et de débrouillardise inhérente au défaire. Il s'agit d'une sorte de seconde nature du bidouilleur-défaitiste. Loin d'être une fin en soi, la démarche est généralement employée intuitivement pour provoquer un dépassement de l'utilitaire, du moins de l'utilitaire initial, afin de créer des objets dont une des fonctions est indéniablement celle de produire un certain plaisir esthétique. Et même si « l'inaccessible de la finition[135] » rend l'objet imparfait, c'est peut-être justement dans cette précarité *du mal fait*, que ce situe le contentement esthétique, affichant glorieusement la trace de l'ingéniosité *maladroite*, l'empreinte du geste *insignifiant*, qui caractérise justement l'unicité singulière et signifiante de l'objet. Il y règne cette part d'instabilité apparente, quelque chose de l'ordre « d'une sophistication, d'une affection et, en même temps, du ratage, de la déconfiture, ou, pour le dire autrement, d'une savante composition et d'une sourde décomposition[136] ».

Cet état d'esprit est celui qui nous amène à « [...] essayer, explorer, improviser, même parfois inventer. Une disposition mentale qui débouche donc non pas sur une pratique de l'à-peu-près, mais, bien au contraire, sur l'élaboration d'un savoir-faire avec lequel un individu

---

[134] SAUNIER, B., cité par CORBIN, A., « Les balbutiements d'un temps pour soi », *op. cit*, p. 365.
[135] CORBIN, A., *Ibid.,* p. 357.
[136] GAUTHIER, M., *L'Anarchème*, Genève, MAMCO, 2002, p. 69.

constitue un univers singulier, son univers personnel[137] ». Un savoir-faire de l'à-peu-près, de la construction « à la volée », à la recherche d'un jeté unique, d'un instant bancal et précaire.

Objets

Parler d'objet est à la fois simple et complexe, car le mot peut définir beaucoup de choses, et de manières différentes. Il peut être le matériau, le concept, ou le mélange des deux. Tantôt ludique, tantôt banal, un objet définit d'abord une chose matérielle inanimée. Le terme est donc synonyme de « chose ». Du latin *objectum*, « chose qui est placée devant », l'objet est d'abord ce qui est « en proie aux cinq sens : toucher, voir, écouter, goûter, sentir[138] », mais il est aussi l'analogie et le symbole d'une chose. Employer le mot « objet » oscille donc entre ces deux définitions. Ainsi, l'objet est l'équivalent de la chose et de la matière pour le sens commun. L'objet en tant que concept artistique fait disparaître la signification habituelle d'une chose sous une nouvelle appellation. Ainsi l'objet peut aussi être le résultat, ou le motif et le but. En ce sens, l'objet n'existe pas tout seul, mais avec la chose de laquelle il provient, ou vers laquelle il va, la chose transformée, ou simplement un terme. La chose quitte ce qu'elle est habituellement et devient l'objet. C'est dire que l'objet vient de la chose, mais n'est plus la chose elle-

---

[137] FELLEY, J.-P., KAESER, O., cité par MAGLIOZZI, M., *op. cit.,* p. 248.
[138] LAMBERT, J.-C., « Le parti pris des objets », *Opus international, n°10-11,* 1969, p. 72.

même : l'objet est la chose transformée ; l'objet est la possibilité créative ; l'objet se caractérise par la pluralité à partir d'un modèle[139].

Un objet relève habituellement de la dimension pratico-utilitaire qui le limite aux besoins sur lesquels il s'aligne. « Mais le rapport de l'homme à l'objet n'est plus du tout seulement de possession et d'usage. C'est bien pire[140] » nous dit Francis Ponge.

Puisqu'un objet doit être plus qu'un objet, il convient de le rendre multiple, énigmatique, unique, drôle, magique : greffer en lui des charges symboliques et d'affectivité. Pour nous, l'objet concrétise tout un matériel anecdotique, historique, réaliste, et imaginaire. Sa dimension opératoire première excède pourtant de loin sa valeur d'usage. C'est ainsi que l'objet le plus simple ou le moins plastiquement intéressant peut soudain, à la faveur d'un déplacement, nous faire signe pour le considérer autrement et susciter le besoin de le questionner, ou mieux, de raviver la pulsion envoûtante et insatiable du collectionneur que nous sommes : faire de l'objet un échantillon, un signe, un reflet, *un spécimen intéressant* ; faire « parler » l'objet. L'œuvre est un objet, peut-être l'objet par excellence. Inversement, l'objet élu se comporte en tout point comme une œuvre par l'extension de sa capacité initiale lors d'une ré-identification : la reconnaissance de quelque chose de connu auquel nous ne prêtions aucune attention. Notre regard ne dépend plus d'un rapport purement utilitaire, « je regarde l'objet en usager, en artiste, en philosophe[141] » et nous avons compris qu'effectivement rien ne serait simple dans la tâche qui nous est assignée.

---

[139] JANG, Y.-G., *L'objet Duchampien*, L'Harmattan, Paris, 2001, p. 33-39.
[140] PONGE, F., cité par MOULIN, R., « De l'objet à l'œuvre », *op. cit.*, p. 29.
[141] ARMAN, cité par MOULIN, R., *Ibid.*, p. 29.

Il s'agit d'abord de curiosité, n'appelait-on pas les collectionneurs des « curieux » ? Nous avons affaire à des objets, provenant de lieux divers et variés, nouvellement découverts. Nous les disséquons, essayons de comprendre comment fonctionne ce monde désaffecté. De cela, nous trouvons des objets pour lesquels nous construisons des récits nouveaux, des possibilités de réaffectation. Les objets que l'on collectionne sont avant tout bizarres, étranges et hors du commun, ou à l'exact opposé : communs, mais hors de l'usage actuel. Une sorte de récolte et de production atypique désordonnée, de fragments d'un monde qui nous ressemble, mais qui nous échappe. Une sorte de cabinet de curiosité improvisé, dans lequel se trouve mêlé ce que nous produisons à ce que nous amassons. Un espace où s'établissent des relations privilégiées, des moments d'instabilité qui sont pour nous le point de départ de reformulations incorporant probabilités et variations. Un ensemble où les connaissances, l'esthétique se mêlent aux fonctions ludiques du bidouillage. Un ensemble qui s'offre à nous comme « une sorte de glaise avec laquelle se fait la connaissance[142] » : questionner cette population d'objets où il n'est pas prévu de différence à l'utilitarisme initial, pour tenter de « faire la différence ». Le vecteur de réappropriation est donc guidé par la volonté de sortir ces objets aseptisés de la sérialité poussée à l'extrême, pour leur faire raconter une histoire, leur donner une lecture singulière et sculpturale. Mettre en œuvre, par engagement matériel : soupeser, tripoter, prendre, manipuler, sentir, humer, défaire, démonter, détourner, c'est-à-dire mettre en œuvre via « un régime d'emprise[143] », à savoir une domestication qui incorpore l'objet dans notre pratique. Ainsi, un objet semble toujours sur le point de

---

[142] SUCHMAN, L., cité par JULIEN, M.-P., ROSSELIN, C. (Dirs.), *Le sujet contre les objets… tout contre, op. cit.,* p. 13.
[143] BESSY, C., CHATEAURAYNAUD, F., cité par DIASIO, N., « La liaison tumultueuse des choses et des corps : un positionnement théorique », in JULIEN, M.-P., ROSSELIN, C. (Dirs.), *Ibid.,* 2009, p. 41.

s'éveiller et donner accès à des secrets dont lui seul a la clé. Il circule, vit, change, met en contact, fait et défait, meurt, renaît. À la fois témoignage et « pièce à conviction », ou encore trace au sens du vestige, il se donne comme une histoire d'accointances multiples qui nous invite à le singulariser. Les représentations se créent ou se recréent, en même temps que les sujets et les objets. Peut-être est-ce le moyen de dépasser une vision statique et commune que nous portons sur les objets ? Non plus de les considérer comme des choses inertes, mais bien des choses à partir desquels il est possible d'extraire pour construire de nouvelles histoires.

Atelier

Limitrophe à notre lieu de résidence, au milieu de vie, notre atelier est un espace restreint encombré d'innombrables choses. En plus des outils et matériaux de bricolage usuels, de tout le bric-à-brac de récupération, de la collection d'objets, celui-ci est envahi par les restes des activités antérieures, éléments rejetés, expirés, ratés, des souvenirs, des morceaux d'art. Il se présente au sens propre comme au sens figuré, comme un lieu de cumul, comme une espèce de capharnaüm. L'atelier n'est jamais assez grand, jamais assez outillé. Tout un tas de choses nécessaires ou superflues qui sont détenues dans l'espace fourmillant de leur naissance, comme autant de témoignages des tentatives passées, comme des traces indispensables aux expérimentations suivantes. L'atelier est le lieu dans lequel on peut découper, réduire, agrandir, rogner, dans lequel nous évoluons et qui nous est attaché comme une seconde peau portant en mémoire, marques, cicatrices et autres évènements dermiques. Nous puisons dans cette profusion, et littéralement à l'intérieur de cette profusion que renferme ce lieu indispensable à notre activité. Nous avons le sentiment de ne rien inventer, tout est ici. L'atelier est cela : cette contradiction même qui fait concordance. C'est pour cela que nous devons évoluer dans cet endroit.

Au moment d'investir ce lieu, comme cela nous arrive fréquemment, nous oublions ce que nous venions y faire. Sur le seuil, c'est plus fort que nous, on se laisse prendre par l'odeur des copeaux, des pièces métalliques huileuses, de la peinture fraichement durcie, des effluves de colle, du tourbillon de poussières accumulées, des résidus d'émanations de composants grillés, soutenus par le silence quasi parfait faisant écho au chahut des expériences qui s'y succèdent. Mais, ce qui nous frappe toujours, ce sont les outils accrochés au mur, d'une quantité impressionnante, alignés comme dans un musée et dont nous ne connaissons pas vraiment toutes les fonctions, encore moins les dénominations : pourquoi autant d'outils si spécialisés alors que parfois avec deux ou trois, pas toujours adaptés, nous arrivons à faire tout et rien ? S'il y a autant d'outils ici, c'est précisément parce qu'ils ne servent pratiquement jamais, et encore moins tous en même temps, un héritage familial de bricoleurs, pour rafistoler je ne sais quoi, dans un atelier qui, à bien y regarder, n'a rien de véritablement ancien. Notre regard passe ensuite aux outils modernes, perceuses électriques, scies, postes à souder, alimentations électriques, les innombrables tournevis dont les manches colorent la pénombre morose de l'atelier en attente d'activité. Dans l'aller-retour, nous comprenons que ce qui nous met en suspension au seuil de cette pièce particulière, c'est le sentiment très dense, presque physique, du temps qui émane des outils et des objets disparates qui se côtoient. C'est comme une sorte d'histoire qui se montre ainsi, plusieurs états qui se superposent les uns sur les autres, où nous laissons dormir tous ces objets, pour permettre de mieux les comprendre, nous laisser les rêver. C'est voir finalement l'univers ambiant de l'atelier comme un lieu exotique. Une succession de gestations dans l'ombre silencieuse, hésitante, morcelée, du laisser venir de l'activité naissante.

Ainsi, ce qui se trame dans l'atelier se trame dans le silence du face à face, dans le brouhaha des sifflements et les cliquetis des essais, des crépitements et déclenchements qui claquent en rafale, dans l'effervescence du faire, du défaire, du bidouillage, dans le secret d'un lieu chargé de bribes de mémoire, dans l'excès des objets collectionnés, du déjà fait, du « en cours » ou « à venir ». C'est un lieu lié à la concentration, à un travail, à l'exécution. On fait, on défait, puis on recommence, et l'atelier se remplit. Chassés fébrilement, amoureusement, les trouvailles et objets de rencontre viennent tapisser l'atelier jusqu'à l'opacité. L'accumulation est un casse-tête, pour amasser jour après jour, les traces de l'aventure qui se déroule. Couche après couche, comme en géologie tout s'est mélangé pour former des strates, telle une sédimentation d'une œuvre plus globale, plus diffuse, plus juste peut-être, qui habite l'espace. La réalisation en cours n'est autre que la nécessaire suite de la précédente. Ne dit-on pas que l'artiste ne cesse de faire la même œuvre ? En quête sans doute d'une vaine œuvre, celle évidemment que l'on fera demain. Une œuvre d'utopie, mais qui émerge dans le présent.

L'atelier prend la forme d'une culture privée, autarcique, à la fois source, condition, et finalité de l'œuvre produite. Peut-être est-ce un terrain de jeu privatif où il est nécessaire de tout assumer soi-même, avouer que le seul but recherché de l'art est de se faire plaisir ? Le plaisir est quelque chose d'intrinsèquement intéressant et source de défi. La quête du plaisir relève certainement d'une grande importance. Derrière ces objets multiples, l'art n'est probablement qu'un mode opératoire, un outil, une façon de participer, où se mêle le plaisir de la découverte, de l'appropriation, de la fabrication. Les défis générés ont un intérêt intrinsèque. Les problèmes liés donnent naissance à une véritable curiosité qui donne envie d'en savoir plus.

Ce qui se crée se tisse de ce qui était déjà là, favorisant les fusions et les confusions. L'essentiel n'est peut-être pas de créer, mais de constituer un lieu. L'œuvre est là bouillonnante, informelle, dans un environnement où l'on trouverait un peu de tout, lieu situé n'importe où, dans un ailleurs hors du monde. Ainsi tout l'environnement est pris au piège, véritable antre pour les œuvres à venir. Tout s'enchevêtre, un peu comme pour garder les objets dans le lieu de leur naissance, ou de leur conservation dans l'attente d'un hypothétique usage. L'atelier ouvre sur des ailleurs qui ne sont que des images piégées à la frontalité que l'on devine à peine d'un mur encombré, à la réflexion d'une touche de clavier, au clin d'œil d'un appareillage, d'un outil, voire simplement d'une absence. L'espace de l'atelier fait ici corps avec les objets qui le façonnent et l'encombrent, tout ici est en relation. Aussi, ce lieu ne suit pas un ordonnancement figé, mais constitue une réserve d'objets en attente d'affectation en perpétuel remaniement. Une réserve qui semble vivre sa vie, indépendamment de nous, voire contre nous. L'atelier est en réalité en cours d'accomplissement. Il est lui-même devenu un objet. Un objet hybride et multiforme, à l'échelle du lieu, un entassement paradoxal : image de l'objet total, pluriel qui dans sa forme multipliée synthétiserait les possibles. Un lieu qui vit de son rythme, « de son processus qui en permanence le réalise et qui le fait jusqu'au vertige ; vertige de la totalité, acceptée et redoutée à la fois, totalité paradoxale parce que si l'œuvre est là, elle en serait en même temps toujours absente[144] ».

---

[144] COMPAS, P., « Le parti pris des choses », *Correspondances n° 5-6 Métissages*, Strasbourg, 1993, p. 152.

Les objets n'y sont pas seulement conservés, consultés, mais y sont manipulés, utilisés, modifiés, transformés, maltraités, accumulés, selon un ordre propre à ce qui s'effectue à un moment précis. Au milieu de ce désordre fabriqué, une table « d'examen », d'où vont se jouer toutes « les opérations », expérimentations, modifications. C'est de là que tout s'articule, sous une intense lumière artificielle, assisté de différents instruments et appareillages, câbles de diagnostic divers, outils de démolition. Nous y passons le plus clair de notre temps, assis ou debout à scruter, contempler, éventrer, apprivoiser, gesticuler, tester, apprendre, bidouiller, détourner. Les objets deviennent alors des « choses », non plus nommées, renvoyées à leur réalité propre, mais ramenées à leur quintessence. La chose est un objet délivré transcendant l'utilitaire, la fonction, l'instrument, elle n'est plus livrée à son emploi, mais élevée à ses énigmes, au plaisir d'être là, au sentiment d'avoir toujours été là.

La pensée et la réflexion, elles, peuvent prendre place ailleurs, l'inspiration naît parfois en dehors de l'atelier. Or, contrairement au-dehors, il n'y a pas d'interdit dans l'atelier. Tout le travail que nous menons, soumis à la plus grande attention, va jusqu'à l'excès, la maltraitance, la décomposition, la destruction, la disparition. Néanmoins, l'atelier garde des connexions avec l'extérieur, des objets peuvent donc en sortir et y entrer. Il n'est pas une zone de mémoire infinie, un ensemble de définitions sans limites. Les objets qui s'y trouvent enfouis et perdus participent, comme nous l'avons dit, à sa constitution en tant qu'atelier avec une sorte d'actualité de l'ensemble de définitions qu'il propose. Leurs présences participent ainsi à une pertinence, une coïncidence, lors de la découverte dans le monde extérieur d'objets dont la présence pourrait être en adéquation avec l'espace de l'atelier. Parallèlement, il peut fonctionner comme un lieu fini, coupé et fermé sur lui-même. Les allers-retours peuvent se limiter à assurer l'approvisionnement en matériaux, ou à aménager des moments de haltes, de pauses nécessaires à la réflexion, à la distanciation des différents problèmes de fabrication, parfois la sortie des œuvres : une manière de s'obliger soi-même à la lenteur. Long travail que de défaire, heureusement ce n'est pas seulement une question de temps, mais la nécessité d'aller lentement. Nous mesurons au fur et à mesure les conséquences, les inconvénients, on aimerait à la fois garder les anciens objets, au moins certains, et les effacer, parce qu'il y a en eux, s'ils sont réussis, un mouvement dans lequel nous disparaissons.

Le lieu fonctionne aussi comme une sorte de zone restreinte qui conserve les dépouilles des activités passées et futures. Aussi, il ne cesse de se constituer, se remplir, se réorganiser, en conservant la matière rapportée, injectée et produite, telle une mémoire matérielle, spatiale, et contextuelle des différentes évolutions et pratiques qui y sont exercées. S'énonce ici clairement l'interrogation posée par Patrick Saytour et que nous partageons pleinement : « Est-ce moi qui fabrique l'atelier, ou l'atelier qui me fabrique ? Quelle est la part de l'atelier dans les pièces fabriquées, le bon lieu pour faire les choses ?[145] » Probablement met-il en jeu des relations temporaires, actualisées, avec les potentialités de son contenu, par le champ qu'il délimite. C'est pourquoi, le lieu fonctionne d'abord physiquement, jusqu'à parfois vouloir s'intégrer peu à peu aux œuvres par tout ce qu'il recèle, par ses dispositions spatiales, par l'influence qu'il a sur la pratique : l'atelier nourrit l'œuvre.

Le terme d'atelier semble provenir de l'ancien français *astelle*, qui signifierait « copeau de bois[146] », c'est-à-dire ce qui reste de la

[145] SAYTOUR, P., « L'effet Calder », in LAWLESS, C., *Artistes et Ateliers*, Nîmes, Jacqueline Chambon, 1990, p. 147.
[146] SCHULMANN, D., « Secrets d'artistes, il faut qu'une porte soit ouverte et fermée », in *Ateliers : l'artiste et ses lieux de création dans les collections de la Bibliothèque*

matière travaillée une fois l'œuvre achevée et évacuée de l'atelier. Justement, il est étonnant que le lieu tienne son nom de ce qui est de trop, du résidu, de la rognure, de ce qui tombe et devient inutile. Mais, plus encore que l'objet fini, le copeau tombé dit qu'un travail a eu lieu. Et c'est là quelque chose d'essentiel. On comprend dès lors que l'atelier est un lieu de conservation des traces et des résidus, de « ces copeaux », de ces éléments intimes et secrets qui disent l'œuvre en négatif. Il est comme une sorte de matrice globalisante, un univers permettant l'accueil et la naissance de nos réalisations. Chaque œuvre sélectionnée et approuvée devient un nouvel élément de l'espace-atelier, l'espace évolue, son contenu est actualisé. Bien qu'il s'agisse d'un lieu à mi-clos, unique, privé, l'atelier est donc bien plus qu'un lieu physique particulier, qu'une enceinte immobile au contenu stable. En outre, l'atelier ne nous apparaît pas comme « un lieu magique hors du monde et refermé[147] » comme l'indiquent beaucoup d'artistes. Pour nous il est d'abord lié au travail, aux moments d'activité, un lieu de fabrication, un appel au travail de la main, une mise en œuvre des matériaux, un « chantier » en perpétuel mouvement.

Nous employons le mot chantier, car il renvoie non seulement au domaine archéologique de la fouille, de la redécouverte, de la stratification, mais aussi au désordre, au bazar, qui caractérise parfaitement notre espace de travail. Le chantier est aussi le lieu où sont rassemblés des matériaux, où l'on procède à des travaux[148]. Mais il suggère plus précisément cette prégnance de l'inachevé dans notre

Kandinsky, Paris, Editions du Centre Pompidou, 2006, p. 15 ; C'est du moins l'origine présumée du mot atelier, selon MONZAIND, M.-J., dans son article sur l'atelier dans *l'Encyclopaedia Universalis*.
[147] RODRIGUEZ, V., « Mais, à quoi PEUT DONC BIEN SERVIR un atelier ? », in *Revue Espace Sculpture, n°57,* Montréal, 2001, p. 13.
[148] Le Nouveau Petit Robert de la langue française 2010, p. 395.

pratique ou dans la constitution de notre atelier, comme une sorte de manque à combler. En ce sens, il caractérise parfaitement l'atelier et l'activité qui s'y déroule, en tant que non fini, non terminé, mais encore comme indéterminé, c'est à dire en référence à tous les possibles, en tant que potentialités, en tant que déjà-là. Il y a dans cette dimension de l'inachèvement une défense de mourir, de finir, de clore. Une sorte d'advenir qui englobe, par définition, ses parts d'indéterminations et d'incertitudes dans une ouverture à ce qui va pouvoir être dans ce lieu, avec tout ce qu'il contient, et ce qu'y s'y pratique. D'ailleurs, « la notion de chantier implique que rien n'est assigné d'une manière fixe, que tout relève de l'idée d'unité relative, parce que tributaire d'un contexte et d'une dynamique de relations[149] ». C'est pourquoi l'œuvre qui s'y trouve produite quitte ainsi son territoire pour se lier, même temporairement, voire altérer, celui de « l'atelier en chantier », « l'atelier-chantier ». S'engage alors des relations complexes entre l'œuvre et le lieu, le lieu et les œuvres, les œuvres elles-mêmes, le lieu à lui-même. Ce faisant, l'atelier joue un rôle relationnel actif à différents stades du processus artistique. En ce sens, il est le lieu porteur des relations entre les œuvres, une mémoire à la fois fragmentée et résiduelle, où les étapes ne sont pas clairement discernables, mais alimentent un environnement instrumental propice à la création, comme déclencheur de l'activité créatrice : il est tel un réseau de coopération que l'on ne peut isoler du reste de la pratique, « il offre un espace de connaissance intuitive et d'appréciation directe des activités[150] ». Peut-on alors assurer pleinement la compréhension de l'objet artistique en dehors de son environnement, c'est-à-dire au-delà de cet espace qui a fait naître l'objet, dans lequel ont été puisés ses constituants et qui révèle la logique de la production ?

---

[149] LEFEBVRE, L., « Le chantier comme exercice pratique d'inachèvement lié à l'incertain », *ETC, n°73,* Montréal, 2006, p. 37.
[150] LACROIX, L., « L'atelier-musée, paradoxe de l'expérience totale de l'œuvre d'art », *Anthropologie et Sociétés, vol. 30, n°3,* Montréal, 2006, p. 29-44.

Ainsi, nos activités, au sein de cet espace spécifique qui s'intègre au cœur de notre pratique, nous situent dans un univers connu dans lequel d'autres objets ont été créés et qui sont par ailleurs, pour l'essentiel, encore présents. Il y a toujours des zones « en chantier » où nous fabriquons, et d'autres où les objets s'accumulent. Cela provoque une sorte de mélange entre les éléments que nous avons conçus, et d'autres qui sont là en attente. En ce sens, l'atelier garde les repères des ambitions préalables, et permet d'en retracer quelques cheminements, d'esquisser l'histoire de ces objets, d'être le reflet d'une partie de notre monde intérieur, un espace transitionnel.

Il pointe aussi nécessairement l'hétérogène et l'incertain, l'inachèvement comme constance, un travail qui ne peut s'opérer qu'au présent, constamment en advenir de tout ce qui l'entoure, et ce à quoi il se réfère. Une sorte de valorisation de non-savoir, mêlant ce que l'on sait à ce que l'on ne sait pas, pour constituer des objets nourris par eux-mêmes, par juxtaposition, empilement, renvois, échanges. « Car il existe entre les choses des circulations, des affinités, des hybridations où le regard réalise l'osmose entre le matériel, le vital, le mental. La pratique du regard est l'acte premier de l'œuvre : à pouvoir tout embrasser à perte de vue, ses multiples pérégrinations sont source à chaque fois de signaux nouveaux, pénétrant une réalité pleine d'agitation et de dépôts complexes. C'est le regard qui constitue l'œuvre à venir, dans son espace, son milieu même, qui lui donne naissance et avec lequel elle fusionne désormais. C'est une véritable création qui s'engage par le regard dans l'atelier, se livrant au jeu des ordonnances secrètes, des chocs probables, des collisions ; il provoque des rencontres porteuses de forces, des connivences avec les influx cachés qui innervent ce monde de choses. Dispositif de déroutement, incitation aux interférences, lieu consacré aux apparitions : ainsi va la dérive, une rencontre est toujours possible[151] ». En somme, « l'atelier est le lieu d'échange par excellence, un espace de porosité où les œuvres se nourrissent l'une l'autre, où le temps et l'espace - la durée du lieu - sont compressés dans un objet par le travail de recherche et de création[152] », une sorte « de moyen terme presque inéliminable entre l'œuvre et l'artiste[153] ». Il s'agit d'une juxtaposition spatiale et temporelle, une alternance d'ensemble vu/non vu, à voir/à ne pas voir, qui met en résonnance œuvres et activités, qui se répondent dans leurs « irréductibles singularités[154] ». À chaque instant se formant et se déformant, l'atelier donne à voir ce dont il s'échappe, un temps qui joue sa partie sans cesse mouvante, dans un environnement seul propice à l'émergence de ce dialogue créatif : l'atelier est le cadre de vie de nos œuvres dans lequel nous sommes peut-être un élément central, à la fois influencé et influençant des forces, des catastrophes, des ambitions qui forment une pratique expérimentale qui refuse une fixation définitive.

L'atelier est donc la substance nourricière de notre activité. Il est un chantier toujours actif, une fabrique en vase clos où se façonnent nos objets. Un lieu qui outrepasse la collection, qui se découvre lorsque l'oubli et la perte s'y révèlent possibles. L'encombrement nous fait égarer les pièces, nous amène à ne plus savoir, à oublier les choses, à redécouvrir, à improviser : un tremplin dont use le regard pour pénétrer le lieu inédit des choses qui n'existent pas encore.

---

[151] COMPAS, P., *op., cit.*, p. 153.
[152] LATOUR, J.-P., « L'atelier et son dessein », in *Revue Espace Sculpture, n°57,* Montréal, 2001, p. 5-8.
[153] LAWLESS, C., *Artistes et Ateliers*, Nîmes, Jacqueline Chambon, 1990, p. 5.
[154] HEINICH, N., *Etre artiste. Les transformations du statut des peintres et des sculpteurs*, Paris, Klincksieck, 1996, p. 51-78.

1.4 Intuitions

Comme nous l'indiquions précédemment, notre disposition particulière de l'agir passe d'abord par une phase de déstructuration, avant de suivre des bifurcations sollicitant des apparitions émergentes. Cela caractérise à la fois une ouverture d'esprit et un sens émotif aux aguets de l'insolite. La sensibilité, l'intuition, sont donc des conditions particulières faisant croître un espace de perception ouvert à la surprise, à l'étonnement, au hasard. La connaissance dont nous parlions précédemment est donc engendrée par l'expérience vécue mêlant l'imagination aux opportunités du faire. La sensibilité à laquelle nous recourrons largement, renvoie à une manière de voir, d'agir, d'être et de sentir, qui s'extirpe du matériau en train de livrer ses secrets dans le défaire. Un défaire qui s'opère toujours dans une sorte d'irrésolution à la fois liberté et contrainte, du non-maîtrisé, du bricolé, de l'improvisé.

Sensibilité

Le regard que nous convoquions à l'instant appelle une indéniable ouverture, une sensibilité capable de réceptionner une infime partie de tous les stimuli qui nous entourent.

Dans le sens commun, la sensibilité dénote une capacité à ressentir, à s'émouvoir. La sensibilité est associée à une connaissance intuitive. La personne sensible est susceptible d'éprouver le monde à travers ses sens, mais aussi à travers le sens intérieur qui accompagne l'intuition. Être sensible c'est être capable de décoder des informations environnantes à travers un univers intérieur intuitif. Ce que nous savons à l'opposition de ce que nous ressentons semble être un obstacle à l'acquisition même de cette dimension que nous ne connaissons pas. Et connaître par intuition équivaut à interpréter les choses avec un regard qui n'est pas dénué d'expérience, ni hermétique à la surprise, à l'étonnement, au hasard, à l'improvisation. Dans certaines dispositions, cela donne l'impression que tout s'arrange bien et c'est même frappant. Nous supposons faussement que nous y sommes pour rien, que cela s'est trouvé comme ça.

Face à l'opacité du numérique, une démarche intuitive ouvre déjà des voies de salut, des voies de solutions. Fréquemment nous avons l'intuition d'une solution, ou mieux l'intuition que ce que nous essayons va fonctionner. Toutefois céder à la sensibilité première ne veut pas dire que nous sommes réfractaires à la raison. Au contraire nous cédons bien volontiers aux élans émotifs afin de bien capter ce qui se passe : la sensibilité est un premier pas vers l'intelligence. En somme, être sensible, caractérise à la fois une ouverture d'esprit, un senti émotif et une connaissance intuitive qui suscite la curiosité. Oscillation entre la spontanéité de l'innocence créative de l'enfant et l'artiste cherchant du sens dans ce qu'il fait. Alors que l'enfant agit de façon plus ou moins inconsciente, l'artiste semble tenu à une exacte conscience de ses moyens. Il doit lutter constamment contre l'instinct qui le pousse à faire signe dans un espace qui ne demande qu'à être exploré, il a sans cesse envie de laisser aller sa main au gré de son caprice et vagabonder. Mais cette partie de nous, sur le point de se livrer à cette activité profondément libératrice, sera paralysée par l'intervention d'une autre force, plus puissante. Qu'on le veuille ou non, le réveil de l'élan créateur a pour effet de libérer en nous toute une série d'images mentales, de signaux, et de suggestions qui relèvent de cette autre réalité et qui s'emparent de la main livrée au jeu créateur.

Elle dépend d'une disposition particulière de l'agir, et passe d'abord par une phase de destruction, une bifurcation soudaine, une apparition émergente. Au départ de l'agir, il y a la façon dont se construit la perception des moyens par lesquels on veut élaborer nos actions. Pour y parvenir, il est nécessaire de pouvoir moduler la sensation que nous procurent habituellement les matériaux que nous utilisons, c'est-à-dire qu'il nous est nécessaire de trouver le moyen d'agir sur notre sensibilité elle-même. Être sensible, c'est traverser immanquablement les usages consensuels, pour marquer et remarquer de nouvelles habitudes, des ressemblances, des points de contact pour des possibilités de liaisons que l'on n'aurait pas pu prévoir. C'est ainsi que, de proche en proche, des liaisons vont pouvoir croître et forger l'espace de perception, dérégler les énoncés qui dirigent habituellement la façon dont on conçoit, questionne, modifie les objets, et par là, la manière dont on s'en sert.

Être sensible, c'est être aux aguets, avoir les sentiments à fleur de peau, être sans cesse tenté par la nouveauté, le changement, l'insolite. Il s'agit d'un mouvement continu de saisie sensorielle du monde au rythme du bazar de nos expériences vécues. C'est se laisser toucher par les choses, et peut-être même attendrir par les objets, les éléments pour lesquels nous étions auparavant aveugles ou sourds. La sensibilité nous ouvre à des horizons nouveaux. Elle annonce, par l'ouverture qu'elle crée, le changement, la nouveauté. Elle a la propriété de se modifier selon la façon dont nous mémorisons, ou plutôt selon la façon dont nous défaisons les objets en matériaux, en leur attribuant des actions au sein du processus. Elle brise la distance et suscite le rapprochement, par ce qui nous touche. Elle est la condition de toutes les rencontres dans notre pratique. Elle agit comme une connaissance engendrée par l'expérience vécue, éprouvée, tentée. Elle constitue une source dans le défaire bidouillant, elle marque l'esprit, et suit les chavirements émotifs, qu'elle mêle à l'imaginaire. Elle est plurielle, variée, multiple. Et rien n'y est jamais acquis définitivement. Elle se décline et s'incarne dans une succession d'actions et de réactions pour répondre aux nécessités du faire. Elle est là, captive aux flots des idées qui commencent à jaillir.

Elle renvoie à des échos inexplicables, des charges mémorielles imprécises, des traces de sensation. Il s'agit d'une espèce de vigilance et d'attention, prête à fournir ce qu'elle peut et ce qu'il faut de notre mémoire, de notre expérience, de fantaisie, de patience, mais aussi du courage intrépide du défaire, du goût, qui examine aussitôt « de ce qui est contraire ou non à notre intention encore obscure, l'intelligence surtout qui regarde, évalue, demande, conseille, réprime, stimule, sépare, condamne, rassemble, répartit et répand partout l'ordre, la lumière et la proportion. Ce n'est pas l'intelligence qui fait, c'est l'intelligence qui nous regarde faire[155] ». Quand nous arrivons à ne pas résoudre ou

---

[155] CLAUDEL, P., cité par PICON, P., *L'œuvre d'art et l'imagination*, Paris, Hachette, 1955, p. 17-18.

synthétiser, à ne pas engager trop de rapport de force, ni à installer un rapport hiérarchique, alors nous arrivons à toucher un nouvel ensemble, notre sensibilité est en mesure de produire une sensation différente. Il ne s'agit pas pour nous de prendre le dessus, d'établir sans cesse de nouveaux énoncés, pas plus que de toucher un savoir précis. Il ne s'agit pas davantage d'être à l'origine de nouveauté, encore moins de faire des progrès, mais bien de restituer ce qui se dit déjà dans les matériaux, avec des données qui, d'abord perçues comme contingentes, s'avèrent finalement comme « un je ne sais quoi » indissociable de l'expérience.

Bachelard dit de l'imagination qu'elle n'est pas le pouvoir de conserver ou de reproduire des images, mais de les transformer. Non pas de les agencer les unes avec les autres, mais d'en composer un être nouveau qui ne cesse de renaître comme un kaléidoscope aux figures changeantes et toujours renouvelées. « L'imagination invente […] de l'esprit nouveau ; elle ouvre des yeux qui ont des types nouveaux de vision. Elle verra si elle a des visions. Elle aura des visions si elle s'éduque avec des rêveries avant de s'éduquer avec des expériences, si les expériences viennent ensuite comme des preuves de ses rêveries[156] ». En ce sens, tout imaginaire est une narration, un récit, une trame. Un point de vue. Vue d'un certain point. « L'imaginaire est un réseau éthéré et mû par des valeurs et des sensations éparpillées concrètes ou virtuelles[157] ». Il agrège, à travers un mécanisme individuel, il sédimente une manière de voir, d'être, d'agir, de sentir. Il est une force qui impulse, il catalyse, stimule et structure la limite des pratiques. Il est l'empreinte dans le matériau, comme source rationnelle et irrationnelle. Dans l'imaginaire il y a toujours déviation, il se structure dans l'errance : association, appropriation, distorsion et hasard. L'esprit influe sur les

---

[156] BACHELARD, G., cité par PICON, P., *Ibid.*, p. 17-18.
[157] DA SILVA, J. M., *op. cit.*, p. 15.

objets. Ils se confondent dans un mouvement d'attraction répulsion permanent. « Un imaginaire est un réservoir et un ferment, une semence et un moteur, un être fécondé et fécondant, formé et formant, matière et forme, puissance et acte[158] ».

L'imaginaire est liquide. Il a en lui une autonomie dispersive, « une agglutination par chaos-genèse, un moulage disjonctif, des appropriations inusitées et des élaborations stylistiques. L'imagination surgit de la relation entre la mémoire, l'apprentissage, l'histoire personnelle et l'insertion au monde des autres. Dans ce sens, l'imaginaire est toujours une biographie, une histoire de vie[159] ».

Ainsi, l'imaginaire est toujours une interaction, une convulsion, une inscription et une absorption, un équilibre d'antagonismes, la cohabitation du divers dans l'un. Et un artiste n'est donc pas nécessairement plus sensible, mais il l'est autrement.

Improviser

> « Au cours de mon travail, je me heurte soudain à quelque chose d'inattendu. Cet élément inattendu me frappe. Je le note. À l'occasion, je le mets à profit. [...] Si

---

[158] *Ibid.*, p. 82.
[159] *Ibid.*

mon doigt glisse, il le remarquera ; à l'occasion il tirera
profit de l'imprévu que lui révèle une défaillance[160] ».

Tout est fortuit autour de nous, tout s'échelonne entre la certitude et l'impossibilité. Ainsi, nos réalisations suivent toujours une série de petites décisions génératrices de mini-événements qui remplissent nos journées. Les mini-événements qu'elles déclenchent sont comme de petites vagues parmi d'autres petites vagues qui forment l'impondérable, et finalement provoquent les décisions. Des décisions ponctuelles, nullement enchaînées de façon nécessaire, mais qui forment le tissu quotidien de nos expérimentations. Le caractère imprévisible, non anticipable, incertain de nos décisions, fait qu'elles sont toujours, en elles-mêmes, une aventure à la rencontre des phénomènes *in statu nascendi*, à l'état naissant, et qui va créer de la nouveauté. Parfois ces décisions ne sont pas brusquées par l'événement, parfois même ne sont pas improvisées : elles sont mûries lentement, mais le passage à l'acte s'opère toujours dans une sorte d'irrésolution, de non-maîtrise, dans le bricolé, le bidouillé, le non prévu, qui nécessite d'improviser.

Il s'agit là d'une position radicalement différente de l'utilitarisme premier du numérique qui ne laisse que peu de place à l'improvisation[161]. En effet, pour pouvoir fonctionner comme un outil, les dispositifs numériques doivent posséder une prévisibilité à la fois structurelle et opérationnelle. Aucun utilisateur courant ne souhaite disposer d'un

---

[160] STRAVINSKY, I., *Poétique musicale sous forme de six leçons*, Cambridge, Harvard University Press, 1942, p. 37.
[161] Même si l'IA permet de renvoyer des réponses personnalisées à des requêtes similaires, dû au caractère imprévisible de l'ordre dans lequel des opérations effectuées en parallèle sont prises en compte, il ne s'agit pour l'instant que d'un simulacre sophistiqué d'improvisation.

appareil imprévisible, qu'il s'agisse d'une machine ou d'un ordinateur. La prévisibilité constitue donc probablement l'aspect le mieux développé lors de la conception des systèmes, en termes de fonctions à offrir, de cohérence et de compatibilité entre elles, et les utilisateurs. À l'opposé, faire de l'improvisation un allié opératoire essentiel est peut-être un espoir de trouver un « fonctionnement autre », une dimension plastique qui suscite l'imaginaire, réveille l'appétit de configurer et reconfigurer, de passer de « la fonction » à « la fiction ». À la charnière du « fonctionner » et du « fictionner », se situe l'événement, inséparable de l'intention du faire. Un événement de l'ordre d'un possible, qui tente de desserrer l'étau de la machine, d'encourager la possibilité donnée à l'événement en passant par le façonnage manuel : le lieu d'éclosion possible de la singularité.

Est-ce transiter, ou faire du sur-place ? Est-ce reconnaître une absence de mobile sous les dehors du surgissement, des actions en somme qui ont l'air de se justifier seules ? Notre pratique est-elle en ce sens sans sujet et sans objet : déréalisée ? Improviser n'appelle-t-il pas une sorte de bataille quotidienne entre le faire comme plaisir renouvelé apparemment sans contraintes définitives, et le désir d'organisation de ce faire ? Une absence de terrain solide, de zone providentielle, de sujet stable préside à un incessant mouvement de sortie et de retraite, une forme qui paraît libre, mais n'est-elle pas, dans le fond, obligée dans sa nature même dont elle ne peut se départir ?

Improviser consiste à « composer sans préparation », « organiser sur le champ, à la hâte », s'accommoder de ce qui est « imprévu », de ce qui advient « subitement[162] ». L'improvisation est à la fois liberté

---

[162] Le Petit Robert, *op. cit.,* p. 1293.

et contrainte. Liberté que ressent l'improvisateur, qui est pourtant invariablement soumis à toutes sortes d'influences qui pour la plupart ne lui apparaissent pas consciemment. Il s'agit plutôt d'une liberté de choix parmi les options qui lui semblent définissables, plutôt qu'à une liberté d'invention absolue. Improviser serait davantage comme le définit Philippe Michel, la possibilité « d'organiser sur le champ, à la hâte » que « composer sur le champ, sans préparation[163] ». Est-ce construire une pratique pour dériver dans le présent ? Il est question d'un transit sans point précis de départ, où l'artiste est dans la position délicate de l'arpenteur sans carte. Un paradoxe inhérent à cette posture entre désordre et labeur, laisser-aller et laisser-venir, est celle d'une proximité sensible aux données extérieures, comme aux impulsions intérieures, mais aussi de l'art et du vide, de la présence possible et de la disparition certaine. Un déplacement repérable de l'œuvre achevée à l'œuvre en train de se faire : « la marche à la forme dont l'itinéraire doit être dicté par quelque nécessité intérieure ou extérieure, prévaut sur le terminal, sur la fin du trajet […] Nulle part ni jamais, la forme n'est le résultat acquis, parachèvement, conclusion[164] » :

> *« Il s'agit en somme d'en arriver à ce point où l'objet vous impose toutes ses qualités, ou plusieurs, si différentes soient-elles de celles qui sont habituellement associées à lui. Il s'agit de ne jamais céder à un arrangement de qualité qui vous paraît harmonieux [...]. Il faut qu'elle rentre, cette qualité, même si elle est rapetissante ou anti-poétique [...]. Il ne s'agit pas*

---

[163] MICHEL, P., « Que signifie improviser en jazz ? » in TOULOUSE, I, DANETIS, D. (Dirs.), *Eurêka. Le moment de l'invention. Un dialogue entre art et sciences*, Paris, L'Harmattan, 2008, p. 269.
[164] KLEE, P., *Théories sur l'art Moderne*, Paris, Gonthier, 1964, p. 42.

d'arranger les choses [...]. Il faut que les choses vous dérangent. Il s'agit qu'elles vous obligent à sortir du ronron ; il n'y a que cela d'intéressant, parce qu'il n'y a que cela qui puisse faire progresser l'esprit[165] ».

Dans cet esprit de l'instabilité, et du déséquilibre, « les idées se pressent l'une après l'autre et s'enfuient, cédant la place à d'autres, tandis que celles qui disparaissent laissent encore leur ombre peser sur celles qui suivent[166] ». L'imagination est lâchée sans fils et sans linéarité. Improviser c'est se laisser porter par la mémoire, par ses mains, par des procédés, comme une réaction contre l'emprise, comme un moyen de desserrer le plus possible l'oppression de la contrainte. Une réaction éphémère, excluant la *récidive*. Une articulation ambivalente d'un lâcher-prise et d'une exigence réitérée, un principe actif-passif répondant à une expérience transitoire et instable. C'est un passage paradoxal « mi-conscient » qui advient en laissant surgir l'inconscient. Ce supplément d'âme qui nous concerne, cette rencontre du singulier, dans une manière de repenser l'urgence, réajuster tant bien que mal, effectuer un dépannage attendu, un sauvetage inespéré : il s'agit toujours du commencement d'autre chose, une approche en extension.

Néanmoins, se mettre en situation créative en jouant de l'improvisation volontairement ou non, c'est s'enrichir d'abord par l'acquisition de connaissances, mais aussi des manières de penser autres, pour faire émerger l'envie de réagir, de *commettre à nouveau*, de *commettre du nouveau*. Le pouvoir créateur dépendrait de cette

---

[165] PONGE, F., *op. cit.*
[166] CRITICAL ART ENSEMBLE, *La résistance électronique. Et autres idées impopulaires*, Paris, Editions de l'éclat, 1997, p. 123.

cohabitation dynamique et antagoniste de l'improvisation, à savoir une tendance de notre esprit à diverger et la tendance opposée qui incite à converger. Notre conscience peut être envahie, emplie, entièrement saturée par la production d'une *existence* dont les objets semblent nous offrir dans ce rapport de rivalité ; un ensemble de forces contradictoires qui sommeillent en nous, une énergie inemployée qui surgit tout à coup. Si « les hasards heureux n'arrivent qu'aux esprits bien préparés[167] », c'est être continuellement à l'affût, avoir son attention en éveil, c'est préparer et nourrir en permanence, à notre insu, un travail silencieux, presque invisible. C'est à la fois ce qui nous pousse à lâcher prise, ce qui nous pousse à vouloir contrôler.

Pourtant, il y de nombreuses décisions que nous n'arrivons pas, ou ne souhaitons pas figer de façon immédiate, mais que l'on sait à l'avance devoir prendre. Cela nous laisse le temps de l'élaboration, la planification, la projection même dans une logique bidouillante. C'est-à-dire d'envisager les conséquences de nos choix et d'examiner les motifs qui permettent de nous décider d'une façon plutôt que d'une autre. Il y a « des choses qu'on connaît, il y a des choses qu'on ignore[168] », alors on prend le temps parfois durant des jours, des semaines, des mois : on « réfléchit ». Cela s'apparente à fabriquer des conditions du faire ultérieur, et cela prend beaucoup de temps. Nous avons conscience que cette liberté que nous exploitons a besoin d'être dirigée, d'être projetée, car souvent l'imagination qui suit l'instinct et l'instantané est plus susceptible de nous conduire vers la défaillance, la dissolution, que vers les illuminations.

---

[167] PASCAL, B., cité par GONIN-PEYSON, D., « Inventer son chemin : Petite fresque heuristique », in TOULOUSE, I, DANETIS, D. (Dirs.), *Eurêka. Le moment de l'invention. Un dialogue entre art et sciences, op. cit.*, p. 295.
[168] BOLL, M., *Les certitudes du hasard*, Paris, PUF, 1962, p. 17.

En réalité, bien que nous n'en ayons pas conscience, nous savons au fond ce que nous voulons, notre décision est toujours déjà prise. Mais progressivement, on spécule sur ce à quoi on n'avait pas pensé : des événements nouveaux interviennent, l'horizon de la réflexion varie sans cesse. On a conscience de pouvoir choisir, de se représenter à l'avance, mais on ne peut prévoir ce qui se passera réellement au moment précis, et ce que l'on éprouvera dans la situation inattendue. Et cet imprévu est parfois « à mi-chemin entre l'impossible et le certain », parfois « plus proche de l'impossible que du certain », ou « plus proche du certain que de l'impossible », voire « tout à fait certain », ou « tout à fait impossible[169] ». De sorte que nos choix comportent toujours le risque, le pari. Il est impossible de prévoir à coup sûr. Nous sommes souvent face à une sorte de court-circuit de l'intention de départ, dans la mise en œuvre d'un objet écartelé par sa contradiction, une sorte de négation involontaire. « Dans toute décision, fût-ce seulement quand à son moment, il y a une part de surprenant, d'inattendu, d'arbitraire. Brusquement on jette les dés : *aléa jacta esto*[170] ». Ainsi, nos estimations, ne sont jamais pleinement réalisables, faisables, assimilables, et jusqu'au dernier moment un rien peut les faire basculer dans un sens ou dans l'autre.

En ce sens, improviser signifie toujours *ré-agir,* C'est-à-dire *agir* avec les moyens du bord, en une sollicitation préalable. Résister ? Se laisser aller ? S'adjoindre ? Si cette *ré-action* semble relativement libre pour l'improvisateur, elle reste toujours délimitée dans le cadre dans lequel elle a pu se former, s'immiscer. Elle est une prise en compte de la forme en devenir, du potentiel d'une situation, d'une idée, de l'univers instrumental, d'une certaine part de transgression. Improviser est le

---

[169] *Ibid.,* p. 10.
[170] CONCHE, M., *L'aléatoire,* Paris, PUF, 1999, p. 145.

propre de la pensée qui ne progresse pas de manière continue, mais par un processus d'égarements successifs qui se connectent à une multitude de voies possibles. C'est précisément sortir d'une série de conditionnements et de clichés, produire des réalités nouvelles. C'est développer une sorte d'*inattention* active, *en réaction* au bien penser, au bien *agir*. Elle se situerait plutôt du côté d'une « attention flottante », engagée dans le processus créatif, à l'écoute des surgissements, des dérivées éruptives, des connexions intempestives : « déformater », excéder, pour aller vers l'expression singulière, tendre vers un renouveau opératoire. Ainsi dans cette contamination du faire, les choses en appellent d'autres, se métamorphosent pour délaisser le calculable au profit de l'incalculable, de l'inconnu.

1.5 Confrontations

Déterminer de nouvelles fonctions, proposer de nouvelles existences aux objets que nous défaisons, ne se fait pas sans la survenue d'erreurs, d'égarements, de défaillances, d'échecs. Ce constat souligne la part d'altérité, les moments de doutes et de dessaisissements qui accompagnent tout processus créatif. L'œuvre formalisée, « réussie », est celle qui révèle la succession des erreurs cachées. La défaillance est donc inscrite au cœur même de l'activité dans une sorte d'affranchissement qui appelle l'expérimentation. Le véritable échec serait de renoncer à se saisir de cette opportunité déroutante, apte à de nouveaux développements. Une posture qui joue du hasard des rencontres, d'un faire au coup par coup fédérateur de contradictions. Une ouverture du « faire avec », un paramètre inséré qui nourrit les essais et les diverses phases d'apprentissage, face aux nombreux accidents de parcours. Peut-être est-ce aussi ce que nous relevons dans une certaine contingence matérielle, et dans notre démarche qui vise une résistance au normatif, aux stéréotypes, au simple, au facile. Un esprit d'insoumission, d'opposition, de réappropriation. Défaire est un acte transgressif.

Échec

Déterminer de nouvelles fonctions, détourner les choses, *marquer* les objets par sa pratique, dérober les secrets de fabrication, faire preuve de toujours plus d'adresse, « d'intelligence plastique » pour dépasser les formulations données sont autant de moyens pour défaire et défier les limites contenues et imposées par la culture dominante du numérique, une l'opportunité de construire sa propre vision. Cela pointe l'exigence intellectuelle et symbolique de s'opposer, de marquer la singularité face à une dimension uniformisante et standardisante. Bidouiller et défaire sont des pratiques contestataires déviantes : *déstandardiser*, détourner, se réapproprier, personnaliser sont des moyens permettant de questionner de l'intérieur les valeurs admises, les valeurs marchandes, les normes. La transgression des règles est « une règle » déterminante du défaire, elle s'apparente à une sorte de pratique de « destruction créative[171] ». C'est la question d'un sujet qui se définit par ses contraintes propres : les limites et les moyens d'y faire face, pour construire et déconstruire.

> *Cela « institue un rapport spécifique à l'objet manufacturé, défi aux contraintes et aux limites que celui-ci impose. Il est le désir de le déstandardiser, puis de le personnaliser. Ce qui conduit à le démonter et à prouver, de cette manière, toute absence de fétichisme à son égard.*

---

[171] CHATELAIN, Y., *! Resistanz ! Hackeurs, les maquisards de l'innovation ! : Management de l'innovation, Internet et Déviance, Apprendre et Savoir intégrer les logiques hackers*, Paris, L'Harmattan, 2009.

*Le bricolage, ainsi perçu, déborde de beaucoup la simple
activité manuelle[172] ».*

À travers cet acte de « déstandardisation », il s'agit de se
réapproprier les objets qui suivent les préceptes d'un numérique « qui
souffre d'un excès d'ordonnancement et d'un refus des incertitudes[173] ».
Déterminer de nouvelles fonctions, proposer de nouvelles existences,
aboutit à construire une histoire « autre », portée par la vision créatrice
singulière, l'impossibilité sournoise de se refuser à intervenir, apposer
invariablement sa marque, « s'installer, laisser ses traces, construire ses
propres références, s'enraciner[174] ».

Par ce biais, reconquérir les objets pour les façonner à notre
image est un moyen de les « faire siens » tout en tenant compte des
imprévus des matériaux, en se soumettant aux multiples occasions et aux
inévitables accidents de parcours. Mais aussi à « l'horizon » de l'objet,
c'est-à-dire tous les autres objets qui l'entourent et le regardent sous
toutes ses coutures, tout ce qui constitue son écosystème[175], son lieu de
vie, sorti du tas, pièce parmi d'autres de la collection, mais aussi reflet de
celui qui le manipule.

En tant que source d'inspiration, le défaire met non seulement en
mouvement le travail du numérique, mais le relance aussi constamment.
Et même dans un projet déterminé, la pratique reste en déviation

---

[172] CORBIN, A., *op. cit.,* p. 359.
[173] CHATELAIN, Y., *op. cit.,* p. 31.
[174] JARREAU, P., *Du bricolage : archéologie de la maison*, Centre Georges Pompidou,
Paris, CCI, 1985, p. 10.
[175] MERLEAU-PONTY, M., cité par WAJCMAN, G., *op. cit.,* p. 27.

continuelle. Elle se glisse dans l'improvisation, qui s'immisce entre les signes naissants ou évanescents que suscitent la rencontre entre objet et sujet, entre projet et contrainte. L'erreur est envisagée comme une source de renversement, voire de transgression : la faute permettra l'émergence d'une idée décalée, inventive. Erreur et repentir sont comme des garanties de perdurer dans l'effet d'apprentissage, dans le jeu de fausses décisions, autrement dit dans une permanente transition. Miser sur la défaillance ne mène pas forcément à des faits positifs ou de progrès. La pratique est donc constamment astreinte à la recherche d'adaptation, d'amélioration et de processus nouveaux toujours différents, et souvent occasionnels. Il s'agit de tirer parti des incertitudes, de saisir les opportunités et non de les neutraliser : dévier et accepter le *dés-ordre*, aller contre l'ordre établi et préétabli. C'est également se jouer des erreurs d'appréciation, avoir un regard éclairé par l'erreur et l'appétit à défaire, puis à refaire : « Rien n'a jamais commencé, nous ne commençons jamais, nous enchaînons, et ce sur quoi nous enchaînons, ce sont des fautes accumulées, défaut et défaillances où se trame un passé, celui que j'ai vécu et celui dont j'ai hérité, qui m'a toujours déjà précédé[176] ». Défaire suit donc un chemin qui bifurque, qui ne cesse de diverger, qui fonctionne par interférence. Par *inter-référence* à un contexte porteur, préciserait Michel Serres, c'est-à-dire par glissements et adaptations permanents[177]. Il est ce moment où notre attention scrute et guette des « petites naissances, devenirs nombreux, possible abondants, évanouissements[178] », une sorte de bruissement dans lequel se fait et se défait notre pratique, ce moment qui transforme cette défaillance en faveur. Défaire est à la croisée d'une triple tension : celle du désir de faire, de la peur de mal faire et la volonté de laisser-faire ; une indécision fondatrice telle un mouvement par lequel on

---

[176] STIEGLER, B., « Il faut le défaut », interview par COLLINS, G., *Art Press n° 189*, 1994, p. 76.

[177] SERRES, M., *Hermès II, l'interférence*, Paris, Editions de Minuit, 1972, p. 158.

[178] SERRES, M., *Genèse, op. cit.*, 4ème de couverture.

mesure son pouvoir de résistance aux formules et aux regroupements stéréotypés. Pour autant rien n'est acquis sur ce chemin. Reflet de soi-même il nous donne du mal à accepter que l'on soit encore bloqué, arc-bouté sur des pistes contradictoires. On est certain, toujours inquiet à l'idée de lâcher prise. Car le processus ne s'arrête jamais. On croit avoir lâché et l'on réalise que ce n'était qu'un nouveau départ. Un simple début. L'approfondissement se poursuit et nous met face à d'autres blocages, plus anciens, plus profonds. Mais quelque chose avance... Débarrassé de l'idée de destination, de but précis, on devient plus à même de goûter chaque pas, chaque nouvelle ouverture.

Ainsi, défaire comporte donc des échecs à accepter, une part d'altérité, des moments de doute, des instants de chavirements, des dessaisissements, des révélations. Un ensemble d'occasions qui deviennent « une partie du signifié[179] », une certaine façon d'exploiter les rencontres.

On comprend, dès lors, que nous ne sommes jamais à l'abri d'échouer, de nous confronter au ratage total, au bide, au vide, au rien, à l'insuccès d'une opération technique. Par opposition, la réussite serait le croisement entre les objectifs fixés au départ d'une action et l'atteinte de ces mêmes objectifs au point d'arrivée. Comment alors penser l'échec ? Comment penser l'échec sans automatiquement y mettre quelque chose autour, une faille dans laquelle on va s'empresser d'intervenir, d'y associer une pratique, une fonction, une cause, une potentialité, un besoin, un surplus, un manque, un intervalle, une erreur ? L'échec serait donc la rencontre manquée, parfois réussie de ces éléments, un autre stade qui pourrait *a contrario* devenir le succès d'une autre relation. Il

---

[179] LÉVI-STRAUSS, C., *op. cit.*, p. 44.

mesure également la distance, l'écart, qui sépare à la fois un vouloir initial de sa réalisation : la confrontation à un modèle, un référent, une norme, un but et un projet à l'action, la méthode, les moyens mis en œuvre et les résultats.

Or, la sanction de l'échec pourrait autant provenir de l'ignorance où l'on se trouve à l'égard du numérique, ne tenant pour acquis que les modèles qui sont là pour être imités, utilisés. Des modèles où c'est la loi de l'offre et de la demande qui prévaut, la loi du conditionnement, la loi de l'impatience, de l'immédiateté et de l'incuriosité. Autrement dit, si nous ne remettons pas en question ces modèles, « c'est le droit à l'essai qui s'amenuise, le droit à la tentative, le droit à la recherche, le droit de l'impertinence, à l'inéquation - bref, le droit à l'échec qui est l'un des droits fondamentaux de l'homme[180] ». Pourtant, communément l'échec s'apparente à une fin, un arrêt, une déception, un processus avorté, une non-réalisation, l'échec se fait mat, « l'échec et mat » du jeu. N'est-il pas envisageable d'en déduire l'inverse ? L'échec en tant qu'attente. « L'attente du hors d'atteinte car on n'attend vraiment que ce qui n'arrive pas[181] », mais également l'affirmation d'un manque. Ce manque de la fin que l'échec conditionne, et qui permet l'ouverture, la promesse du désastre et de la déconfiture face à la réussite.

En somme, reconnaître que l'on peut se tromper, faire fausse route, commettre des erreurs, qu'une conception des choses est fautive. Mais aussi qu'il est possible d'avoir raison en d'autres circonstances, d'être parfois dans le vrai ou alors se targuer qu'avec certains critères

---

[180] MAURIN, F., « Profits ou pertes ? » Entretien avec PEYRET, J.-F., *Théâtre/Public 141*, Paris, 1998, p. 45.
[181] SATO, J., « L'œuvre en échec...échec ou fiasco ? », *LOEUVREENECHEC*, Paris, CERAP, 1995, p. 54.

l'objectif est atteint dès que l'échec est avéré : toute réussite est en ce sens une succession d'erreurs cachées. C'est-à-dire, de s'opposer au « réussi », assujetti aux sollicitations étroites du code, du bon usage, du style normatif, soumis aux injonctions d'efficience pratique du numérique. C'est pour cela que l'échec est une notion très imprécise, très relative. Nommer succès ce qui fonctionne, et échec ce qui ne fonctionne pas, c'est être victime des conventions. En fait, ce serait plutôt le contraire. Ce qui fonctionne n'a aucun écho par la suite, est enterré, oublié, sous-jacent, et correspond à un succès par consensus, par le déjà admis. Or ce qui est important, c'est peut-être de dépasser cette notion. Chercher à déranger les choses en place, à créer des espaces où quelque chose puisse être redécouvert, quelque chose qui transforme, déforme, et fasse percevoir autrement.

D'ailleurs, pouvons-nous dire d'une œuvre qu'elle est réussie ? Sans doute est-ce plutôt dans la mise en œuvre, « la mise en échec » que nous aimons naviguer, échouer de manière préméditée, et commettre sciemment « l'irréparable », parfois même le dangereux. Il convient donc de penser que la mise en échec serait le résultat d'une impulsion volontaire pour contrer et dévier l'effort mis à atteindre un objectif. Une impulsion qui provient aussi bien de l'extérieur que de l'intérieur, comme une sorte de « sabotage » qui a des répercussions fertiles, ouvertes à de nouvelles issues, à des succès ou des insuccès in-espérés. L'important est l'infaisable, et l'on pourrait presque dire l'important c'est qu'il y ait de l'infaisable, du rebelle, de l'irrémédiablement rétif. Vu sous cet angle, notre travail fourmille d'essais, d'exemples de cohabitation avec l'échec, ratages, dérapages, barbouillages, détournements, erreurs, mouvements aléatoires ou inconscients, risques, retraites, fuites, fiascos, chutes, errances, échecs et encore échecs, une succession de faits qui font preuve d'une certaine qualité de résistance. Toute pratique artistique n'est-elle pas d'abord la prise en compte d'une défaillance inscrite au cœur même de l'activité ?

Il nous faut cependant préciser que ce n'est ni la non-réalisation, ni l'échouage systématique que nous visons. Probablement, l'échec n'est qu'un simple moment de l'œuvre, qui met l'accent sur les difficultés de réalisations, arrêts, dérives. Ces épisodes que l'on peut considérer comme négatifs, participent intrinsèquement de l'œuvre, y inscrivant leurs marques, les repentirs, les rectifications, les remaniements, les bévues, les erreurs tactiques, les abandons, souillures, contagions, impuretés, les renoncements qu'ils ont suscités. C'est peut-être aussi ce qui caractérise toutes ces anomalies réussies, qui logiquement décrivent l'absurdité de l'inefficacité matérielle, et sont plastiquement cohérentes.

Mais, nous ne fixons généralement pas d'autre but initial qu'une amorce d'idée de départ. Dans le processus, nous ne cherchons généralement ni une forme idéale, ni même de résultat préconçu. Au contraire, nous avançons à vue, sans vraiment prévoir ce que nous souhaitons obtenir, ni savoir ce que nous allons en tirer et y trouver. Errances et erreurs nous permettent d'agir dans une sorte d'affranchissement, au travers d'une série de micro-situations, de micro-transgressions dans lesquels nous franchissons les frontières de la logique. Au fur et à mesure que nous avançons, nous comprenons mieux ce que nous avions cru comprendre, mais que nous ne comprenions pas vraiment, qu'il y a autre chose à chercher en dehors des territoires explorés. Ce qui explique peut-être pourquoi certains déplacements, certains mouvements sont interprétés, consciemment ou non, comme des erreurs ou fautes, en fonction d'une mémoire indicielle de l'objet inscrite dans la conduite adoptée. Une mémoire qui rend sa mobilisation indissociable d'une altération : mobilité, déplacement, disparition. C'est pourquoi, ce que nous nous donnons comme liberté, c'est d'explorer au-delà de ce que nous savons. Comprendre au-delà du savoir, trouver le moyen d'appréhender ce que nous ne pouvons pas connaître initialement. Aller à la rencontre de l'espace inhabité de l'expérimentation. Nous n'avons donc pas l'obsession de réussir ni la déception bloquante d'avoir échoué. Notre démarche exclut de fait d'emblée la projection détaillée, et les retours « correctifs » pour y parvenir parfaitement. Nous préférons le cheminement, avec ses haltes et ses bifurcations, mais sans regarder trop loin en avant ni en arrière, « le chemin peut conduire ailleurs qu'à l'endroit où l'on pensait qu'il conduirait, mais cela ne veut pas dire que cet endroit soit pire ou meilleur : il est tout simplement[182] ». Ainsi, nos expérimentations s'exercent dans un rapport au présent, dans le moment du faire et du défaire, dans l'ici et maintenant, dans l'invention et l'inventaire du fur et à mesure. C'est pourquoi les différents éléments de notre travail sont à considérer comme des séquences qui se montent et se remontent en fonction des circonstances. Ils suggèrent des œuvres nouvelles et en convoquent d'autres, déjà réalisées, qui sont enrichies de nouveaux développements.

En même temps, nous sommes les premiers à critiquer sévèrement et réfléchir sur les éléments produits qui ne nous ont pas satisfaits, ou nous semblent faibles et décevants. Nous repensons fréquemment aux erreurs que nous avons perpétrées. Nous éprouvons alors du remords parce que nous sommes sans excuses, seul coupable, pleinement coupable. Nous devions ne pas faire ce que nous avons fait, et ne pas le faire n'appartenait qu'à nous seuls, nous avons agi librement et nous ne pouvons donc nous prendre qu'à nous même. Comme le rappelle Marcel Conche, il est trop tard quand cela arrive, ce qui était possible ne l'est plus, cela est devenu impossible. Tous les possibles

---

[182] NORDEY, S., MAURIN, F., « Pour un théâtre mitoyen avec l'essai», *Théâtre/Public 141*, *op. cit.*, p. 42-43.

sont innombrables, et toute décision ou tentative que nous exerçons en supprime certaines et en propose de nouvelles. D'ailleurs quand l'action s'accomplit, elle s'effectue non autrement, jusqu'au moment où il est trop tard pour revenir en arrière et pour que l'action s'accomplisse autrement : « À l'instant où je suis celui que je suis, faisant ce que je fais, je ne puis être en même temps un autre, faisant ce que je ne fais pas [...] ce qui était possible ne l'est plus, et donc le problème ne se pose plus[183] ». Nous pourrions trouver des justifications, mais nous savons que celles-ci ne nous disculpent pas. Sans doute que d'autres seraient peut-être moins sévères que nous ne le sommes avec nous-mêmes. Mais ce n'est pas pour autant que nous qualifions tous nos essais avortés systématiquement de ratés, que nous les renions, les regrettons réellement. Ils témoignent plutôt d'un moment de la réalisation, du cheminement, d'un endroit qui est forcément de l'ordre de l'inaboutissement dont nous pouvons tirer des enseignements, de l'expérience. Ils reposent également sur l'attitude qui parfois autorise d'en tirer parti, une réceptivité opportuniste qui nous oblige à reconsidérer les éléments positivement. Notre démarche de travail serait probablement plus proche de l'essai, de la tentative, au risque de l'inaboutissement, ce que nous assumons pleinement.

Nous avons beau nous représenter le détail de ce qui va arriver, « la réalisation apporte toujours avec elle un imprévisible qui change tout[184] ». C'est pourquoi, sur certains objets, nous n'avons jamais parfaitement réussi à constituer ce que nous voulions, et c'est merveilleux, l'œuvre reste imparfaite. Elle est signifiante dans ce qui résiste, dans ce qui ne fonctionne pas bien, dans ce qui est difficile à comprendre, dans ce qui nous pousse à la réaliser, dans ce qui nous

---

[183] CONCHE, M., *op. cit.*, p. 141.
[184] BERGSON, H., cité par JACQUES, J., *L'imprévu ou la science des objets trouvés*, Paris, Odile Jacob, 1990, p. 205.

pousse à nous égarer dans le labyrinthe de notre esprit, dans tout ce qui nous différencie de l'ingénieur, du géomètre, de l'informaticien. L'échec définitif serait de ne pas essayer, de ne pas résister à l'anéantissement du nivellement, de céder au silence sans chercher à comprendre, expérimenter, détourner, défaire. En ce sens, les faiblesses provoquées ou rencontrées sont perçues comme de possibles opportunités vers de nouveaux développements. Nous réfléchissons à comment reconstruire, ou plutôt tenter de construire autrement, autre chose, un peu différemment, en faisant en sorte que nous progressions. Nous fonctionnons essentiellement à l'instinct, avec un regard très concret sur les choses : nous affectionnons véritablement ce qui naît de la disparition. Notre pratique est peut-être entendue comme le support d'un évanouissement, la révélation d'une surface qui ne cache rien que sa propre évanescence, la recherche d'une « profondeur élémentaire[185] » qui n'apparaît qu'à la faveur d'une disparition, d'un dessaisissement ?

Puisque les faits sont à ce point capables de stimuler notre imagination et de suggérer de nouvelles idées, la réussite dépend dès lors de la capacité à accepter l'échec non pour ce qu'il est, mais comme un postulat de l'événement opératoire, « comme condition de travail, comme pratique de l'écart et de l'illimité[186] ». C'est préférer l'effort, le chemin, c'est pratiquer « un savoir-défaire[187] » plutôt qu'un savoir-faire. L'échec, en tant qu'heureuse défaillance, est ce qui permet de disposer des espaces où quelque chose peut être découvert, quelque chose qui transforme, qui laisse percevoir autrement. L'échec caractérise « le moment du

---

[185] BLANCHOT, M., *L'espace littéraire,* « L'œuvre fait apparaître ce qui disparaît dans l'objet », Paris, Gallimard, 1955, p. 297.
[186] QUIRICONI, S., cité par LAZARIDES, A., « Eloge de l'échec. Du ratage au fiasco », *Jeu, Numéro 90*, Montréal, 1999, p. 36.
[187] *Ibid.*

renversement, c'est-à-dire celui des possibles[188] ». En effet, tel que nous l'entendons, l'échec peut être source de stratégie, une ruse, une perspective, un moyen d'opérer une résistance. L'ensemble se joue peut-être à l'image d'une « partie d'échec », si ce n'est que la stratégie reste obscure et inconsciente : « la partie d'échec se déroule dans la réalité directe : avancées, reculs, illuminations, fatigue, sacrifice des pions, mouvements de fous et de cavaliers, débordement par les ailes […][189] ». C'est à dire la possibilité de transgression, de débordement de l'ordre et de la loi imposée, une attente de l'inédit, une réelle capacité à échouer, varier sans relâche, tomber dans le panneau : « Essayer encore. Rater encore. Rater mieux encore. Ou mieux plus mal. Rater plus mal encore. Encore plus mal encore […][190] ». Au fond, il s'agit toujours de se jeter dans la pratique, tout en sachant s'arrêter au bon moment, autrement dit savoir jouer de la continuité et de la discontinuité. Mais « jeter » doit bel et bien signifier prendre des risques. L'échec c'est ce qui, des ratés, des ratages, des dérapages, des désastres, des intentions trahies et des ambitions inabouties se transforme en quelques catastrophes réussies. Le ratage fait donc intégralement partie des projets, il est coextensif à nos expérimentations. C'est pourquoi nos travaux résistent au fait d'être appréciés sur la base d'une perception passive de ce qui est, ils trouvent leur fonction sur la base de l'expérience que l'on en retire, ils résultent clairement d'une démarche expérimentale : « On ne doit pas s'inquiéter de savoir si ce que l'on est en train de faire est de la recherche ou pas. Tout ce qu'il faut savoir, c'est que ce que l'on fait aura des résultats

---

[188] LACHAUD, J.-M., « De l'échec en tant que promesse », *LOEUVREENECHEC, op. cit.*, p. 59.
[189] SOLLERS, P., « La défense Nabokov », *La Guerre du Goût,* Paris, Gallimard, 1996, p. 421.
[190] BECKETT, S., cité par LAZARIDÈS, A., « Eloge de l'échec. Du ratage au fiasco », *op.cit.,* p. 37.

inattendus[191] ». Nos projets ne sont donc ni exactement la réalisation d'une idée, ni exactement la matérialisation de l'imagination. Et c'est un miracle si les objets fonctionnent, mais c'est tellement plus intéressant s'ils ne fonctionnent pas : ne plus analyser les formes, mais entrer dans l'acte de création. Ne plus se demander que faire, mais comment le faire, ne plus chercher ce qui a été fait, mais construire de nouveaux problèmes : inachèvement, poursuite de résultats imprévus, accroissement de l'indétermination, élaboration de questions, autodestruction. La nature de nos actions semble correspondre à celle de l'essayiste qui « se propose quelque étude délimitée, vaste et précise à la fois ; il ne traite pas son sujet en profondeur, en ce sens qu'il n'a pas l'intention de l'épuiser ; il ne le traite cependant pas d'une façon superficielle, s'efforçant de multiplier les points de vue et d'éclairer le sujet sous toutes les faces possibles ; il pose les questions plus qu'il ne les résout, mais il le fait avec un sincère amour de connaissance[192] ».

Hasard

« Il est beau [...] comme ce piège à rats perpétuel, toujours retendu par l'animal pris, qui peut prendre seul des rongeurs indéfiniment, et fonctionner même caché sous la paille, et surtout, comme la rencontre fortuite, sur une table de dissection, d'une machine à coudre

---

[191] BRECHT, G., *Chance-Imagery / L'Imagerie du hasard*, Dijon, Les presses du réel, 2002, p. 32.
[192] SAULNIER, C., *Le dilettantisme, Essai de psychologie, de morale et d'esthétique, op.cit.,* p. 48.

et d'un parapluie[193] » écrit Lautréamont. Association inattendue hasardeuse et loufoque, qui invite à disséquer des objets *a priori* incompatibles ; comparaison de la beauté d'un assemblage inquiétant, avec le stratagème, ajustage redoutable d'un appareil rusé, dispositif dangereux : piège à pensées, à désirs, à regards. Après une dissection attentive, ces objets sont susceptibles de former un système qui n'est pas dépourvu de cohérence, qui n'est vrai que pour l'arrangement lui-même et la rencontre fortuite qui l'ont suscité. Il suggère également, être la fois celui qui coud et qui coupe : rencontre exotique où il ne faut rien de moins, rien de plus qu'une table de dissection et une machine à coudre ; coupe et couture, *prises* et *reprises* du faire et défaire.

Si nos objets rendent compte d'une part de réflexion, s'ils s'établissent progressivement, du cheminement initial jusqu'à l'achèvement même temporaire, le hasard circonstanciel joue un rôle non négligeable, quand bien même nous essayons de répondre à un besoin précis. Le hasard suggère un événement inattendu et définit un concours de circonstances imprévues et inexplicables. Il accompagne la mise en pièces qui déborde sur le temps poïétique : un temps nécessaire à réaliser nos objets qui est discontinu, suivant un fil interrompu, décousu, éclaté entre le passé des fragments divers, le « remploi » d'éléments de réalisations précédentes et les présents du défaire. Il rend compte d'un état « d'éparpillement, d'une diffraction continuelle[194] » dans notre pratique, où les déchets constituent des « réservoirs d'aléas ». D'un côté, il désigne une opération négative : faire disparaître un objet ; de l'autre il renvoie à une sorte de perfectionnement par la récupération : remettre dans le circuit, modifier la forme précédente.

[193] DUCASSE, I., comte de LAUTREAMONT, *Les Chants de Maldoror (Chant sixième),* Paris, Flammarion, 1990, p. 289.
[194] ARDENNE, P., *Art, l'âge contemporain*, Paris, Editions du Regard, 2003, p. 44.

Défaire est en soi hasardeux, puisque rien ne garantit un état de contrôle lors de l'action. Il s'agit plus d'une configuration fluctuante où chaque changement entraine d'autres changements, où chaque intervention incite tous les éléments en jeu à se mobiliser, une sorte de désordre expérimental. En ce sens, la multitude de situations et de variables en rapport aux différents contextes de confrontation donne à la pratique une part d'insaisissable par sa capacité à exploiter l'improvisation et les intuitions du moment contextualisées dans le rapport matériologique et instrumental du faire. L'implication forte des gestes dans la matérialité n'est-elle alors pas moins travaillée pour faire naître des arrangements imprévus qu'en vue de produire des arrangements imprévisibles ? Parfois quand rien n'est stable, tout semble vaciller, être sur le point de chavirer, on peut opter pour tout ce qui se présente. Ces arrangements sont des lieux propices aux accidents, aux divergences qui provoquent autant de petits dérèglements de la pratique et qui désorientent la vision habituelle des choses, la désorganisent. Les accidents accrochent les outils, font plisser les gestes, vont faire bricoler. Les gestes deviennent des mouvements battants, interrompus dans la discontinuité, dérivés sur un terrain accidenté, désorientés dans leur précision par divers obstacles. Ils sont totalement impliqués dans la matérialité à qui ils ne cessent de donner la réplique. Ainsi, les gestes posés en situation de conception, ne sont plus vus pour leurs résultats, mais aussi sous leur aspect « procédural ». Cette conscience de l'action, de la procédure, du processus de création au coup par coup, peut permettre de voir les objets non comme des partenaires, mais comme des fédérateurs. Des fédérateurs de contradictions, entre contrôle et certitude, qui définissent notre travail de créateur : un travail d'interprétation, de traduction, d'union. De ce point de vue, les accidents imprévisibles s'insèrent dans ce qu'il faut bien appeler une planification souple du hasard, l'indétermination contingente à l'activité : « Il faut parler plutôt des velléités et des aspirations du matériau qui regimbe[195] ».

Les définitions communes du hasard se rapportent à une connotation négative : « à la déveine et à la malchance de celui qui les subit[196] ». Elles se réfèrent également à des potentialités incertaines dépendantes d'une situation : « arrive par hasard ce qui est susceptible d'arriver[197] ». Le fortuit, le probable, l'incalculable, l'indéterminé, le flou, le « risque d'une circonstance périlleuse[198] », l'incertitude, l'aléatoire, la coïncidence, qui caractérise cette notion s'oppose à l'habitude, la maîtrise et au contrôle par la différence qu'il engendre vis-à-vis d'une attente, d'une prévision, d'un projet. Cette différence est marquée par l'originalité et la nouveauté inédite, en relation au jugement subjectif de celui qui y est confronté. La notion de hasard s'accorde ainsi avec la notion de potentialité et avec celle du temps, celui de l'instant précis où il est convoqué.

Comme le souligne Marcel Boll, le hasard « n'est pas ce qui ne peut pas être prévu, mais simplement ce qui n'a pas été prévu[199] ». Et c'est justement cette absence d'anticipation qui définit ce qui ne peut être que constaté. Envisagé, il garde ses qualités dans la nature de ses manifestations, c'est à dire complexe et imprévisible dans sa totalité. Le hasard relève donc du domaine de l'actuel, dans celui du faire, et ne peut s'expliquer vainement que par une considération du passé. Il nous oblige

---

[195] DUBUFFET, J., *L'homme du commun à l'ouvrage*, Paris, Gallimard, 1973, p. 27.
[196] Le Nouveau Petit Robert de la langue française 2010, p. 1217.
[197] *Ibid.*
[198] *Ibid.*
[199] BOLL, M., *op. cit.*, p. 26.

à réévaluer sans cesse, comme si l'on courait après l'idée de mesure, sans jamais la trouver.

> *« Pour qu'il intervienne, il faut que, l'effet ayant une signification humaine, cette signification rejaillisse sur la cause et la colore, pour ainsi dire, d'humanité. Le hasard est donc le mécanisme se comportant comme s'il avait une intention[200] ».*

C'est précisément dans cette relation que se trouve l'intérêt d'exploiter ce potentiel bénéfique incertain et alternatif. C'est d'ailleurs ce qui fait que sur bon nombre d'objets, nous ayons besoin d'actualiser, de changer la proposition, les règles en jeu, et de fait supprimer les versions précédentes. D'autant plus que dans le défaire, le hasard est considéré comme un paramètre, qui s'insère dans une procédure de « petits progrès » lors du travail : il est une alternative à la technique normée et propose une ouverture à cette technique. Il s'agit alors, par un effort qui tient compte de cette potentialité, de jouer avec cette possibilité d'échappatoire, de nouveauté et d'originalité comme plus-value à la mise en œuvre poïétique. En ce sens, nous sommes amenés à faciliter « les processus pour que n'importe quoi puisse se produire[201] ». Le hasard est donc une clé permettant de proposer des dualités indissociables du « faire avec » et de l'improvisation : *le contrôlable et l'incontrôlable, le connu et l'inconnu, le prévisible et l'imprévisible.* Nous ne sommes pas loin des sciences de l'imprécis d'Abraham Moles, lequel souligne l'importance de la feinte dans le travail qui vise à en découdre avec l'indéterminé :

---

[200] BERGSON, H., *Les Deux Sources de la Morale et de la Religion*, Paris, PUF, 1932, p. 154-155.
[201] CAGE, J., *Pour les oiseaux*, entretiens avec CHARLES, D., Belfond, 1976.

« L'un des outils de l'exercice de la rigueur à propos des phénomènes vagues ou imprécis est la manipulation artificieuse des ressemblances, des similarités et des oppositions, dans un exercice permanent de combinatoire qui sans toucher au donné, met chacun des éléments reconnaissables dans des situations différentes les unes vis-à-vis des autres, et par là suggère d'autres opérations dans une suite théoriquement indéfinie, mais qui se veut convergente[202] ». Même si le hasard peut être mis en évidence à travers l'imprévisibilité de la matière ou de la rencontre, il ressemble souvent à une expérience à laquelle nous assistons, en observant ses effets pour tenter plus ou moins d'en contenir les réactions. Il s'agit peut-être de cette posture dont parle Marcel Duchamp, cette tentative de « mettre le hasard en conserve[203] », de se prendre au jeu de ses improbabilités :

> « *Contenir le hasard consiste à jouer avec lui et contre lui tout en même temps, tenter de renverser une donnée instable en une logique de maîtrise. Contenir le hasard, reviens, comme il est dit des passions, à en endiguer le flux, en réprimer les pulsions, en assujettir le cours, en maîtriser les errances. C'est aussi par glissement du sens, l'enfermer, en assurer la garde et la sauvegarde, trouver le moyen de le garantir contre des possibles nuisances ou dangers ou encore l'immortaliser en lui offrant une réserve protectrice adéquate[204]* ».

---

[202] MOLES, A., *Les sciences de l'imprécis*, Paris, Seuil, 1995, p. 234.
[203] « […] c'est du hasard en conserve » : CABANNE, P., *Entretiens avec Marcel Duchamp*, Paris, Somogy, 1995, p. 78.
[204] FRECHURET, M., *Le Mou et ses formes. Essai sur quelques catégories de la sculpture du XXᵉ siècle*, Paris, ENSBA, 1993, p. 36.

L'indétermination est donc un paramètre inséré, ou s'insérant de soi dans le défaire par une sollicitation volontaire ou involontaire, qui permet d'entrevoir l'acte de création différemment. Et dans une conduite volontairement créatrice, prendre en charge cet involontaire, c'est en quelque sorte en faire le matériau secret, peut-être inavouable qui n'a plus rien à voir avec l'affectivité intime ou le sensible, mais un jeu sur lequel on travaille en travaillant. D'une certaine façon cela revient à jouer *de déterminations en indéterminations*, de trouver un équilibre entre ce qui est essentiel et ce qui peut relever de son existence. Parfois cela se manifeste par une inconscience du résultat, sans finalité, sans recul dû à la rapidité d'exécution. Ou encore par une mise en œuvre gestuelle, des interventions manuelles et matérielles qui jouent du hasard tâtonnant et de la découverte d'une pratique en train d'opérer. C'est par cet écart, par cette sensible absence de contrôle lors de l'acte, qu'il est possible de provoquer une certaine nouveauté. Il permet de déborder par sa capacité à dépasser les prévisions ou les lois de la réalité rationnelle du numérique. Cette instabilité ne se présente pas pour autant comme un vagabondage absurde ou une errance pathétique : elle apparaît au contraire comme le signe d'un plaisir du balbutiement, de l'essai et de l'apprentissage : des moments où création et découverte peuvent se confondre. La découverte comme plaisir du sens qui advient, et de ce qui est « porté à découvert ». Non pas faire des expériences, mais conduire l'expérience comme un faire. Développer des stratégies de pensée qui correspondent aux stratégies d'action. Suivre ce qui est de l'ordre de ce qui ouvre, ce principe qui admet un nombre infini de solutions, à l'inverse du programme déterminé qui clôture avec un nombre fini de procédures. C'est ainsi que le hasard semble être une bonne façon de contenter et de contrer cette réalité logique en mettant en place même inconsciemment, dans le faire en train de s'opérer, ce que Marcel

Duchamp appelle une « physique amusante récréative[205] », visant à mettre à mal par jeu et par expérimentations cette réalité restrictive.

Ainsi, il est fréquent que la phase de manipulation s'opère sans direction précise. Elle consiste à exploiter la dimension récréative et ludique, en tentant instinctivement des combinaisons de possibles, à la recherche d'affinités et d'associations, faites de regroupements et d'interdépendances. L'objet de la recherche reste longtemps flou, jusqu'à ce qu'une réponse potentielle vienne préciser le questionnement, qui lui-même peut rebasculer d'un instant à l'autre, vers « une chose inattendue, mais espérée[206] ».

Il s'agit pour nous de produire des rencontres « qui ne cernent rien, qui ne précisent rien, mais qui font surgir[207] » de possibles pistes de réalisations. En cela, le processus créatif autorise une possible liberté dans le but d'envisager la pratique différemment, d'accéder à l'actualisation d'une potentialité définie par un acte qui ne se serait peut-être pas présenté autrement, un acte de l'ordre de la spontanéité, de la pulsion et de l'improvisation accidentelle.

> « *[...] l'artiste n'a jamais refusé l'heureux hasard qui lui fournissait, sous forme de quelque incident, voire de quelque accident fortuit, une trouvaille originale. Le talent du créateur se manifeste alors par la*

---

[205] PAZ, O., parle à ce sujet de « récréations arithmétiques », *Marcel Duchamp : l'apparence mise à nu...*, Paris, Gallimard, 1990, p. 59.
[206] KRAUSS, R., *Passages, une histoire de la sculpture de Rodin à Smithson*, Paris, Macula, 1997, p. 114.
[207] DUPIN, J., *Un portrait par Giacometti*, Paris, Gallimard, 1991, p. 29.

reconnaissance, parmi les innombrables hasards sans intérêt, de celui qu'il pourra intégrer à son œuvre[208] ».

Sans que l'on s'en rende compte, une figure se dessine, un nouvel objet naît, l'objet de la manipulation change de direction. Cela nous fait passer par une phase de « stupéfaction », suivie d'une phase « d'illumination ». Dans un premier temps, nous sommes aveuglés par l'aspect formel et matériel. Puis, en bidouillant, nous découvrons un sens latent, issu de la confrontation des éléments : comme une représentation quelque peu absurde qui se révèle en un ensemble nouveau.

Accident

L'accident désigne le moment et l'événement qui nous échappe. Il est comme un feu d'artifice avec lequel nous tentons de jongler, que nous essayons de manier. Mais il y a toujours quelque chose d'évanescent, se laissant un instant maîtriser et s'en allant de nouveau, puis revenant. Lorsqu'il se produit, il nous est souvent impossible de le maîtriser, et la plupart du temps, nous ne pouvons que constater les dommages qu'il a provoqué. Moment central d'immobilité, suspensif, parfois définitif, nous sommes confrontés à la perte, c'est à dire menacés de tout perdre ou de nous perdre nous-mêmes dans une sorte d'irréalisation. L'accident est fréquemment assimilé à des dommages matériels représentant une acception négative. De notre point de vue l'accident tout comme le hasard ne s'inscrivent pas comme des fins en

---

[208] SOURIAU, E., *Vocabulaire d'esthétique, op. cit.,* p. 76.

soi, ou des obstacles de l'ordre du gâchis ou de la fatalité, mais comme des constituants inévitables dans le parcours de notre pratique. Nous ne pouvons qu'accepter l'accident, parce qu'il survient lors du processus de création, et s'y trouve en conséquence intégré. « À mesure que l'accident définit sa forme dans les hasards de la matière, à mesure que la main explore ce désastre, l'esprit s'éveille à son tour[209] ». Cela engendre des choix entre appropriation et modification, entre acceptation et création : la forme naît du choix, l'appropriation est une question de choix.

En conséquence, nous mesurons en permanence l'objet dans sa réversibilité, dans ses potentialités, ses niveaux de transformation ou sa part d'inaltérabilité, son caractère éphémère ou sa permanence. Cela aboutit à de nouveaux mariages, de nouvelles interfaces, de nouvelles alliances singulières de pièces, qui toutes, à un moment dévoilent quelque chose en fonction des accidents qui les traversent.

L'accident désigne aussi ce qui n'est pas inhérent à l'être, à la substance, par opposition à l'essence. L'accident est un fait dont la matérialisation vient se greffer à notre réalisation. L'accident comme intrus impose et marque, modifie un espace de création qui nous est cohérent. Il provoque un basculement, un instant d'altérité où l'œuvre vacille et se recompose de manière imprévue. C'est lui qui suggère certaines associations d'idées, c'est lui qui met en avant certaines formes, c'est lui qui guide parfois notre rapport instrumental aux objets. Il est l'affirmation d'une liberté qui s'oppose à un système numérique toujours davantage organisé qui tend vers l'uniformisation. Et ce qui nous intéresse dans l'accident est probablement son caractère imprévisible : ce qui se produit par accident est souvent trop insaisissable pour être

---

[209] FOCILLON, H., *Vie des formes. Eloge de la main*, Paris, PUF, 1981, p. 121.

contrôlé. L'événement accidentel et ses interactions sont inhérents à une multitude de paramètres matériels, temporels, physiques, qui s'inscrivent d'une manière singulière dans la rapidité de son déclenchement. En effet, l'accident se produit avant sa propre reconnaissance : il découle d'un événement ou d'une action déjà accomplie. De ce fait, on se trouve face à l'impossibilité de contrôle, avec un geste à la fois entravé et libéré, ce qui justement fait l'intérêt de l'accident. Par la mise en rapport de phénomènes complexes, il engendre des résultats inconcevables en anticipant cette complexité. Quelquefois grâce à lui, « la forme se déterminera pour ainsi dire d'elle-même, comme si le créateur était en quelque sorte un goulot dont le rôle serait simplement d'assumer et de contenir la pression du torrent qui, à travers lui, par lui, fuse[210] ».

La matérialisation de l'accident est unique. Il marque un espace, par sa naissance résultant d'une mise en corrélation d'éléments de cet espace. Il marque aussi l'attitude de celui qui, souvent malgré lui, est l'instigateur du phénomène parasite. Manque d'attention, de concentration, manque d'habileté ou de chance, l'accident est engendré tel une suite d'actions dont le résultat ne peut être appréhendé : « Je n'y suis pour rien. […] C'était diabolique[211] ».

Pour nous, l'accident, le hasard, se posent conjointement comme paramètres indissociables à partir desquels il est possible de jouer. Ils découlent de juxtapositions imprévisibles acceptées et parfois attendues dans le défaire à l'encontre d'une posture où tout est habituellement programmé. Il s'agit d'une attente « préméditée », de moments et

[210] DUHUIT, G., l'Image en souffrance. 1 : coulures, Paris, Fall, 1961, p. 37.
[211] GIACOMETTI, A., « Entretien avec Pierre Dumayet » [1963], Alberto Giacometti. Ecrits, Paris, Hermann, 1990, p. 280-281.

d'incidents où rien n'est calculé à l'avance. Au-delà des significations négatives courantes, nous y voyons un potentiel créatif formé de subtils « accidents volontaires » et « de hasards merveilleux », au service d'un certain « manque de contrôle contrôlé[212] ». En ce sens, « Il y a un certain manque de contrôle conscient dans tout ce que nous faisons[213] ». Ainsi, « hasarder », c'est aussi aller à l'aventure, provoquer des aubaines, des chances, des occasions : *s'aventurer, s'exposer, se risquer à, se mettre en péril*[214].

De cette complexité inédite, les matériaux nous apparaissent plus nettement, et les choix accidentels des manipulations successives nous éclairent. Ils portent en eux une partie du sens que livrent les pièces, une sorte de potentiel d'éclosion, une découverte qui se livre en continu entre nos mains. Si les surprises accidentelles et les erreurs sont fréquentes, elles sont toujours intéressantes pour ne pas mettre un terme définitif à la marche générale de nos explorations. Elles sont au bout du compte sans dommage pour notre engouement, parce que, aussi imprévisibles, leurs venues n'en sont pas moins escomptées, favorisées. Le principe du bidouillage contient donc en lui-même ce facteur de dérèglement, qui n'a jamais cherché la fluidité et la perfection, plutôt une part d'incertitude de ce qui advient.

Il s'agit en quelque sorte de tracer un parcours parfois sans itinéraire précis, intuitif, autorisant non pas la mise en œuvre d'une technique, mais la découverte d'une multitude de techniques liées à la

---

[212] SERRES, M., *op.cit.,* p. 48.
[213] BRECHT, G., *Chance-Imagery/ L'Imagerie du hasard, op. cit.,*, p. 83.
[214] Le Nouveau Petit Robert de la langue française 2010, p. 1218.

contingence matérielle et affective de celle-ci. L'incertitude, la trouvaille accidentelle, y sont une manière d'insérer *de l'instabilité*.

> *« Comme on le voit, il s'agit toujours d'un hasard limité, d'un tirage au sort à partir d'un ensemble préalablement sélectionné. On n'a jamais entendu, que nous sachions, une œuvre élaborée à partir du hasard pur[215] ».*

> *« Le hasard peut venir aider de temps en temps (l'homme peut même choisir les conditions qui pourraient évoquer le hasard en sa faveur), mais le hasard ne peut jamais créer une œuvre[216] ».*

Une instabilité qui suit une série de séquences et de mouvements susceptibles de « hoquets et de sautes d'humeur » qui trouvent leurs rythmes au travers d'un ordre indéterminé, mais toutefois, comme le soulignent Étienne Souriau et John Levée, « envisagé » dès le départ. L'incertitude, quand elle est recherchée, devient l'épicentre des expérimentations, les limites deviennent mobiles et les frontières mouvantes, pour laisser la place à un jeu continuel entre détermination et indétermination. L'instabilité correspond finalement au reniement ponctuel de choix, et de ce fait implique une certaine démission volontaire, donnant la sensation de perdre le contrôle momentanément sur le déroulement de ce qui s'effectue dans l'action.

---

[215] SOURIAU, E., *op. cit.*, p. 77.
[216] LEVEE, J., cité par LÉVÊQUE, J.,-J., « Procès de l'automatisme », *Sens plastique, n°8*, 1959.

« Le rôle du hasard, dans l'art d'aujourd'hui, est réel, mais plus limité qu'on ne le pense généralement, intervenant à certains stades de la création ou de l'interprétation, mais pour perdre aussitôt, grâce à l'intervention de l'artiste, son caractère aléatoire[217] ».

C'est justement ce qui est intéressant, avoir une part d'imprévu, une sensation de désorientation, une impression de « perdre ses repères » : se décloisonner temporairement des contraintes normatives, redécouvrir les objets, dialoguer avec le matériau. Cette manière de recourir à l'imprévu permet de répondre à une situation d'attente.

« Je cherche un nouvel objet depuis des mois. Je ne sais lequel... Je cherche un choc...[218] ».

Tout se passe dans le choc d'une impression, confuse et distincte à la fois. Une sorte « d'éveil de l'appétence, puis une rumination dans l'ombre[219] ». En effet, l'origine d'une œuvre exerce une séduction irremplaçable, par un élan incontrôlé, une intensité émotionnelle qui se perpétue bien au-delà de la trouvaille, et se met en pratique dans une sorte d'intériorisation.

---

[217] SOURIAU, E., *op. cit.*, p. 78.
[218] ARAGON, L., *Henri Matisse, roman*, vol. 1, Paris, Gallimard, 1971, p. 72.
[219] SALLES, G., *Le Regard*, Paris, RMN Seuil, 1992, p. 12.

Contingence

Défaire est probablement consécutif à la contingence qui se produit au niveau de l'occasion, de l'accident et du hasard, dont parle Levi-Strauss, celle « [...] qui prend forme d'événement, c'est-à-dire une contingence extérieure et antérieure à l'acte créateur. L'artiste appréhende celle-ci du dehors : une attitude, une expression, un éclairage, une situation, dont il saisit le rapport sensible et intelligible à la structure de l'objet que viennent affecter les modalités, et qu'il incorpore à son ouvrage[220] ». On se retrouve observateur des événements accidentels, que l'on prend en compte avant l'exécution de l'œuvre en les exploitant en toute connaissance de cause. Mais on suit également une contingence intrinsèque au cœur de l'action plus ou moins hasardeuse, « dans l'imperfection des outils dont l'artiste se sert, dans la résistance qu'oppose la matière, ou le projet, au travail en voie d'accomplissement, dans les incidents imprévisibles qui surgiront en cours d'opération »[221]. Les réalisations sont de ce fait dépendantes de la matière qui possède un rôle créateur et décisionnaire à tout moment dans l'acte instinctif de défaire.

« Il s'agit de respecter le travail spontané et libre, accompli par goût », où l'improvisation s'exerce « comme distraction physique ou exercice de l'esprit [...][222] ». Ainsi, le défaire se pose aussi bien en termes de présence matérielle et d'affect. C'est par cette présence qu'il « affecte » le numérique et qu'il appelle à l'interroger. En effet, même si

---

[220] *Ibid.*, p. 44.
[221] *Ibid.*, p. 42.
[222] *Rapport sur l'utilisation des loisirs ouvriers*, conférence internationale du travail, 6ème session, Genève, BIT, juin 1994, p. 90-91.

le défaire est pensé à l'avance, projeté et construit, il est déjà là, dans les caractéristiques inhérentes, mais aussi dans l'action elle-même lorsqu'il est éprouvé.

La progression du défaire est conditionnée par certaines particularités d'un ou de plusieurs objets en relation au projet. Le périmètre imposé conduit à tirer son intuition du matériau disponible ou potentiellement disponible, pour échafauder la trame initiale des œuvres à réaliser. Et c'est par une certaine forme de conciliation et de tractation entre le matériau et le projet que se construit petit à petit une connivence, un rapport dialectique de l'un à l'autre.

Réformées, collectées puis transformées en ressource potentielle, les « dépouilles » promues au rang de « pièces de butin[223] » vont révéler, à travers leurs contraintes, à la valeur affectée de la bidouille, une possible réhabilitation. Pourtant, si la récupération s'impose elle n'est rien sans l'imagination. Tous les objets qui participent à défaire se trouvent détachés de leur contexte.

Ainsi, l'insolite, l'approximation et le réemploi tendent à dévaloriser les compositions face au perfectionnisme des systèmes calculatoires : modalités essentielles aux réalisations se donnant comme objectif de manifester les processus intérieurs comme parties intégrantes, comme « matière première ».

---

[223] CRIQUI, J.-P., « Usage du déjà là. Les Moyen Âge de l'art contemporain », *Cahiers de la Villa Gillet n°17*, Lyon, 2003, p. 6-7.

« C'est d'affect qu'il s'agit, c'est d'affectivité ou d'affectabilité : il s'agit d'une matière dont toute l'essence est d'être affectable. Or être affectable n'est pas un être, c'est toujours un avoir été[224] ».

Jean-Luc Nancy définit la matière première en tant que « première matière » avec laquelle, ici, le défaire entre en contact comme possibilité non originelle. Cette matière porte en elle des significations, informant et déformant, se transformant au gré de ce qu'il appelle sa « propre impropriété permanente ». Pour le défaire, cette première matière est une sorte de catalyseur incitatif. Elle est *matière à, matière de*, et *entrée en matière* pour expérimenter et questionner le numérique.

Il y a donc dans cette forme de prédisposition une imposition des singularités au développement des réalisations :

« Ce sont d'anciennes fins qui sont appelées à jouer le rôle de moyens : les signifiés se changent en signifiants et inversement[225] ».

Ce n'est pas spécifiquement la transformation intellectuelle de l'objet en matériau qui nous intéresse, cette réorganisation de fins en moyens, mais ce qui à partir du défaire et du bidouillé assure la transformation du matériau en élément représentatif et significatif de la défaite du numérique. Il s'agit de « générer de nouveaux récits

---

[224] NANCY, J.-L., « Matière première » in *Catalogue Miquel Barcelo, Mapamundi*, Saint-Paul-de-Vence, Fondation Maeght, 2002, p. 20.
[225] LÉVI-STRAUSS, C., *La pensée sauvage, op. cit.*, p. 35.

autour des usages alternatifs de l'ingéniosité[226] ». Et comme l'indique Gaston Chaissac, être bricoleur-bidouilleur, « c'est ne pas être artiste professionnel, plutôt « un type sans métier », « un touche à tout[227] », c'est trouver un chemin « autre » qui conduit à la création[228] ».

La liberté réside dans la potentialité à réaliser, en trouvant des variations et des possibilités d'utilisation du matériau, au sein même de l'univers clos des ressources provenant « de résidus de constructions ou de destructions antérieures[229] ». Un univers, qui par sa contrainte délimitée, laisse le champ libre à notre imaginaire créatif, et devient potentiellement infini.

En ce sens, il s'agit d'analyser les situations, les formuler en problèmes et apporter des solutions dans un rapport à la technique qui « n'est pas un rapport magique, mais un véritable rapport instrumental[230] » où le hasard fait parfois bien les choses.

---

[226] MCKENZIE, W., Un manifeste hacker, op. cit., p. 083.
[227] MAGLIOZZI, M., op. cit,, p. 22.
[228] CHAISSAC, G., « Lettre à R.G. 25 mai 1948 », Hippobosque au Bocage 1951, Paris, Gallimard, 1995, p. 114.
[229] LÉVI-STRAUSS, C., op. cit., p. 31.
[230] PERRIAULT, J., La logique de l'usage. Essai sur les machines à communiquer, op. cit., p. 137.

Résistance

Introduire ainsi le bidouillage dans cette recherche recouvre des pratiques et des réalités diverses. C'est d'ailleurs ce qui amène à questionner la complexité des rapports qui s'engagent dans l'acte de défaire. Le bidouillage inclut un aller-retour entre ce qui est fait, le résultat, et la modalité intrinsèque de la façon de le faire.

> *« La poésie du bricolage lui vient aussi, et surtout, de ce qu'il ne se borne pas à accomplir ou exécuter ; il « parle », non seulement avec les choses (...), mais aussi au moyen des choses : racontant par les choix qu'il opère entre des possibles limités, le caractère et la vie de son auteur[231] ».*

Les assemblages auxquels aboutissent le défaire résultent d'une manière de penser investie dans une manière d'agir : un art de combiner indissociable d'un art d'utiliser. Le métissage est là comme une sorte de règle productive, autour d'un projet ou d'une idée que l'on aura décidé d'interroger : montrer la part de « cuisine[232] » personnelle et de manigance, dévoiler la « mécanique interne de l'œuvre[233] », concevoir des objets « où se montre l'engendrement des objets[234] ». Disséquer l'étant donné de l'objet pour en mettre à jour la mise en œuvre.

---

[231] LÉVI-STRAUSS, C., *op. cit.*, p. 35.
[232] DAMISCH, H., *Fenêtre jaune cadmium, ou, Les dessous de la peinture*, Paris, Seuil, 1984.
[233] DUBUFFET, J., *op. cit.*, 1981.
[234] LYOTARD, J.-F., *Discours, figure*, Paris, Kliencksieck, 1971, p. 28.

D'un point de vue général, la manière de faire est *de faire avec*, en suivant des « tactiques traversières[235] » définies par un champ d'action des possibles. Celle-ci, en plus de s'arranger avec les moyens du bord, de bidouiller, est formée prioritairement par le caractère restrictif du numérique, qui par essence, quadrille et impose des stratégies conventionnelles, homogènes, régulées, fidèles aux protocoles liminaires. C'est pourquoi un des actes premiers est celui de la mise en pièces spatiale par le défaire qui tend vers le multiple : le matériau premier, ce tas de morceaux d'objets collectionnés, une fois ouvert, démonté, vu sous un angle différent, forme l'ensemble des coordonnées des développements potentiels. Il appelle le multiple, le composite, le bigarré, il est celui qui positionne le geste dans le devenir et le provisoire : il permet d'ouvrir le champ d'action des possibles.

> « *Le multiple [...] est le possible même. Il est un ensemble de choses possibles, il peut être l'ensemble des choses possibles. Le multiple est ouvert[236]* ».

Défaire suit donc une logique où se succèdent toute une série de « tactiques » et de ruses, dont le but serait d'ouvrir des usages proscrits dans des interprétations assimilables à des fonctionnements divergents et interférents. En ce sens, *faire et défaire* suppose une part d'irrespect, d'irrévérence.

> « *Nous ne manquons pas de communication, au contraire, nous en avons trop, nous manquons de création. Nous manquons de résistance au présent[237]* ».

---

[235] CERTEAU, M., *L'invention du quotidien, tome 1 : Arts de faire, op. cit.*, p. 51.
[236] SERRES, M., *op. cit.*, p. 16.

L'ordre contraignant du numérique promeut justement, par sa délimitation, l'élaboration de questionnements « résistants » qui introduisent une manière d'en tirer parti, qui « instaurent de la pluralité et de la créativité[238] ». Non pas une résistance de l'ordre de la revendication ou encore de la protestation. Pas plus, une résistance à l'usure des objets, ou la simple volonté de redonner vie. Mais véritablement engager un rapport inédit, imprévisible, qui permet de reconquérir un espace avec ténacité. Défaire dépend donc de cette délimitation de circonstances, « une nodosité indétachable du contexte[239] » dont parle Michel de Certeau. Celle-là même qui esquisse notre angle d'attaque : à la fois mobile, motif et motivation.

« Toute action de guerre, ou de résistance se fait du point de vue de l'ennemi, c'est-à-dire du vaincu : ce qui ne veut pas dire entrer dans le jeu de l'ennemi, se placer sur son territoire, et obéir à ses règles, c'est exactement l'inverse [...] avoir une chance de se soustraire à son emprise ». Faire résistance ne consiste ni à contre-attaquer, ni même attaquer, selon Sun Tzu, mais à duper l'ennemi sans jamais l'affronter directement, le « soumettre sans combat » : suivre l'art de la stratégie et du détournement[240]. C'est en cela que le défaire s'inscrit dans une logique de résistance, d'affrontement, dans laquelle l'objectif est de riposter. C'est-à-dire de tenter de se réapproprier la force de l'autre en agissant « au-dedans », produire un nouvel agencement susceptible de remettre en question, de redéfinir, de tirer avantage[241]. La résistance permet de

---

[237] MCKENZIE, W., *op. cit.,* p. 130.
[238] *Ibid.,* p. 52.
[239] *Ibid.,* p. 56.
[240] TZU, S., *L'art de la guerre,* cité par CAILLET, A., *Quelle critique artistique ? Pour une fonction critique de l'art à l'âge contemporain,* Paris, L'Harmattan, 2008, p. 79-81.
[241] CAILLET, A., *Ibid.,* p. 86.

composer et de recomposer, « elle réside à la fois au dedans et fait en même temps surgir un dehors qui contamine et déplace[242] ».

En cela, la résistance n'est à entendre ni comme l'effet spécifique de la volonté, ni comme le résultat déterminé d'un raisonnement. Elle est d'abord passion, mais au sens premier du terme, au sens d'affect, en ce qu'elle est un acte, une conduite, un geste mû par autre chose que lui-même. C'est-à-dire une posture, qui n'a pas pour seul but de remporter une victoire sur le numérique, de gagner, mais d'empêcher sa victoire immédiate, de gagner du temps et de l'espace, et surtout de déplacer les règles du jeu initial. Pour autant, la résistance n'est pas un pur moyen de défense face à l'ignorance et la normalisation, parce qu'elle est un moyen d'inventer d'autres règles de bataille, parce qu'elle est essentiellement « guérilla », une posture risquée qui suppose une tension permanente. Elle est une force qui n'existe qu'en s'opposant, et ce sont les limites qui la nourrissent : elle suit une dynamique de négation pour affirmer notre pratique. Elle suit ce que disait Ferruccio Busoni : « la fonction de l'artiste créateur consiste à faire des lois et non à suivre des lois établies. Celui qui se contente de suivre cesse d'être un créateur. Le pouvoir de création ne peut être reconnu que dans la mesure de sa rupture avec la tradition[243] ».

Résister est en soi une nécessité. Une préoccupation ni morale ni immorale, mais vitale. C'est d'abord peut-être un état d'esprit, une certaine manière de ne pas se soumettre : de ne pas entrer dans le jeu de « l'adversaire », de refuser d'être assujetti à un ordre imposé. Refuser le sentiment de privation, d'impuissance « laissant la contestation,

---

[242] *Ibid.*, p. 87.
[243] BUSONI, F., cité par MOLES, A., *Art et ordinateur, op.cit.*, p. 305.

perdue, orpheline[244] ». Un réflexe, un processus qui libère. Et ce n'est généralement que dans un second temps que le réflexe se fera réflexion et tissera des liens plus ou moins efficaces. Résister c'est donc, pour nous, faire preuve d'esprit d'insoumission, savoir préserver vivaces et intactes au fond de soi des forces de rébellion : il convient de ne pas être dupe, de garder un regard distant, critique, qui est gage de sincérité. Faire preuve d'une certaine lucidité en pointant les failles, les vides, les étranges oublis des discours et fonctionnements trop aseptisés du numérique. Mais à quel moment pourrions-nous estimer que nous sommes lucides et à quel autre ne le serions-nous pas ? Démonter les machines, déconstruire, questionner les sens sont pour nous davantage que le simple désir de savoir : une volonté passionnée de désenchanter, de mettre à nu, de marquer. Face au numérique « trop lisse » fonctionnant sur le « prêt à penser[245] » et « le prêt à utiliser » qui se dérobe à notre maîtrise, marquer, tracer, sont un moyen de renouer le contact, de regarder les choses à nouveau, usant « comme enfant, de ce regard vierge, naïf, émerveillé qui ne connaît pas déjà son objet, mais le découvre, l'invente…[246] ».

Défaire est alors comme un antidote, une « petite activité[247] » de libération, face à la rationalité fonctionnaliste et mathématique. Une réticence instinctive, une méfiance spontanée aux systèmes normatifs qui, au nom de l'efficacité, risquent d'étouffer les possibilités de parcours imprévus, des échecs, des angles morts. Une sorte de processus anti-incrémentiel, « [...] une vision, un acte de croyance, un geste de

---

[244] AUBENAS, F., BENASAYAG, M., *Résister c'est créer*, Paris, La Découverte, 2002, p. 14.
[245] *Ibid.*, p. 59.
[246] CAHEN, G. (Dir.), *Résister. Le prix du refus*, Paris, Editions Autrement, 1994, p. 19.
[247] BLAZY, M., cité par JOUANNAIS, J.-Y., « Des formes de bonne volonté », in *Art Press n°187*, 1994, p. 23.

rébellion[248] ». En ce sens il s'agit de résister au sens étymologique du terme, de « s'arrêter et *faire face* » :

> « *Faire face recouvre l'ensemble des actions, mais aussi des ressentis [...]. Faire face, c'est à la fois faire front avec tout ce que cela suppose de courage et d'abnégation [...]. En se mettant en face, le résistant oppose [...]. En faisant face, il construit cette opposition [...]* ». Faire face c'est aussi « *accepter de partir à la rencontre [...], représenter un souhait de dialogue[249]* ».

Un dialogue et une rencontre qui s'effectuent sous la forme d'une opposition positive, intentionnelle, qui ne peut se limiter à une forme passive et qui implique un processus actif et réactif, une aptitude à réagir, un « stimulus » au profit d'une forme « d'insoumission » créative. Celle-ci émane d'une certaine prise de conscience, tout comme d'une perception conflictuelle du « mode d'action sur les actions des autres[250] » imposé par l'outil numérique : « on ne résiste pas à ce qu'on ne perçoit pas [...] on ne résiste pas si l'on adhère[251] ». Résister évoque la volonté de ne pas céder, de ne pas rompre, de ne pas se soumettre. Résister, c'est dire non. Défaire est donc une forme de résistance attentive à l'assentiment, une « contre-manœuvre », un « contre-investissement » à la non-perception, et aux *habitus* formés par les pratiques imposées. Mais

---

[248] CASTELLS, M., « Épilogue : L'informationnalisme et la société en réseau », in HIMANEN, P., *L'éthique hacker et l'esprit de l'ère de l'information, op. cit.,* p. 167.
[249] VILLE, I., *René Char, une poétique de résistance. Être et faire dans les feuilles d'Hypnos*, Paris, Presses de l'Université Paris Sorbonne, 2006, p. 316.
[250] FOUCAULT, M., « Le sujet et le pouvoir », *Dits et écrits, op. cit,* p. 1056.
[251] ROUX, D., « La résistance du consommateur : proposition d'un cadre d'analyse », in *Recherche et Applications en Marketing, vol. 22, n° 4,* Aix-en-Provence, 2007, p. 60.

défaire est aussi et surtout « un état motivationnel de résistance », c'est-à-dire une désobéissance volontaire qui libère une énergie mobilisatrice et qui incite à opérer en actes, intervenir et s'approprier, un « état d'activation qui pousse à agir et […] indique la direction dans laquelle l'action doit être dirigée[252] ». Il est question d'une sorte de rivalité qui se vit à la fois comme un jeu et comme une épreuve. Il en résulte un état d'engagement opératoire, une conscience issue d'un parti pris, une riposte instrumentale à l'instrumentalisation de l'outil, un contrepoint normatif, une conduite dans le sens d'un dévoilement, qui incarne précisément le *défaire* comme « un acte résistant » transgressif.

Défaire est donc pour nous une alternative pour tracer des trajectoires indéterminées, comme autant de raccourcis proposant des parcours exploratoires « imprévisibles dans un lieu ordonné par les techniques organisatrices[253] » des systèmes du numérique.

> « *Ces traverses demeurent hétérogènes aux systèmes où elles s'infiltrent et où elles dessinent les ruses d'intérêts et de désirs différents. Elles circulent vont et viennent, débordent et dérivent dans un relief imposé, mouvances écumeuses d'une mer s'insinuant parmi les rochers et les dédales d'un ordre établi[254] ».*

Pourtant, ce à quoi l'on s'oppose n'est pas toujours au-dehors, repérable, identifiable, il nous arrive, avec étonnement, de nous apercevoir que cela « se passe en nous », « à travers nous », en nous

---

[252] GRAY, P., cité par ROUX, D., *Ibid.,* p. 67.
[253] CERTEAU, M., *op. cit.,* p. 57.
[254] *Ibid.*

obstinant à nous faire agir à l'encontre de nous-mêmes. D'ailleurs, résister nous conduit constamment à dominer nos émotions pour rester maîtres de la partie. Le flux incontrôlé, irraisonné de pulsions nous impose à rester calmes, sereins, constants. Car s'il est si difficile de résister, c'est qu'il est très facile de céder : un moment de faiblesse, une erreur de manipulation, une tentation, et tout est à recommencer. La question de la résistance prend alors une autre dimension, celle de l'ambivalence, contenant en elle sa propre mise en cause, résister est alors marquer un arrêt, rester sur ses positions, ralentir, suivre la configuration de la reculade : alternance entre mise en œuvre et retrait, rupture et continuation, destruction et sauvegarde, les termes de la résistance changent d'importance selon les moments. Résister n'est jamais facile. « Résister en créant, créer pour résister. Mais en restant dans le doute. Il n'y a pas de règle, il n'y a que des hasards, des efforts, des dialectiques, des équilibres, des miracles[255] ».

Il s'agit donc d'un rapport de force, non plus des seuls matériaux à disposition. Mais un affrontement des contraintes particulières aux spécificités du numérique, de nous-mêmes, qui en elles-mêmes suggèrent les actions à mener et façonnent les tactiques possibles du faire :

> *« La tactique n'a pour lieu que celui de l'autre ».*
> *Aussi doit-elle jouer avec le terrain qui lui est imposé ».*
> *« Elle n'a pas le moyen de se tenir en elle-même. (...) Elle est mouvement à l'intérieur du champ de vision de l'ennemi[256] ».*

---

[255] NOGUEZ, D., « Le vilain petit cygne », in CAHEN, G. (Dir.), *Résister. Le prix du refus, op. cit.,* p. 102.
[256] CERTEAU, M., *op. cit.,* p. 61.

Le but parfois est de se défaire de soi-même et ainsi de se transformer. L'écart de soi à soi qui en découle est l'espace nécessaire à la réappropriation active des objets. En ce sens, « être contre », résister, c'est accepter que ce soit le terrain qui nous définisse, nous légitime et conditionne une certaine part d'actions. La raison d'être se puise non dans un détachement, mais dans ce à quoi et comment, précisément, on résiste. C'est-à-dire que la résistance en tant que comportement contextuel semble difficilement assimilable à une valeur artistique autonome. L'acte, l'attitude, la posture qu'elle appelle ne le sont que par rapport à une donnée précise et à un contexte identifiable. La résistance n'est donc pas une valeur en soi, mais une valeur ajoutée et incontournable à notre pratique du défaire. En cela, elle est un moyen pour passer du normé à la surprise, du commun à l'insolite, du confort à l'inconfort, du connu à l'inconnu, de la quiétude à l'inquiétude, du repos au choc, du fixe au mouvement, du calme à l'émoi. Elle est ce qui perturbe, surprend, étonne, qui autorise le surgissement de l'inattendu, qui précisément repose sur le trouble.

En d'autres termes, résister est un élan, qui possède la détermination de l'audace. Une dimension qui nous permet d'atteindre des moments de franchissement, des brèches, un élargissement des possibles, une émancipation. Une sortie qui annonce autre chose. Un moment d'émergence où quelque chose éclot, l'ouverture d'une voie, l'arrivée d'une nouvelle aventure, un défi, un risque. Ne jamais se croire arrivé. Un moyen de s'opposer avec une force créative émancipatrice, contre « des forces qui s'agglomèrent et qui cristallisent une autorité qui oppresse les autres[257] ». Il y a une intention nette, qu'il faut avoir

---

[257] TINGUELY, J., cité par MOROSOLI, J., « Tinguely » *Espace Sculpture, vol. 4, n° 2,* 1988, p. 29.

aujourd'hui, plus que jamais, de s'opposer à toutes formes émanant d'un pouvoir qui fait du dirigisme, qui centralise.

Ainsi, défaire dans sa dimension résistante est un moyen d'ouvrir un espace de créativité et d'interprétation à même de créer des surprises là où on ne les attend pas. Où résister est peut-être aussi, d'abord l'acte même de créer. Peu importe à la limite qu'une œuvre en résulte. Ce qui compte est la distraction supérieure qu'elle offre, et le monde parallèle de l'imaginaire qu'elle ouvre. En fait, il s'agit d'une recherche sans fin, au sens où la résistance ne se fixera jamais dans un état de délivrance idéal. Peu importe, d'ailleurs, car c'est le cheminement qui semble compter.

En fait, défaire obéit indéniablement à une exigence à la fois critique et analytique. Il s'agit toujours de *déconstruire, désédimenter, décomposer, déconstituer* des prédispositions, des présuppositions. Défaire est donc inséparable de la disjonction et de la dissociation qui ne commencent qu'avec une résistance, ce que le travail met en question.

Défaire est une formule pour utiliser des ressources « braconnées[258] » d'un numérique insidieusement imposé ; une offensive clandestine pour faire transiter une inventivité dans un répertoire de contraintes détournées à des fins propres : *inventer d'autres manières, opérer des décrochages, créer des disruptions, investir des interdits.*

Instrument d'un projet, subterfuge, stéréotype, défaire pousse à discerner la fonction instrumentale au service d'une intention, d'une improvisation. Que le défaire tienne alors sa place dans une activité de

---

[258] *Ibid.*, p. 61.

création de l'ordre du bidouillage ne dépend non pas tellement du simple fait de démonter, d'établir des tactiques ou de tâtonner, mais de la façon dont ces tactiques se font : *propositions instables et démonstratives, différentes et imprévisibles, liens spécifiques et alternants.*

Il en résulte une tension constante, un étonnement renouvelé qui fait avancer, parfois reculer, vers des propositions insolites intrinsèques à la matière du numérique. Ainsi l'état du défaire est sans cesse en question. Il est un point d'équilibre projeté vers la recherche de l'inédit, tout en se fondant inévitablement sur l'existant et ses préétablis à la formation de sens. Et dans le défaire, l'inédit n'a de sens « qu'en référence à » : comme point d'attache, point de comparaison, point de dépassement. Ce cheminement n'a rien de simple ni de constant, les éléments qu'il engage sont multiples, mobiles et imprévisibles, parfois totalement improvisés, où il est impossible de mener « une action selon un plan[259] ». Quoi que puisse devenir au bout du compte cette tension, elle illustre ce que définissait Gilles Deleuze : « résister, c'est créer[260] ».

---

[259] MCKENZIE, W., *op. cit.,* p. 041.
[260] AUBENAS, F., BENASAYAG, M., *op. cit.,* p. 7.

1.6 Sauvetages

Partir d'un ensemble instrumental préexistant engage une attitude de reprise. Malgré cela, la dimension référentielle nous incite à procéder d'une manière inédite pour fournir un renouveau porteur de sens, conscient de l'origine, mais aussi de sa mise à distance. Étrangement, le rapprochement est une étape nécessaire du défaire, qui oscille entre contournement et reconnaissance, tactique et stratégie, projet et sujet. C'est un terrain qui comporte une dynamique de contraintes mise en jeu par notre irrémédiable attirance pour les déchets du numérique. En cela, notre pratique relèverait d'une culture du débris, archaïque, jouant de la mémoire, quêtant la rencontre d'une temporalité fictive et imaginaire. Nous supposons que cette posture est l'affirmation d'une certaine nostalgie : la recherche de l'autre, qui finalement ne coïncide qu'avec une mémoire rapportée à nous-mêmes.

Reprise

Utiliser le numérique comme un matériau ou en tant qu'objet de notre pratique est comme une métaphore en acte, l'approcher comme une mémoire, un flux en mouvement multiple et fuyant, dynamique de moments, d'affects, de narrations à la limite toujours de notre processus de raisonnement. Il engage un réinvestissement matériel et conceptuel, qui suppose l'usage d'un « déjà-là » tangible à des fins nouvelles.

Le défaire adopte alors systématiquement une attitude de reprise face au modèle référent, mais moins dans l'esprit d'un « reprendre » c'est-à-dire se réenclencher sur, que dans celui d'un « repartir » sur une nouvelle donne. Du plan de montage au temps de l'œuvre en cours, le jeu de la reprise est constant et à toutes les échelles. Elle est une dimension à part entière dans le travail d'investigation qui guide explicitement ou implicitement les décisions de directions : liaisons, matière à, postures et figures.

La reprise permet de questionner la dimension référentielle présente non seulement dans les matériaux exploités dans la manière de les exploiter, mais également dans la formulation proposée. Elle est une sorte de mouvement rétrospectif se fondant sur le préexistant, le disponible, le déjà connu. Reprendre signifie, en ce sens, se saisir d'un matériau antérieur pour « le rejouer en le transformant[261] » : ré-énonciation, auto-référentialité, témoignage, dérivation, détournement.

---

[261] KHIM, C., « *Pop* », in *Art Press n° 304*, 2004, p. 94.

La reprise éclaire le défaire sous la lumière de l'amplification. Amplifier ce qui est touché, ce qui est repris. Elle est une sorte de processus créatif qui prend source dans une attention particulière et une reformulation augmentée de cette attention. Tactique de prédation, elle est aussi un écart, une torsion qui fait que reprendre n'est jamais « rejouer » à l'identique : remettre en scène un travail déjà accompli, parfois en train de se faire. En effet, elle est fidèle parce qu'elle cite, mais admet également la transformation : elle est à la fois révérence et ironie, à la recherche de la secousse produite par le détournement, la force d'invention qu'elle imprime.

Dans notre approche du numérique la reprise est un principe moteur : reprendre à partir des vestiges du numérique, reprendre à partir de morceaux du numérique, reprendre un processus du numérique, reprendre un geste du numérique, reprendre un concept du numérique : reprendre là où le travail de défaire apporte une conscience différente du numérique.

> *« Les réemplois ainsi entendus peuvent être qualifiés de reprises, mot qui condense le sens de « reprendre » et de « repriser », et dit simultanément la capture et la greffe*[262] *».*

Notre pratique opère à la fois dans la capture et dans la greffe. Opération de prélèvement et transplantation. D'une part, la capture, par ce qui est repris en un nouveau champ de tension et qui est déjà chargé de significations : la reprise ne se réalise que dans une certaine conception

---

[262] CRIQUI, J.-P., « Usage du déjà là. Les Moyen Âge de l'art contemporain », *op. cit.,* p. 6-7.

du renouvellement mêlant au mouvement même de son déploiement le ressouvenir et la réminiscence qu'elle porte en elle. D'autre part la greffe qui par le dépiécé, fonctionne sur la rencontre fortuite, souvent inédite de réalités différentes : association d'idées, objets, concepts. Pourtant, notre approche n'est pas de se focaliser sur l'aspect répétitif de la reprise, ni l'idée de recommencement. Mais plutôt sur l'intérêt qu'elle suscite en permettant d'investir une nouvelle idée, essentiellement dans une volonté de ne pas se limiter à un cadre trop resserré qui marquerait le début et la fin de l'entreprise du défaire naissant. La répétition, que la reprise appelle, vise ici autre chose qu'elle-même. Elle souligne une interrogation et prolonge un geste de création. L'exercice de la reprise est alors l'inscription d'une dynamique dans le dialogue. Voire « la démarche inverse, c'est-à-dire partir d'une répétition pour parvenir à la différence[263] ».

À cette seule condition, en cherchant à renouer avec ce qui a été, ce qui est passé, parfois suggérer des figures antécédentes, le défaire poursuit inévitablement la reprise qui apporte une dimension particulière et nostalgique au réemploi. Elle est une posture constructive qui exige une forme d'appropriation comme base nécessaire à la dialectique entre préexistant et nouveau : tout l'intérêt de reprendre « réside dans l'appropriation et la transformation plutôt que dans la réédition[264] ».

---

[263] RAUGER, J.-F., « Remakes américains », *Pour une cinéma comparé, influences et répétitions,* Paris, Cinémathèque Française, 1996, p. 239.
[264] MAIXENT, J., « Un petit tour et puis... re ! », in « *ET RE !* » *Recyclage, reprise, retour, La Voix du regard n°18,* Paris, 2005, p. 5.

> *La reprise « est nécessaire. Le progrès*
> *l'implique. Pour le dire autrement, le progrès est*
> *possible, la reprise l'implique*[265] *»*

Comment ne pas redire ? Ne pas reprendre, ne pas refaire ? Comment ne pas être dans ce que Barthes décrit à propos de l'intertextualité : « tout texte est un tissu nouveau de citations révolues », « plus ou moins tous les livres contiennent la fusion de quelques redites comptées[266] ». On peut aussi supposer théoriquement de toute œuvre ce que Julia Kristeva dit du texte : toute œuvre « se construit comme une mosaïque de citations[267] ». Toute pratique n'est-elle pas un tissu nouveau de gestes révolus, de redites et fusions d'œuvres déjà faites ? Il s'agit peut-être, justement, de retrouver l'ancien dans la formulation inédite, personnelle et signifiante du nouveau, une sorte de pli qu'il est nécessaire d'éprouver pour trouver la bonne articulation : « Plier-déplier, envelopper-développer[268] ». Ce que nous produisons se présente donc toujours comme le dos, l'envers d'une autre œuvre.

Selon Maurice Blanchot, « ce qui importe, ce n'est pas de dire, c'est de redire et, dans cette redite, de dire chaque fois encore une première fois[269] ». Par conséquent il est question de procéder d'une manière inédite pour fournir un « re-nouveau » porteur de sens,

---

[265] Lautréamont paraphrasé : « le plagiat est nécessaire. Le progrès l'implique », in MCKENZIE, W., *op. cit.,* p. 223.
[266] BARTHES, R., cité par SAMOYAULT, T., *L'intertextualité. Mémoire de la littérature*, Paris, Armand Colin, 2001, p. 15.
[267] KRISTEVA, J., *Sémiotikè recherche pour une sémanalyse*, Paris, Seuil, 1969, p. 85.
[268] DELEUZE, G., *Le Pli,* Paris, Edition de Minuit, 1988, p. 168.
[269] BLANCHOT, M., cité par FORERE-MENDOZA, S., « De la citation dans l'art et dans la peinture en particulier », in BEYLOT, P., *Emprunts et citations dans le champ artistique*, Paris, L'Harmattan, 2004, p. 19.

représentatif de l'objectif du défaire. Plus qu'une opération de rupture, ou simplement de remémoration, la reprise implique pour s'accomplir, de transcender le préexistant. Elle « manifeste le désir de se mesurer à une autre réalisation, que ce soit pour lui rendre hommage ou la dépasser, pour la retranscrire ou la démonter. C'est encore pourquoi elle n'est pas une variation, transposition vague et superficielle d'un sujet ou d'un dispositif traité comme un motif, mais sous-entend bien plutôt l'entente avec une façon de faire, l'intelligence de procédés et de particularités stylistiques, quitte à les reproduire pour mettre en valeur, par contraste ou opposition, sa propre facture[270] ». Elle ne se limite pas à développer un antécédent qui contient déjà la suite possible, mais donne par le bidouillage et les tactiques de contournement, une nouvelle existence pertinente ou incongrue à cet antécédent. Ainsi, la reprise se justifie en tant que signe et preuve de réappropriation, et implique en même temps la conscience de l'origine et l'appréciation de sa qualité.

Reprendre est donc à la fois une mise à distance, mais aussi un rapprochement : une « re-disposition » en tant qu'agencement, ou un recommencement en tant qu'un mouvement en avant. Reprendre est proposer un inattendu oscillant entre l'existant et le possible de son déploiement dans les stratégies de questionnement du défaire : trahir, renouveler, interpréter, revitaliser du sens. Un mouvement qui rend indispensable les contradictions « possible-réel » de l'ensemble instrumental, à « l'idéal-réel » du projet, par une articulation qui ne désigne que des points de battement dans le processus référentiel mouvant du contexte interrogé.

---

[270] FORERE-MENDOZA, S., *op. cit.*, p. 26.

Reprendre consiste à tenter « de réunir deux qualités en une unité[271] » où elles demeurent pourtant séparées ; d'un côté saisir rétrospectivement l'attachement au référent, de l'autre la projection de la distance de la reformulation : la ré-appropriation de quelque chose qui était perdu et qui ne pouvait plus fonctionner dans son état précédent. Opérer la reprise consiste alors à choisir des variations significatives qui s'inscrivent dans un questionnement comme un acte nouveau, proposer une figure différente, mais suffisamment proche pour faire sens. Ce qui est repris est aussi là pour être perçu, dans une certaine mise en exergue d'indices repérables. En ce sens, la reprise semble plus de l'ordre de la ré-actualisation, et non simplement réitération. Elle introduit un écart qui instaure inévitablement une distance vis-à-vis du référent, où des jeux de renvois démultiplient les niveaux de sens, mettent en abîme. Elle met à jour son processus de constitution et livre quelques éléments de son propre commentaire.

Reprendre c'est prendre à nouveau, reprendre des objets qu'on à déjà pris dès le début, c'est reprendre à nouveau le trajet de notre pratique, reprendre le temps de la prise, reprendre son origine, prendre à nouveau le scalpel et le bistouri, reprendre ce qui a déjà été fait tout au long de nos essais, prendre à rebours, user d'une gestuelle du défaire, se répéter, répéter à l'envers, partir de ses créations premières, parcourir, déplacer. Dans reprendre il y a cette idée de faire émerger quelque chose qui n'existait pas. Du moins de rester dans un flux de création, quelquefois de s'embusquer, de faire semblant de ramasser quelque chose pour en laisser passer le reste. Ainsi, reprendre est une façon de ne pas casser le fil, même de le renforcer, d'ajouter. Reprendre n'est en rien quelque chose de mécanique. L'appréciation progressive des résultats

---

[271] KIERKEGAARD, S., *La reprise*, Paris, Flammarion, 1990, p. 23.

successifs nous entraîne bien au-delà de ce à quoi nous nous attentions. Reprendre nous permet de considérer le travail comme une interrogation optimiste, la question étant de rendre visible : l'évidence que les objets ne sont pas finis, qu'ils ne sont pas à jeter, à renier, mais qu'il faut oser les prendre, les reprendre ; que peut-être chaque objet déjà repris reste à prendre ? Peut-être qu'en reprenant continuellement ces objets, nous les protégeons de façon définitive de l'effacement et de la fixité ?

Reprendre est donc un point de passage du mouvement de défaire. Parfois son destin est de nier soi-même, et au terme du processus, il y a l'oubli. La reprise est un acte volontaire, un engagement qui joue d'une valeur opératoire oscillant entre contournement et reconnaissance, tactique et stratégie, projet et sujet : elle est « une action dont la signification ressort principalement de l'intentionnalité qui la sous-tend[272] ». En ce sens, la reprise s'apparente à une sorte de tension résonnante à la fois contradictoire et complémentaire permettant de proposer des solutions pour « habiter des formes déjà existantes[273] ». Elle renvoie un questionnement sur l'origine : le référent et la manière de l'aborder ; sur l'originalité : les modalités de mises en œuvre, l'écart et les effets de la distanciation des éléments repris et disposés dans la reformulation ; un jeu entre défection et réfection. Dans ce but, la reprise telle que nous l'envisageons joue de cette valeur d'identification qui participe à l'élaboration de tentatives « auto-transgressives » : faire référence à, porter un jugement critique, détourner, défaire le numérique au moyen du numérique. Le défaire s'attache ainsi à produire une « interpénétration analytique du numérique par le numérique », son devenir comme transparent à lui-même ; la déconstruction y correspond à

---

[272] OLIVESI, S., *Référence, déférence. Une sociologie de la citation,* Paris, L'Harmattan, 2007, p. 10.
[273] BOURRIAUD, N., *Esthétique relationnelle, op. cit.,* p. 115.

une sorte d'auto-analyse. D'une certaine manière tenter que le numérique « assume sa défaite » pour s'affranchir des tyrannies protocolaires, en s'inventant, en tramant en lui-même son advenue du sens, au sens d'une alternative.

Le numérique donne alors non seulement à voir ce qu'il est, mais aussi ce qui le thématise et permet la compréhension dans le défaire : penser la mise en œuvre dans les moyens qui l'ont produite. Et définir le numérique par ses propres constituants revient alors à le remplacer par ses caractéristiques renvoyées dos à dos dans leur matérialité, qui peuvent être manipulées libres de toute hiérarchie. S'énonce ici clairement un défaire qui donne toujours une image du faire : la construction d'objets qui participent tout autant d'une redécouverte du numérique en tant que *matériau,* mis à nu par le bidouillage bricolant.

De cette mise en abîme, découle un travail en mouvement du numérique versatile, rattrapé par l'acte de défaire qui en soi n'est qu'une effraction temporaire, et inévitablement partielle. Un travail qui tisse inlassablement sa toile immense et infinie, où chaque pièce n'est qu'un état d'une production qui taille, ajuste ici ou là, agence, recombine, recherche des complexités diverses. Aussi, il y a dans cette manière d'intervenir une volonté de « transparence » du mode d'union des constituants signifiants, tout comme celui des constituants matériels : le numérique avoue son fonctionnement intime et fait référence « au dehors » de manière visible et intelligible à une histoire du médium en lui-même. Il permet de penser le numérique par les moyens qui ont mis en œuvre son historicité, sa technique, sa normalité, dans le supposé « qu'il ne peut plus seulement être envisagé comme un instrument extérieur à la réalité et la représentation qu'il produit[274] ».

Définir le numérique par ses propres constituants revient alors à remplacer sa cohérence contrôlée, et cela précisément par ses constituants. Un examen qui participe à une redécouverte du matériau numérique et d'une manualité expérimentaliste disparue, pourtant à la genèse de son développement. Il s'agit de questionner son caractère « médiumnique[275] » comme l'explique Sophie Gosselin, cette part inhérente au support, qui porte enfoui en lui des potentialités de questionnements, donnant lieu à des apparitions précisément lors de ces questionnements.

Restes

Monter et démonter le numérique, c'est opérer entre défection et reprise, c'est la question de la prise en compte par le numérique de sa propre mémoire. Il nous semble cependant que le travail du numérique réside moins dans la réparation d'une perte initiale, dans la reconstruction, que dans un travail des raccords qui a quelque chose d'une conciliation, d'une rencontre. Cette conciliation est aussi la refonte, la jonction en un nouvel ensemble, toujours différent, unité toujours différée, de pièces qui sont faites pour être explorées. Ces opérations entre décalage et refondation apparaissent à la fois comme une mise à

[274] GOSSELIN, S. (Dir.), *Poétique(s) du numérique*, L'Entretemps éditions, Montpellier, 2008, p. 14.
[275] *Ibid.*, p. 15.

l'épreuve du numérique, toujours déjà périmé, et comme un attachement perméable à sa mémoire. La décrépitude commence à l'instant où un nouvel objet numérique est sorti de son carton, jusqu'à la constitution d'un vaste cimetière de dispositifs dont on ne sait que faire. Le matériel est renouvelé plus rapidement qu'il n'est défectueux et détruit. Le plus souvent, les dispositifs sont trop obsolètes pour être revendus et réutilisés, mais encore suffisamment opérationnels pour ne pas être jetés, alors on garde au cas où, puis on jette, on donne, on entasse ailleurs.

> « *Le travail de penser et dire l'art ou son vestige, est lui-même pris, tissé, d'une manière très singulière, dans le travail lui-même. En chacun de ses gestes, l'art engage aussi la question de son « être » : il quête sa propre trace[276]* ».

Faire et défaire la mémoire du numérique, c'est faire et défaire une figure du numérique, « quêter la trace » du numérique, comme le dit Jean-Luc Nancy. Aborder le numérique est alors l'aborder comme une substance multiple, une substance en mutation, entre réfection et défection, dans une pratique porteuse de signification.

Notre pratique relèverait d'une « culture du débris[277] » faite à partir du trop-plein déprécié, de l'indigent, du jetable, du mauvais matériau, que nous tentons d'arracher momentanément à l'inexorable anéantissement. À l'uniformité de l'objet produit en série, nous préférons, opposer la singularité du déchet façonné par la vie et le temps. Nous

---

[276] NANCY, J.-L., *Les Muses*, Paris, Galilée, 1994, p. 137.
[277] CHOAY, F., à propos de l'exposition *Le Plein* d'Arman, dans « Lettre de Paris », *Art International, vol. IV, n°9*, 1960, p. 36.

affectionnons la confrontation, l'âpreté des matières, les invendus, les objets qui n'ont pas trouvé le désir, ceux qui sont mal foutus, cassés, minables, décalés, en contrepoint, humbles. On construit, on déconstruit, on reconstruit. De là se dégage une pratique impure, une sorte de célébration du périssable, du mal fait, qui s'élabore à partir d'objets de rebut qui confèrent aux réalisations un rôle supplémentaire de témoin, d'objet-mémoire apte à une certaine ouverture : « Seul le mauvais matériau, utilisé de la mauvaise manière, vous donnera le bon tableau, en le regardant par le bon angle. Ou le mauvais angle » disait Kurt Schwitters[278]. Par la récupération nous discernons une valeur intentionnelle de préserver les traces du passé. Par la construction et la déconstruction une volonté de constituer un présent à l'objet. Par le témoignage signifiant que représente l'œuvre, un prolongement, une continuité. Sans doute est-ce un moyen de « séculariser la relique en étendant son champ d'application et en revendiquant pour elle un caractère fictif[279] ». En cela, les restes ouvrent en nous un espace imaginaire, ou pour être plus juste, un temps imaginaire que nous mobilisons et qui cultive cette attraction. C'est la présence marquée d'une absence, insaisissable, trop tard, toujours déjà dépassée, en train de disparaître qui semble nous interpeller : un temps décomposé, écartelé que l'imagination « remonte[280] ». Peut-être est-ce une poursuite de ce qui n'est plus ? Considérer les restes nous amène à imaginer ce qui ne sera plus, indice de l'impermanence du devenir matériel, tragique, inéluctable. Est-ce en cela que les restes deviennent pour nous des outils opérants ? Ces déchets, peut-être parce qu'ils conservent en eux la notion d'abandon, d'oubli, nous paraissent plus amicaux, plus sensibles et plus libres d'une manière intime et secrète : plus que tout autre, ils ont des

---

[278] SCHWITTERS, K., « Merz », Art et temps, Paris, 1926, p. 145.
[279] DIDI-HUBERMAN, G., L'empreinte, Paris, Centre Georges Pompidou, 1997, p. 232.
[280] DIDI-HUBERMAN, G., « Montage des ruines. Conversation avec Georges Didi-Huberman », Simulacres, « Ruines I », n°5, 2001, p. 8-17.

choses intérieures à nous dire. Une chose intangible, une force « archaïque » indiscutable, produisant l'étrange sentiment de toucher du regard un temps lointain qui nous est propre. C'est certainement parce qu'ils gardent en eux l'impression brute qui nous a subjugués, la résonance intime, l'attraction première qui a piqué notre curiosité. En cela, ces objets, malgré leurs infirmités, persévèrent à représenter, à suggérer, à conter : on peut y voir une forme de générosité, qui par le truchement de l'emploi artistique, offre l'ouverture à la dimension d'évocation. Pourtant, il se peut que les déchets ainsi compris puissent se résumer à un rapport au temps qui nous inclut par éloignement, un fictif nous aidant à spatialiser notre pratique : une réalité personnelle porteuse de situations dont la signification ne se donne pas *a priori*, mais se révèle progressivement, par à-coups.

Par ailleurs, « la prédilection pour les choses usées plutôt que pour les choses à peine sorties d'usine naît de cette conviction qu'il ne faut pas forcément adopter tout ce qui est flambant neuf, ni rejeter, de ce fait, tout ce qui est usé », écrit Guido Viale. Il ajoute : « les déchets représentent un véritable univers complexe et symétrique au monde des marchandises, à savoir un monde qui, au-delà du miroir dans lequel la société de consommation aime se refléter et prendre conscience d'elle-même, nous restitue la vraie nature des produits qui peuplent notre vie quotidienne. […] Les déchets sont un immense gisement d'informations de grande valeur […] les déchets sont un document direct, minutieux et incontestable concernant les habitudes et les comportements de ceux qui les ont produits, au-delà même de leurs propres convictions ou de la perception qu'ils ont d'eux-mêmes[281] ».

---

[281] VIALE, G., cité par VERGINE, L., *Quand les déchets deviennent art. Trash rubbish mongo*, Milan, Skira, 2007, p. 11-12.

En cela, les utiliser dans notre recherche correspond à une espèce de seconde chance. Le geste du glanage et l'intérêt de la beauté cachée nous ouvrent les voies d'une redécouverte faite de matériaux que d'autres considèrent comme *bric-à-brac, camelote, pacotille, immondices, dépotoir, ordures, saletés, cochonneries, crasse*, mais qui sont de véritables gisements d'idées.

Ces résidus sont les témoins de désirs antérieurs : histoire de la perte, mémoire, trace, nécropole. Mais également le vecteur d'un attachement émotionnel passé au présent, que nous ravivons lorsque nous les récoltons, nous les retrouvons, nous les sauvons, nous les exhumons. Les conserver et les *re-proposer* serait comme une possibilité de connaître, *re-connaître* des expériences passées, celles qui ont déjà été vécues et qui entretiennent toujours un rapport intime et mémoriel dans les nouvelles dispositions que nous proposons. Une manière de soustraire et d'additionner du sens aux choses, « d'animer des restes[282] ». D'une certaine manière de travailler sur des vestiges, des signes de dissolution qui se donnent paradoxalement dans la pratique comme motif à une « mémoire d'un oubli revendiqué[283] ». Une manière de prétendre qu'il nous importe peu de reproduire des figures du passé, mais plutôt des configurations où s'interpénètrent des objets passés dans un présent peut-être « anachronique » : une conjonction du faire qui devient la nouvelle origine. Ces restes, ou ce qui fait office de restes, se constituent alors en archive nous permettant la résurgence d'un passé hypothétique au présent, introduisant des espaces virtuels ouverts sur de multiples temporalités[284]. Les employer nous permet de figurer à la fois l'état de délabrement, mais aussi le signe d'une rupture avec le passé, un

---

[282] TINGUELY, J., cité par BERTOLINI, G., *op. cit.*, p. 73.
[283] DIDI-HUBERMAN, G., *Ce que nous voyons, ce qui nous regarde, op. cit.*, p. 154.
[284] HABIB, A., *L'attrait de la ruine*, Liège, Yellow Now, 2011, p. 63.

sentiment d'étrangeté et de détachement fait de traces mnésiques nouvelles : le témoignage de l'aventure d'un regard, portant en lui simultanément le passé, le présent et l'avenir. Un regard qui suit l'errance, la traversée pour produire du lien, de nouvelles intrigues, de nouvelles histoires qui dépendent d'une mémoire qui ne se révèle qu'en se désagrégeant, qui rend visible en disparaissant. Une mémoire que nous façonnons et qui n'existe pas.

C'est pourquoi ces ordures du numérique sont pour nous une sorte de langage. Récupérer et conserver ces déchets, essayer de les garder, de les faire survivre en les arrachant au vide, au néant, à la rétractation et la dissolution à laquelle ils sont destinés, c'est rendre visible le visage tragique de la marchandise et de l'obsolescence, incarné par ces objets devenus « indignes » et inexploitables, voués à la dégradation, à la décomposition. C'est d'ailleurs ce qui nous pousse à forcer cette « décomposition », pour nous demander ce qu'il y a dedans, comment c'est fait, comment ça fonctionne. Jeter un objet, quand celui-ci ne marche plus, ou pire quand il marche encore parce qu'il est « périmé », semble une caractéristique invariable du numérique, d'autant qu'il est défendu d'ouvrir pour « voir comment ça marche » même après usage. D'objets neufs et convoités, ils deviennent matière encombrante et répugnante.

Se servir de ce matériau de seconde main, dévoile les objets tels des dépouilles tronquées et lacunaires dans leurs rapports à la perte. La signification repose sur le rejet, sur la perte de la séduction initiale, des fonctions symboliques synonymes de performance, en tant que marchandise du numérique. Débarrassé de ses fonctions, l'objet déchu acquiert soudainement un statut d'altérité. Ayant perdu le prestige de sa matérialité inaugurale, il est différé comme nostalgie que la représentation convoque, par une réactivation de notre conscience individuelle. Ainsi, l'objet rejeté et abandonné, « laissé pour mort », traduit le délaissement qui sera rompu par un dialogue d'hybridité, ouvert aux signes d'une altérité vouée à la perte, à la déformation. Une sorte de réification, de « reviviscence[285] » comme l'indique François Dagognet, qui se constitue dans nos agencements méticuleux ou branlants, en discours visuels, techniques, artistiques, par notre regard-bistouri qui force la réouverture. Cet événement qui apparaît et s'efface dans un kaléidoscope d'activités associe à « tous ces objets dont on ne veut plus, déclarés inaptes à la consommation, amputés en somme de leurs clartés sociales[286] » un nouveau statut mémoriel intermédiaire, dans les greffes insolites ou désuètes que nous mettons en œuvre.

Ils vont constituer une œuvre de mémoire ne dissimulant pas l'origine. Il s'agit d'une mémoire proche, intime, faisant corps avec les gestes qui la révèlent. Une mémoire qui s'exprime par révélation, par réinvention, par sublimation des débris, une mémoire représentative, alimentée par ces vies antérieures propres à chaque matériau, une mémoire qui n'existe que par l'acte fondamental d'appropriation et de revendication de cette réappropriation : une mémoire « qui réside dans la capacité de détruire les choses afin de les réintégrer sur des bases nouvelles - rompant avec la tradition pour mieux renouer avec elle d'un point de vue entièrement nouveau - et de susciter de la sorte des *revivals* au véritable sens du terme[287] ». Cela caractérise le surgissement et l'intrusion de cette mémoire dans le faire qui l'institue inévitablement comme reprise ou ré-expérience. Les objets que nous produisons ne

---

[285] DAGOGNET, F., cité par BERTOLINI, G., *op. cit.,* p. 26.
[286] CASTILLO DURANTE, D., *Les dépouilles de l'altérité*, Montréal, XYZ Ed., 2004, p. 155.
[287] CRIQUI, J.-P., « Usage du déjà là. Les Moyen Age de l'art contemporain », *op.cit.,* p. 11.

tiennent donc ni à une nouveauté absolue, ni à la prétention d'un retour aux sources. Peut-être un peu des deux, dans une sorte de désorientation où nous ne savons plus exactement ce qui est devant nous et ce qui ne l'est pas, ou bien si ce vers quoi nous progressons n'est pas déjà ce préexistant duquel nous sommes dépendants. Néanmoins, l'histoire qu'appelle cette mémoire ne suit plus une structure narrative cohérente, et se dissipe dans le pluralisme de la pratique détournante. Tenir compte de cette charge mémorielle, c'est également accepter l'idée d'art comme un acte au présent. Nous refusons en effet à envisager notre pratique d'un point de vue strictement historique, évitant les filiations et préférant la découverte subjective et quotidienne, individuelle, hasardeuse. Étrange adéquation à l'actuel : densifier l'instant, inventer des « formes de consommation du moment[288] », tel un remue-ménage qui précède l'impossible visée d'une solution de continuité.

Nostalgie

Nous souvenir, réactiver des restes du numérique n'est pas « régresser ». Ressaisir d'anciens éléments obsolètes, des images et des modèles antérieurs pour les exploiter, les restituer, les questionner nous semble une démarche cohérente nous ouvrant *à l'autre, à faire autre, à fonctionner autrement.*

Ouvrir nos sens à *l'autre*, sans censure, sans raison apparente, c'est laisser venir des détours, des passages par *l'autre*, qui sont

---

[288] MASSÉRA, J.-C., *Amour, gloire et CAC 40*, Paris, Editions P.O.L., 1999, p. 64.

indispensables pour que soient possibles des retours aux origines, que les réalisations soient des événements originaux. C'est une manière de saisir ce qui demeure au présent dans les objets et les images passées. *L'autre* est ce qui active la dynamique des souvenirs, ce qui sollicite les sources à venir, ce qui autorise les ondulations de l'effacement, de l'oubli et des rappels, des références à jaillir et à disparaitre. Le vécu et la mémoire des matériaux sont pris en compte, produisent un effet de réel et gonflent la forme d'un récit présumé. Il est donc ce qui offre à la puissance de l'origine les conditions pour actualiser les formes figées des restes, les arracher des décombres, de la désintégration programmée.

L'autre est toute chose ou tout événement capable d'activer nos sens, et par là de heurter notre mémoire, tout ce qui est concrètement là, tout autour de nous, et qui peut se mettre soudainement à nous interpeller, à nous enlever de l'indifférence en sollicitant nos sens. *L'autre* est ce qui semble subrepticement et soudainement posséder une intensité qui se révèle tout en se perdant, en activant ou désactivant un quelque chose de fondamental qui, jusque-là, semblait inexistant. *L'autre* est tout ce qui détient ce pouvoir de fascination, ce qui nous interpelle en sollicitant nos capacités d'oubli ou de rappel.

La rencontre de *l'autre* est ce « qui secoue la mémoire, déclenche le processus de création et par là rend possible le déploiement de l'origine ». À chaque rencontre de *l'autre*, l'artiste « se laisse envahir par des remontées de souvenirs longtemps ourdis dans sa mémoire. Il laisse ses intarissables sources d'énergie venir, fluer et refluer, afin d'alimenter et dynamiser son présent, et d'ouvrir son futur…[289] ».

L'autre est ce qui s'interpose. Il fonctionne comme un média capable d'apprivoiser nos instincts créateurs, nos désirs du faire. Ce qui nous manque, en lui, s'exprime et se résorbe. D'un défaut il fait une présence. Il change une perte en trouvaille. Il montre en dissimulant. Il invite à entendre la mémoire non comme une réserve ou un stock, plutôt comme une collection de caches. Une collection d'oublis plus que de souvenirs. Il évolue au fur et à mesure et construit, palier par palier, une identité imprévisible qui émerge progressivement. « Le commencement est peut-être oubli » nous indique Gilbert Lascault : « Peut-être même croit-on commencer, au moment où l'on recommence perpétuellement la même chose[290] ». L'autre est donc ce miroir qui éveille notre mémoire, qui donne l'impulsion au processus créatif, qui fait que les restes exploités sont irrigués par les restes de notre mémoire, pour en faire une pratique, une apparition de faits plastiques singuliers : *chaque trouvaille, n'est en fait que retrouvailles.*

Qu'il s'agisse de réactiver la mémoire du numérique par ses restes, de réactiver la mémoire nous confrontant à nous-mêmes, ou encore prendre en considération ce qui en est fait - et défait - dans la pratique, dans la recherche de *l'autre*, ou dans la forme et la matérialité des arrangements achevés, notre activité semble empreinte d'une part de nostalgie.

Échos lointains, lointaines réminiscences, retours aux sources, la

---

[289] RACHDI, M., *Art et mémoire. L'invention de l'oasis natale*, Paris, L'Harmattan, 1999, p. 23.
[290] LASCAULT, G., *Faire et défaire, op. cit.,* p. 38.

nostalgie rend la conscience du contraste entre passé et présent, entre présent et futur. Il s'agit d'une conscience soucieuse qui porte l'inquiétude du nostalgique : « le nostalgique est en même temps ici et là-bas, ni ici ni là, présent et absent, deux fois présent et deux fois absent[291] ». « L'homme nostalgique voudrait redonner vie au fantôme du souvenir, compléter cette insuffisance, ressusciter la présence[292] », dans une alternance du « déjà-plus » et du « trop-tard ». La nostalgie est une réaction contre l'irréversible, le passé contre le présent.

Ainsi, la réutilisation que nous mettons en œuvre avec tous ces objets repose non seulement sur la modification, mais aussi sur le mouvement. L'objet est déplacé : il est en mouvement d'un état à un autre et aussi d'une culture à une autre. La modification lui permet de se dégager d'un système signifiant pour se mettre en connexion avec d'autres issues possibles. En fait, le sens ne semble plus strictement relever du passé ou du présent, ni de la mémoire et de l'oubli. Plutôt relèverait-il d'un état en devenir. L'objet contient en lui-même potentiellement toutes les variations, intersections, réunions : il est disponible à un réinvestissement présent.

Pourtant, malgré cela, s'agit-il pour nous de revenir sur les traces d'un passé révolu, de prémisses anachroniques d'une jouissance impossible ? Ou bien sommes-nous à la recherche d'une perte que rien ne viendra jamais assouvir ? Jusqu'à présent, du moins consciemment, nous n'avons jamais ressenti un quelconque sentiment de regret qui aurait suscité un intérêt obsessionnel ou une sensation de dépossession. Peut-

---

[291] JANKÉLÉVITCH, V., *L'irréversible et la nostalgie*, Champs essais, Paris, Flammarion, 1974, p. 346.
[292] *Ibid.*, p. 373.

être sommes-nous nostalgiques, par goût d'un certain esthétisme, ou par notre affection des vieux objets ; pourtant, c'est probablement plus lié à quoi nous aspirons, plutôt qu'à un déjà vécu. Notre posture est donc aux antipodes de la définition pathologique préoccupée par la recherche d'un espace-temps révolu. Une nostalgie qui correspondrait plutôt à une jouissance future, sous-tendue par d'agréables souvenirs passés ou inventés par la matériologie même des éléments en jeu, par l'approche bricolée. Il s'agit non pas de se détourner, mais bien au contraire, de travailler le présent avec la richesse du passé, voire d'un passé imaginaire fantasmé, pour qu'adviennent des événements nouveaux dans notre parcours exploratoire.

Une nostalgie, dans le sens de Xavier Tilliette, qui indique qu'elle « n'est pas forcément le fait d'une disposition d'esprit taciturne et mélancolique, des débris du passé recueillant tout vestige […]. La nostalgie peut aussi être actuelle, obsession créatrice, énergie des recommencements, départ dans l'affection et le bruit neuf[293] ». Il ne s'agit donc pas d'une quête de fidélité, ou de restitution d'un déjà vécu, mais bien une mémoire double, celle qui se forme dans le voyage et la rencontre de l'altérité, celle toujours projetée vers un avenir fuyant, « celle des souvenirs, et celle qui n'a pas eu lieu, pas encore, encore pas[294] ». Une nostalgie qui n'implique pas une suspension du mouvement par la réflexivité de la pensée, mais une plongée momentanée en soi, une « auto-stimulation », une micro-introspection, où son surgissement indique une situation, un environnement, une sollicitation propice à son apparition. Un phénomène de l'ordre d'un mécanisme adaptatif et intentionnel, appelant un regard idéalisé qui repose sur une

---

[293] TILLIETTE, X., « Rapsodie concernant l'origine », *Corps écrit, n° 32,* P.U.F., Paris, 1990, p. 4.
[294] SIBONY, D., *Entre-deux. L'origine en partage*, Paris, Seuil, 1991, p. 307.

re-mémorisation sélective et personnelle d'un faire atypique en train de se faire plaisir.

La nostalgie n'est évidemment pas une démonstration, ou encore moins un motif invariable de notre travail, pas même une explication, tout au plus une excuse, voire un prétexte. Peut-être une raison sans raison apparente, qui se rapporte à elle-même : « la cause est contradictoirement l'effet de son propre effet, et l'effet la cause de sa propre cause[295] », une sorte de question qui répond à sa propre question.

La nostalgie semble donc un ingrédient opératoire, parce qu'elle n'est pas guidée par la perte, que son objet justifierait aussi bien le sentiment contraire, parce qu'elle est elle-même la cause de sa propre cause, parce qu'elle est à la fois la cause et l'effet. Elle appelle une mémoire qui ne se rappelle pas, une mémoire prospective, sans frontière franche, une mémoire que l'on ne pourrait appeler - épeler -, qui, alors même qu'elle ne saurait se passer du passé, transfigure les retours en élans créatifs, agitations, tourbillons, en nouvelles investigations : l'altérité ne connaît que le changement.

Le véritable objet de la nostalgie n'est ainsi pas l'absence opposée à la présence, ni le passé rapporté au présent, mais un cheminement vers un état de soi endormi, distant et insoupçonnable, qui surgit, s'agite, qui nous met à l'écoute attentive, s'intercale : « Je vis ces objets-là plus que je ne les vois. Je crois que j'en reçois les bruits plus que je ne les vois, ne les touches, ne les conçois. J'entends sans frontières franches, sans deviner de source isolée, l'ouïe intègre

---

[295] JANKÉLÉVITCH, V., *op. cit.*, p. 356.

mieux qu'elle ne peut analyser, l'oreille sait perdre ses comptes. J'entends, certes par l'oreille, rocher, tympan et pavillon, mais aussi de tout mon corps et de toute ma peau. Nous sommes plongés dans le son tout autant que dans l'air et dans la lumière, nous sommes roulés sans vouloir dans son tourbillon. Nous respirons le bruit de fond, l'agitation […]. Le bruit de fond est fond de notre perception, sans aucune interruption, il est notre nourriture pérenne […] il est le résidu[296] ». C'est dans ce bruit de fond de la mémoire que la création peut avoir lieu. Un état qui intervient dans les situations foisonnantes de nos expérimentations, qui apparaît dans les moments de concentration demandant un engagement absolu, absorbant, du faire venir. Ce sont parfois les éléments les plus insignifiants, les plus quelconques qui éveillent inexplicablement en nous cette nostalgie mise à l'épreuve, consommée, consumée, détruite, mise en œuvre par une mémoire double, existante et inexistante à la fois, imaginaire :

> « *On va chercher loin la possibilité de se rappeler. La mémoire est là-bas, car là-bas est l'image du lieu étrange où notre mémoire s'est perdue ; en deçà de l'oubli où elle a commencé. Une sorte d'origine des temps. Le voyage comme dépliant de la mémoire - la mémoire, repli de tous les voyages possibles. […] l'objet du voyage est de faire émerger l'entre-deux où nos rencontres avec l'autre, avec la mémoire, puissent se passer […] on y rencontre rien moins que ses épreuves de vérité, ses points de faillite infaillible […] d'autres départs impossibles et des partitions infaisables ; d'autres*

---

[296] SERRES, M., *op. cit.*, p. 22.

parts de nous même[297] ».

Il s'agit probablement d'un besoin d'ancrer notre pratique dans la réalité même où nous évoluons, tandis que nos réalisations se construisent de manière fictionnelle, en recourant à une nostalgie où l'absence et la perte sont nulles et non avenues, nulles et jamais advenues, inexistantes.

---

[297] SIBONY, D., *op. cit.*, p. 306-307.

1.7 Appropriations

Notre recherche semble se situer du côté de la distanciation, du prélèvement conjoint au réinvestissement personnel. Une position qui ressemble à un dialogue, une écoute de l'expérience plastique qui reste en éternel projet. Dans leurs finalités, les œuvres ne sont que des processus avortés, marquant la limite d'une appropriation définitive jamais atteinte. De ce constat, nous supposons que défaire s'impose comme « pratique et théorie de cette pratique », entre art de dire et art de faire. Une manière d'œuvrer en constituant le matériau de l'œuvre lui-même. L'appropriation est ainsi vécue comme un processus actif, un acte volontaire, conscient de son engagement. Un processus dans lequel on agit et réagit et qui par conséquent nous agit. Il nous inscrit dans une relation dynamique où travailler c'est être travaillé par ce que nous questionnons : ici même se trouve l'inspiration. Défaire, détourner, s'approprier, c'est donc être dans l'expérience, dans un processus d'expérimentation : notre activité telle une traversée.

Défaire

Nous avons tenté de décrire le geste du défaire par rapport au bidouillage, dans la mesure où, d'un état à l'autre, d'une étape à l'autre ou plus simplement d'un élément à un autre, le défaire est pour nous ce qui raccorde les éléments entre eux.

> « L'acte est transitif, il veut seulement susciter un objet, un résultat : le geste, c'est la somme indéterminée et inépuisable des raisons, des pulsions, des paresses qui entourent l'acte d'une atmosphère[298] ».

Ce qui dans le bidouillage apparaît comme une pensée en acte, s'avère le prolongement du geste. Le numérique ainsi questionné, s'écarte de l'ustensilité première, au profit d'un trajet exploratoire dont l'intentionnalité s'estompe au profit de raccords signifiants. L'enjeu est de « produire le lieu d'un surgissement de l'inattendu, de l'indéterminé, de l'événement, un lieu spectral ; [...] le lieu d'un possible danger, d'une possible dérégulation[299] ».

Ce ne sont pas les seuls effets produits qui nous intéressent, mais les mouvements tactiques des gestes sélectifs, rétroactifs, altérants, stratégiques, qui permettent d'en arriver là. Les raccords factuels « d'une disruption liaisonnante[300] » à partir de la matière, et qui nous renseignent

---

[298] BARTHES, R., *L'obvie et l'obtus*, Paris, Seuil, 1982, p. 148.
[299] GOSSELIN, S., *op. cit.,* p. 15.
[300] *Ibid.*

sur la transformation des données du numérique.

Un geste qui émane de la combinaison des manières de défaire, de composer, de mettre en lien, d'investir un espace, de provoquer des rencontres. Il s'agit de ce mouvement oscillatoire entre signifiants et signifiés dont parle Alain Gleizes : « les figures s'enchainent, se lient, se mettent en marche dans une direction choisie selon un mode qui leur donne une destinée commune[301] ».

Pour paraphraser les propos de Max Ernst, « ce n'est pas la colle qui fait le collage[302] », on pourrait avancer que dans notre pratique, *ce n'est pas l'objet qui fait l'objet de la recherche*. Nous voulons dire que, l'objet en tant que tel, autarcique, n'est peut-être pas le propos essentiel, mais c'est la valeur de la mise en œuvre de son investigation du détournement et de la réappropriation du défaire, qui est à même de provoquer l'important.

Défaire possède ce « dé- » dont se constitue *dé*couper, *dé*placer, *dé*composer, cette brisure de *dé*monter, ce désordre de *dé*ranger, cette destruction de *dé*coller, cette attaque de *dé*tourner : défaire c'est détourner, c'est s'approprier.

Il s'agit non seulement de s'approprier le numérique, mais aussi « approprier » le numérique à être défait : en faire « une chose » appropriable. Le considérer comme une chose, une chose qui autorise le

---

[301] GLEIZES, A., *Puissance du cubisme*, Paris, Présence, 2003.
[302] ERNST, M., cité par LASCAULT, G., « Le marieur d'images », in *Beaux-Arts n°64*, 1989, p. 6.

jeu, une chose qui impose sa propre règle du jeu, et dans laquelle la seule fuite possible est de tricher, manipuler, conspirer, défaire le jeu. Défaire est une diversion, un divertissement, qui donne l'occasion de s'exprimer. Une formalisation qui semble se situer à la lisière du monde des objets et de celui des idées, dans le sens des choses dont parle Pierre Compas :

> « Des choses, non plus nommées, renvoyées à leur réalité propre, mais ramenées à leur quintessence ; la chose est un objet délivré : transcendant l'utilitaire, la fonction ou l'instrument, elle n'est plus livrée à son emploi, mais élevée à ses énigmes, au plaisir d'être là, mais élevée à ses énigmes[303] ».

Pourtant, ouvrir la boîte noire qui circonscrit, implique, enveloppe, ensevelit, l'univers magique et énigmatique du numérique n'est pas une fin en soi. Il demeure indispensable d'en désacraliser les éléments et d'en subtiliser des propositions de l'emprise des « imaginaires[304] » imposés : soustraire, jouer, *se jouer de*.

> « Considérer les choses comme un jeu. C'est-à-dire mettre des pièces sur la table et essayer de les combiner, de les manipuler ou de les permuter pour trouver de nouveaux dispositifs[305] »

---

[303] COMPAS, P., « Le parti pris des choses », *op. cit.,* p. 152.
[304] DA SILVA, J. M., *op. cit.,* p. 19.
[305] SCHWABSKY, B., *Vitamine P, nouvelles perspectives en peinture*, Paris, Phaidon, 2004, p. 8.

L'appropriation permet de dépasser l'usage servile du mode d'emploi, par une mise en jeu de la déviance : « chosifier » le numérique, réifier le numérique. La finalité n'étant pas de faire fonctionner le numérique, mais d'en proposer un fonctionnement autre. L'exploiter avec ruse pour un service créatif altérant et alternatif qui n'a rien à voir avec l'effort d'ingénierie initial : il faut *jouer avec* et « il faut brouiller les cartes[306] », *battre le numérique à son propre jeu, le mettre en jeu, le déjouer.*

Si le potentiel du détournement permet de braconner un usage inattendu, interdit, il est aussi celui de propositions instables dans un espace « ludico-critique ». Il est une accumulation de décisions bidouillées, d'essais tactiques, d'erreurs de parcours, de prises de conscience, comme autant de tentatives de *re-prise* de contrôle sur le nivellement bienveillant du numérique soigneusement organisé.

Il y a comme une volonté de provoquer un déraillement, une sorte de « manque de contrôle contrôlé[307] » dont parle Michel Serres, une espèce de dévalorisation favorable à la valorisation de nouvelles valeurs :

> « *Une nouvelle recherche (...) ne peut se baser sur les chemins consacrés, même sans les réviser point par point, pour construire une réflexion propre basée sur les idées semées par les pionniers. Dans ce sens, tout est copie, mauvaise copie, déformation, distorsion*

---

[306] COUPERET, F., cité par BAZZOLI, F., *Vertige de la connaissance : Art contemporain et sciences humaines*, Bruxelles, Images en manœuvre, 1992, p. 67.
[307] SERRES, M., *op. cit.*, p. 48.

appropriation, détournement, adultère et soupçon[308] ».

Défaire renoue ainsi avec la dimension appropriative du vol, de l'usurpation, de l'escroquerie et de la falsification : ravir, s'emparer, s'attribuer, trafiquer, falsifier, capturer.

Même si cette dimension est présente dans nos manières de questionner, ou nos tactiques opératoires, notre démarche se situe du côté de la distanciation, du prélèvement conjoint au réinvestissement personnel, de l'emprunt voire de l'imprégnation. Il s'agit alors au contraire, d'un dialogue, d'une écoute, d'une expérience. L'appropriation est à entendre de ce point de vue comme une rencontre, une réflexion, une analyse débouchant sur du singulier. C'est-à-dire assigner au détournement un potentiel poétique pour se soustraire des caractéristiques normatives et cloisonnées mises en échec : « désactualiser la fonctionnalité pour trouver la spontanéité irruptive[309] » du défaire.

Ainsi, *défaire, déstructurer, démonter, déconstruire, déjouer, délivrer, déstabiliser, démembrer, débanaliser, débaptiser, débarrasser, débâtir, débloquer, débrider, débrouiller, décaler, décoder, découvrir, décrédibiliser, décrire, décrypter, décupler, dédoubler, défaillir, défausser, défavoriser, dégrader, démasquer* apparaissent comme autant de synonymes et de pistes pour éprouver le numérique.

Défaire est un composant essentiel du processus d'investigation, relevant d'un engagement actif à solliciter l'origine et les origines des

[308] DA SILVA, J. M., *op. cit.,* p. 17.
[309] OTTAVI, J., « Hacker le langage », in GOSSELIN, S. (Dir.), *op. cit.,* p. 133.

systèmes des objets, des référents, sur la distance et la proximité de ce qui sépare l'œuvre de son antérieur : produire un savoir opératoire et une réflexion méthodologique sur le numérique. Comme le souligne Jean-Louis Schefer, en tant que pratique, il est le moyen de faire qui ne s'exploite qu'à la condition d'interroger les origines, voire la perte d'origine pour « inventer son propre prospect d'infini[310] ».

De ces origines comme point de référence, défaire est aussi en recherche de construction de sens par la déconstruction et la production de non-sens. Du non-sens comme ingénierie, le « dé- » comme paradigme d'un objet, comme une manière de reprendre le contrôle et jouer. Redoubler, faire vibrer la mise en abîme, comme un brouillage accepté, nécessaire, inévitable. La norme y est la métaphore, le modèle le canular, le mythe et l'anecdote, sur un fond d'inventaire technique et historique dont l'objectif est de produire un « désarrangement » avec des réalisations de l'ordre du « désœuvrement[311] ».

Il s'agit d'un processus « d'implémentation[312] » consistant à appréhender de façon active le défaire, par opposition à l'exécution initiale. C'est-à-dire ce qui permet à l'œuvre de fonctionner. Or, une œuvre fonctionne dans la mesure où elle est comprise, ou simplement quand elle affecte d'une manière ou d'une autre la perception. Ici, la surprise et le sourire sont souvent l'objectif à atteindre, entre intention didactique et intention purement ludique ou ironique : *mettre en « dérision »*.

---

[310] SCHEFER, J.-L., « Comment répondre ? Fréquentation de la peinture », *Où est passé la peinture, Art Press Hors-série n° 16*, 1995, p. 87.
[311] BLANCHOT, M., *L'Entretien infini*, Paris, Gallimard, 1969, p. 613.
[312] GOODMAN, N., *L'art en théorie et en action*, Paris, Gallimard, 1996, p. 54.

L'orientation est souvent de se laisser aller aux sollicitations du terrain et des rencontres qui y correspondent, pour y ressentir un certain sentiment d'exploration d'un numérique alternatif, qui reste à prendre, à coloniser par nos itérations transgressives. En cela, chaque objet est une sorte d'hommage à lui-même, à une idée, un concept, un principe, un système, passé au crible du défaire et candidat à l'auto-transgression et à l'autodérision qui concourt à faire émerger une dimension critique. Brassant des données multiples, ces développements expérimentent des rapprochements basés sur des processus de réciprocité, de dialogue provisoire. Il s'agit d'une sorte de position instable et rebelle où seule la posture de « la négation de toute négation : la positivité absolue[313] » permet d'ouvrir les possibles.

Pourtant, accéder ainsi à ces tentatives serait à la fois aspirer à une utopique œuvre indéfinie au vu de la pluralité des possibilités, et avouer son incapacité à œuvrer ; paradoxe au cœur de toute pratique artistique.

> « Le monument d'aujourd'hui est peut-être ce qui reste en éternel projet. Quelque chose qui flotte sur l'actualité sans jamais vouloir s'incarner[314] ».

Cette hétérogénéité vise a priori autant les choix des modèles que les moyens plastiques. Elle formule largement la posture d'attaque du défaire et sa dimension poïétique, tout autant qu'elle circonscrit l'ouverture et le recommencement : on propose, on fait l'expérience, on appelle à une esthétique du projet ; d'une formulation de l'ordre de la

---

[313] DA SILVA, J. M., op. cit., p. 35.
[314] JOSEPH, P., « Mémoire et disponible », in Documents sur l'art n° 10, 1996, p. 31.

tentative et du prototype, contre une formulation achevée et close, restrictive et normative du numérique : écarter le risque du définitif. L'achevé donne une impression de continuité là où il faut voir une suite d'écarts, de bifurcations qui se compensent et se corrigent. Il faut y voir une série continue de discontinuités et un ensemble disparate de mouvements. En ce sens, l'hétérogénéité détermine également une méthode, parfois grossière, parfois subtile, où défaire se construit sur un principe d'échos, de dérives, « d'échafaudages ». En revanche, dans le terminé, le stable, l'achevé, « l'œuvre faite ne présente plus que la somme entassée et confuse de tous les instants qui présidèrent à son élaboration. Comme produit fini, l'œuvre affirme nettement sa forme, mais c'est aux dépens de l'histoire de son avènement. L'oubli rendu nécessaire de la genèse accompagne le geste de finition. Le projet est oblitéré par l'objet ; le processus est effacé […] La fin de l'œuvre est sa limite. Ce point est essentiel. Si l'on admet que l'œuvre ne permet pas de retrouver l'histoire de sa création, sauf de façon très incomplète et faussée, si l'on accepte de voir que l'œuvre n'offre essentiellement que ce pourquoi au demeurant elle est conçue, à savoir un résultat achevé et non un processus, alors on doit se résigner à en conclure que quelque chose de l'éclair vif de l'acte créateur est à jamais inaccessible[315] ». Une constatation qui n'est pas nouvelle, mais qui nous incite en permanence à investir un processus dans lequel chaque œuvre se refuse à être autonome et ne semble qu'une étape intermédiaire et évolutive d'un *work in progress*, comme une sorte de rhizome dont les articulations marquent la volonté d'établir des liens tout en représentant la prolifération de la pensée. Ainsi, créer semble un acte sans fin, même si toute œuvre trouve sa limite. Mais cette limite n'est qu'apparente, elle s'éloigne aussitôt qu'on croit la saisir dans d'autres développements. Elle se renouvelle continuellement, elle s'augmente sans cesse d'elle-même, par elle-même. Chacun de nos actes garde en

---

[315] QUÉAU, P., *Metaxu, op. cit*, p. 64-65.

puissance les suivants. S'agit-il alors dans cette pratique de représenter le numérique, ou plutôt de mettre à distance sa représentation ? Sans doute les deux à la fois, dans un glissement de l'attention à l'intention où l'objectif n'est pas de reproduire des situations du numérique, mais de les mettre en situation significativement : l'éprouver sur le fait par l'ingénierie du défaire au service de l'imagination.

Défaire, on l'a vu, s'apparente ainsi à mettre en échec, trouver une fuite, se débarrasser, casser, briser les normes et les paradigmes techniques du numérique. Mais défaire c'est surtout démonter, décomposer, démembrer, détourner et épuiser pour mieux mettre en abîme, dériver et montrer de l'intérieur les fonctionnements normatifs. La démarche est celle d'approcher le « ventre » des machines, des appareillages et des systèmes afin de comprendre les fonctionnements, d'ouvrir une dimension « autre » que celle de l'utilisateur asservi et indifférent aux fonctionnements sous-jacents de l'appareil, avoir un contact direct avec les organes internes, pénétrer le cœur des mécanismes, provoquer un « corps à corps », greffer, utiliser la machine comme un langage plastique, tenter le moins possible d'utiliser le langage machine : devenir *dés-assembleur*, expérimenter à partir de ce « plein de choses cachées[316] ». Enfin, défaire est aussi synonyme de victoire, de triomphe, de reprise, et de reprise de contrôle. Défaire est une analyse. Défaire est une critique. Défaire est un jeu.

Défaire le numérique s'impose alors comme pratique et comme théorie de cette pratique, entre art de dire et art de faire. Les concepts de recherche et d'expérimentation deviennent dans cette configuration un principe méthodologique, « un art de faire, par et à travers le

---

[316] JOUËT, J., « Le rapport à la technique », *Réseaux, Hors-Série 5*, 1987, p. 125.

développement des technologies du numérique[317] ».

Détournement

Détourner possède ce « dé- » dont se compose découper, déplacer, *défaire*, cette brisure de démonter, ce désordre de déranger, cette destruction de décoller, décomposer, déstructurer, cette incision dans le vif visant à la transformation.

Le détournement engage cette curieuse caractéristique de *faire tourner, dévier, faire un détour*[318], comme pour modifier la position, l'angle de vue, la signification et créer un *tournant* dans le destin de l'objet. Il y a quelque chose de géographique dans le détournement, comme un moyen d'accéder à un autre monde, un autre lieu, un espace parallèle. Détourner c'est changer la destination d'un voyage, par l'intervention imprévisible d'une force qui impose une nouvelle dimension. Un changement de fin ou de visée qui implique un ajustement ou une modification. Il y a une corrélation au coup de force, au chantage à l'anéantissement, pour opérer un changement de cap. En ce sens, détourner c'est aussi changer le cours des choses, faire dévier « vers une fin qui contredit ses données de départ[319] ».

---

[317] GOSSELIN, S., *op. cit.*, p. 13.
[318] Le Nouveau Petit Robert de la langue française 2010, p. 718.
[319] PASSERON, R., « Création et détournement », *Pour une philosophie de la création*, Paris, Klincksieck, 1989, p. 214.

Détourner c'est « faire dire à un discours, un texte, un mot, une locution, un slogan, ce qu'ils ne sont pas censés dire, ceci par ironie, « esprit mal tourné », calembour […] déformation humoristique, trait d'esprit[320] ». Ou encore, mener une personne, par des manœuvres habiles, à des actes contraires à ses intentions, à ses positions morales, et les règles qui la concernent. Détourner, c'est parer un coup en faisant dévier son impact. C'est attirer l'attention par tactique, dérouter l'attention, leurrer. Mais détourner c'est surtout pour nous, en plus de ce qui vient d'être dit, changer le sens d'une image, d'un objet, en lui ajoutant ou retranchant des éléments, en le transposant et en l'insérant dans un contexte qui lui est partiellement étranger :

> « *Faire œuvre, ou d'un fragment d'œuvre, le matériau d'une création nouvelle, intégrer un signe, un objet, un paradigme, à une conduite ou à une œuvre personnelle, qui ne respecte ni le statut, ni le sens, ni l'apparence. Détournement assimilateur impliquant une sorte de digestion[321]* ».

Par ce mouvement de détourner, la vision et la conscience première est modifiée, comme un *virage* s'orientant vers une nouvelle disposition. L'élément emprunté peut aller jusqu'à sa disparition dans une synthèse nouvelle. Et le détournement, tout comme le défaire, possède cette part de citation puisqu'il s'appuie sur une origine, même si c'est pour la transformer. Cela implique un choix qui n'est sans doute pas anodin. Le geste ou l'intention qui président *la référence à* sont singuliers. Dès le départ il s'agit de mises en pièces, de coupes, de

---

[320] *Ibid.*
[321] *Ibid.*, p. 216.

découpes. Nous excisons, mutilons, taillons pour découper des morceaux, des lopins, des détails et fragments pour les mettre en réserve, puis les réutiliser, rebâtir. Il y a là une reconnaissance de la nécessité de s'appuyer sur quelque chose, l'impossibilité de créer à partir de rien. Autant chamboulement que reconnaissance, le détournement offre un visage extensif par cette qualité de continuation de l'objet : *sa poursuite*.

Le tournant associé au « dé- » constitue ainsi une actualisation, un positionnement dans le présent, qui conduit à la multiplicité, par le *déplacement*, mais aussi par le *dé-passement* d'un mouvement initial, une sorte de mise en œuvre de la « *dé-connaissance* » opérante de l'objet dans la pratique du défaire.

> « *Le détournement est un jeu dû à la capacité de dévalorisation. Celui qui est capable de dévaloriser, peut seul créer de nouvelles valeurs... À nous de dévaloriser ou d'être dévalorisé suivant notre aptitude à réinvestir*[322] ».

Cette dévalorisation fait plier plus ou moins volontairement un système vers des fins nouvelles, ce qui indique qu'il s'agit pour nous de questionner la tension entre l'ancien et le potentiellement nouveau, par l'apport de modifications actives, procédurales, matériologiques et sensibles. Cette dévalorisation à un sens positif, qui vise à briser la cohérence et l'ordre ancien par l'appropriation de l'objet défait. Il s'agit de réactiver « les ruines d'un passé que l'on se refuse de contempler

---

[322] DEBORD, G., cité par DONNE, B., *Pour mémoires. Un essai d'élucidation des mémoires de Guy Debord*, Paris, Allia, 2004, p. 13.

passivement[323] », dans un rapprochement qui tirera d'un élément, ou d'un arrangement significatif nouveau, une portée différente de l'objet : une *dévalorisation-valorisante* porteuse de sens.

Détourner correspond aussi à une connotation négative et délictuelle. Détourner c'est s'approprier « par manœuvres, par jeux d'écritures, manipulations, des biens d'autrui : détourner des fonds, citations sans guillemets, plagiats[324] ». Mais rendre propre, s'attribuer les objets, les choses, les espaces, c'est avoir le sentiment d'un rapprochement, d'une appartenance et cela ne peut se réaliser que si nous avons nous même le sentiment d'appartenir, même de manière lointaine, à cette « chose » que l'on s'approprie. Appartenir signifie « être propre à », « faire partie de quelque chose ». En ce sens, les objets que nous questionnons sont « propres à » être défaits et détournés, et appartiennent à l'ensemble instrumental que nous constituons, au champ expérimental de notre pratique. Et le sentiment d'appartenance, pourrait se traduire par *produire des appartenances* par l'agglomération, l'association : la capacité de rassembler en masse compacte des objets au cœur de l'atelier comme « l'acte de s'imprégner, de s'immerger de[325] ». L'appropriation est ainsi vécue dans notre pratique comme un processus actif, un acte volontaire, conscient, qui relève d'un certain engagement. Il est question de s'approprier un processus, de le pousser à l'excès. Révéler de l'écart comme distance critique vis-à-vis des référents questionnés : on passe de « la prise de possession » à « la prise de position ». L'appropriation est une « manœuvre » qui vise le détournement. C'est à dire la conquête d'un terrain d'intervention par

---

[323] *Ibid.*
[324] PASSERON, R., *op. cit.*, p. 218.
[325] BERTHET, D., « Appropriation et singularité », *Colloque sur l'appropriation,* Amiens, p. 7-10.

l'exercice d'instructions, d'actes plus ou moins organisés : détourner est une stratégie d'action.

Plus simplement, détourner est pour nous exploiter malignement l'usage d'un produit, d'une fonction, allant jusqu'a perdre le contrôle. C'est certainement un moyen pour reformuler, de ne pas laisser les choses telles qu'elles sont, saisir et provoquer le moment où « ça vire », faire tourner, découvrir, déplacer, se révolter au sens de *revolvere*, rouler en arrière, retourner, faire un détour. Ce détour, ce retournement qu'il requiert serait peut-être plus à voir comme la mise en place d'un travail actif, d'un « travail en équipe » que l'on pourrait considérer comme une concertation, une conversation, un travail d'imprégnation, d'écoute, de dialogue, une expérience de l'altérité où les objets seraient cette autre face à laquelle on agit et réagit et qui par conséquent nous agit. C'est s'inscrire dans une relation active où travailler c'est être travaillé par ce que nous questionnons.

Détourner relève sans doute d'une part de « reddition créatrice[326] » qui exige que l'on se remette à l'œuvre en train de se faire, quitte « à se perdre », à perdre le contrôle et être souvent face à l'échec, et parfois si on a la chance de suivre la bonne intuition, de se trouver face à la trouvaille signifiante. En cela, exploiter les fonctionnements cloisonnés, briser les verrous matériels, utiliser des manières autres que celles prévues, nous incite à penser qu'il doit y avoir en tout détournement, surtout celui consécutif au défaire, quelque chose qui relève du délit, de l'affront, du challenge, de la résistance, et de la récupération autre que celle des matériaux de rebut, une sorte d'instrumentalisation de la fonction :

---

[326] EHRENZWEIG, A., *op. cit.*, p. 227.

« *Un délit contre ce qui est, commis par celui qui se voue à ce qui devrait être. La structure du détournement n'implique-t-elle pas - sans qu'aucune appréciation normative extérieure n'intervienne - un statut de rupture avec tel code, telle loi, telle pratique licite ?* [327] ».

Le modèle fermé n'est pas seulement un moyen de rétention d'information, il est autoritaire. Les usages autres sont des « usages non autorisés ». Il n'y a pas la place à l'initiative ou la critique qui permettrait à une activité d'être plus créative et autocorrective. Interdire c'est sanctionner, réprimer, assujettir, bloquer, obstruer, contraindre, c'est limiter, restreindre, circonscrire, c'est défendre, soustraire, proscrire, prohiber, empêcher, exclure, priver, s'opposer. Une notion d'interposition, qui marque l'intention de faire barrage. « D'ailleurs, interdire, prononcé « entredire » au XIIᵉ siècle, renvoie au sens d'interdit entendu comme un dire d'interposition[328] ». Interdire est également lié à la règle, la faute, et la punition. C'est un moyen de pointer des actes et des comportements, de mettre à l'écart de la norme. Car transgresser l'interdit, c'est commettre une faute, c'est désobéir. Mais l'interdit se distingue de l'impossible et engendre en retour, non pas le permis, mais le possible[329]. Toute œuvre d'art ne devrait-elle pas remettre en question l'ordre, contenir quelque chose qui en nie la validité ? Ne devrait-elle pas témoigner d'une sorte de dysfonctionnement, ou du moins un semblant de contestation ? La contestation, écrit Foucault,

---

[327] PASSERON, R., *op. cit.*, p. 225.
[328] MOUSSET, S., « Faisons parler l'interdit de la langue… », in REVEYRAND-COULON, O., GUERRAOUI, Z. (Dirs.), *Pourquoi l'interdit*, Ramonville Saint-Ange, Erès, 2006, p. 158.
[329] REVEYRAND-COULON, O., GUERRAOUI, Z., *Pourquoi l'interdit*, *Ibid.*, p. 8.

« n'est pas l'effort de la pensée pour nier des existences ou des valeurs, c'est le geste qui reconduit chacune d'elles à ses limites[330] ». « La transgression porte la limite jusqu'à la limite de son être ; elle la conduit à s'éveiller sur sa disparition imminente, à se retrouver dans ce qu'elle exclut (plus exactement peut-être à s'y reconnaître pour la première fois), à éprouver sa vérité positive dans le mouvement de sa perte[331] ». Aussi, selon Georges Bataille, l'interdit et la transgression ne s'opposent pas, mais se renforcent, ou se soutiennent : « l'interdit donne sa valeur à ce qu'il frappe. Souvent, à l'instant même où je saisis l'intention d'écarter, je me demande si, bien au contraire, je n'ai pas été sournoisement provoqué ! L'interdit donne à ce qu'il frappe un sens qu'en elle-même, l'action interdite n'avait pas. L'interdit engage la transgression, sans laquelle l'action n'aurait pas eu la lueur mauvaise qui séduit [...] C'est la transgression de l'interdit qui l'envoûte...[332] ». En ce sens, contester c'est jouer d'un va-et-vient entre ce qui questionne l'autorité, et qui tout en la subvertissant introduit une condition de réinvention. Dans cette optique de sens, la transgression pourrait rappeler cette remarque de Gilles Deleuze sur la fêlure : « La fêlure n'est intérieure, ni extérieure, elle est à la frontière, insensible, incorporelle, idéale. Aussi a-t-elle avec ce qui arrive à l'extérieur et à l'intérieur des rapports d'interférence et de croisement[333] ». Détourner se présente alors comme des visées exploratoires, des qualités d'insoumission, de curiosité connaissant la force et la nécessité d'aller au-delà du secret, dans une sorte de tension indivisible des objets détournés.

---

[330] FOUCAULT, M., « Préface à la transgression », *Dits et Ecrits, op. cit.,* p. 238.
[331] *Ibid.,* p. 237.
[332] BATAILLE, G., *La peinture préhistorique. Lascaux ou la naissance de l'art,* Genève, Skira, 1980, p. 91-92.
[333] DELEUZE, G., *Logiques de sens,* Paris, Editions de Minuit, 1969, p. 181.

Manipuler, contourner, *jouer* avec les interdits, détourner, franchir le pas pour se frayer et « écarter » un chemin là où l'on ne peut pas aller est donc pour nous une manière de *déjouer* le degré de méconnaissance imposé par un système sclérosant. Mettre son intelligence au service de l'action, de l'adaptabilité créatrice : il n'y a plus aucune limite. Jouer, prendre à rebrousse-poil, confronter à son contraire, en sortir pour y revenir sont autant de stratégies pour mettre en œuvre un désordre utile, qui parfois passe par le rire. « Nous ne faisons pas toutes ces choses sérieusement, mais par jeu seulement… afin que la folie qui nous est naturelle, et qui semble née avec nous, s'emporte et s'écoule par là[334] ».

Si détourner c'est être en rupture, transgresser, ce n'est sans doute pas un moyen en soi, pour « dé-normaliser » les idées. Détourner est pour nous autre chose, plus qu'une simple opposition se donnant comme un aveu d'infériorité, se confondant avec de la paresse résultant de simples emprunts chapardés. Et même, si tout « détournement relève d'une sorte de trahison, plus ou moins avouable, qui met au service d'une fin nouvelle, pas toujours énoncée, des moyens que l'on pervertit[335] », ce qui nous intéresse n'est pas seulement le résultat d'une œuvre terminée, mais le parcours de ces « moyens » déviants et changeants entrepris jusqu'à la finalisation : *la qualité de changement et l'ingéniosité bricolée propre à détourner l'objet.*

---

[334] MONFOUGA-BROUSTRA, J., « Jouer avec l'interdit. La relation à la plaisanterie en culture africaine », in REVEYRAND-COULON, O., GUERRAOUI, Z. (Dirs.), *Pourquoi l'interdit, op. cit.,* p. 55.
[335] PASSERON, R., *op. cit.*, p. 226.

« Qu'on ne dise pas que je n'ai rien dit de nouveau : la disposition des matières est nouvelle[336] ».

En ce sens, l'intentionnalité compte. Toute l'opération de détournement ne relève pas nécessairement de la seule volonté délictuelle assumée, ou de la nouveauté, mais plutôt de la recherche active d'une distorsion assumée, « assumable », ouvrant une part de liberté d'interprétation et de réarrangements : offrir des significations nouvelles à partir d'éléments empruntés, rendre « une visibilité même et propre de [la] proposition[337] ».

« Juxtaposés autrement, transportés dans d'autres contextes, les mêmes mots, les mêmes formules, les mêmes idées peuvent engendrer des significations nouvelles. Les mots diversement rangés font un divers sens, et le sens diversement rangés font différents effets[338] ».

Le détournement provoque ce réarrangement, ce passage d'un état antérieur à une nouvelle formule, ou a une disposition contraire aux positions initiales que l'on extrait de leurs contextes, que l'on dévie de leurs usages, pour promouvoir un sens nouveau, différent, opposé, ou en continuité, parfois comme écho symbolique de son contraire. Il arrive que l'écart qu'il met en évidence indique aussi les limites de l'œuvre. Systématiquement, nous naviguons à vue dans une activité qui peut s'ouvrir à la perte absolue de son sens, vers le non-sens ou le double sens

---

[336] PASCAL, B., cité par DONNE, B., *op. cit.,* p. 27.
[337] CLAURA, M., cité par GINTZ, C., « Notes sur un projet d'exposition », *L'art conceptuel, une perspective*, Paris, Arc, 1990, p. 17.
[338] DEBORD, G., cité par DONNE, B., *Ibid.,* p. 27.

du non-savoir du jeu, jusqu'à une prise de conscience du détournement naissant : cela nous oblige à penser l'ambivalence de la représentation, la différence et le multiple. Ainsi, le détournement n'apparaît plus seulement comme un retournement, mais une *conversion* offrant le stade visible et invisible du lieu qu'il ouvre, *dans* et *hors de lui*, et ce qu'il s'y passe.

Nous manipulons au sens littéral, comme au sens étendu de la tromperie. Tromper, falsifier, trafiquer les objets par extraction, les contraindre une fois extirpés de leur registre à un statut paradoxal. Défaillance de la raison et du sens, le faire détournant est à la recherche de ce moment souverain de « décollement » et d'illumination. Il sacrifie en altérant les objets, en modifiant les rapports convenus, les définitions ordinaires. Il se base probablement sur un échange, entre ce qui détruit la chose tout en la sacralisant : il opère un don, un abandon dans l'excès et le désordre bidouillant. Il s'agit pour nous alors à chaque fois d'établir une manière de provoquer et d'exploiter ce potentiel. Être dans l'expérience, être dans un processus d'expérimentation. N'est-ce pas faire usage des choses, au sens latin du terme « usurpare », se les approprier, s'arroger le droit de les détourner, de les usurper, en somme faire l'expérience de, les pratiquer avant tout comme un terrain infini, un territoire d'enjeu qui devient jeu.

Souvent la mission n'est pas tant de provoquer un court-circuit fonctionnel que d'ajouter une vision qui se veut « étrangérisante » de l'ordre de la démesure. Le gonflement des détails, la surcharge, le monumental, l'imperceptible, la simultanéité, le montage, l'informe, l'excès, l'intensité, la rapidité, bref tout ce qui peut être de l'ordre du trouble. Une démesure « qui ne se réfère pas à une mesure, n'en est pas l'excès, la transgression ou la négation, mais s'exclut de toute mesure. Il n'y aurait pas en dehors du démesuré d'échelle du mesurable, la démesure serait, comme le sublime, une grandeur incomparable, qui n'est égale qu'à elle-même[339] ».

Ici même se trouve l'inspiration, à la pointe de l'outil qui cherche la résistance. Un coup de folie, une inspiration de traverse qui révèle une réalité autre que celle produite par le discours scientifique, un acte de dépense sans autre fin que lui-même. Donner « du répondant » à la domination de la transformation et la division numérique de toute chose en visées utilitaires : réintroduire dans un univers lisse, aplati, le désordre, le désir, la gratuité. Les objets jouent alors un rôle dans la constitution de contrepropositions aux réflexes et points de vue ambiants et issus de la réalité même de laquelle ils peuvent témoigner. Réside là, dans cet espace interstitiel, un jeu entre divulgation et vulgarisation. Il s'agit d'une sorte de processus qui cherche à rendre insolite et modifiable les objets du numérique qui se donnent faussement comme des éléments immuables : transcender, voire démythifier les objets à travers le processus technique auquel ils sont soumis. On peut y lire un modèle « d'autoengendrement » qui a pour effet de renvoyer la question de l'origine de l'objet à l'objet lui-même. En ce sens, la fin nouvelle s'infiltre dans les moyens qu'elle stimule par la créativité qu'elle exige, et fait du détournement à la fois l'occasion d'une intensification, l'opération créatrice essentielle. De ce point de vue, il y a une notion de court-circuit dans la pratique détournante : créer une remise en question en ayant recours à des méthodes atypiques. L'œuvre imposera sa singularité contre les emprunts qu'elle assimile.

---

[339] KANT, E., cité par AMEY, C., « De l'usage discontinu de l'œuvre d'art », *Fragment, montage-décollage, collage-décollage, la défection de l'œuvre ?*, Paris, L'Harmattan, 2002, p. 28.

L'objectif est peut-être la distanciation, une manière de désengluer le regard, de « détourner le regard », pour découvrir et réinventer à notre manière. Sans doute de provoquer une rupture dans le comportement habituel de l'utilisateur, auquel apparaît une image inconnue de ce qu'il utilise au quotidien. Il suffit parfois de peu de choses pour provoquer ce nouveau regard. De très légers changements, de tout petits « plus » ajoutés et voilà qu'un changement s'effectue : donner à voir « le plus » dans l'objet, même quand il est question de soustraire, de retrancher.

Pour provoquer ce décalage, il importe de sortir l'œil de sa torpeur, insérer un grain de sable dans le mécanisme des perceptions trop assimilées, mettre en abîme par un clin d'œil l'assurance du regard qui ne voit plus. C'est également ramener à la surface des éléments plus anciens, multiplier les objets, réussir les mariages pour dire que les choses peuvent exister autrement, qu'il est possible d'offrir un éclairage « autre » qui révèle des traits encore insoupçonnés ou occultés, de questionner le rapport qui nous y lie. Un éclairage qui s'exprime dans un contresens plus riche de sens, que le déjà-là, le commun, l'assimilé de tous. Montrer « l'imprésentable », c'est-à-dire un état nouveau provenant du phénomène déviant.

Peut-être sommes-nous proches de ce que René Passeron dénomme tantôt, non sans malice, comme une « fourberie poïétique[340] », tantôt comme *un acte instaurateur positif discordant*. Serait-ce ce que Roland Barthes nomme « le théâtre même d'une production », non pas un

---

[340] PASSERON, R., *op. cit.*, p. 213.

produit de celle-ci, mais ce qui précisément « n'arrête pas de travailler, d'entretenir un processus de production » ? [341]

En fin de compte, dans ce que nous produisons, il est toujours question de laisser perceptible ce que nous détournons. Cela permet d'enrichir les différentes stratifications du sens. En fait, il y a un plaisir spécifique au détournement qui est celui de rendre visible qu'il s'agit d'un détournement. Laisser reconnaissable l'intervalle entre les choses, « l'entre », « les traces de pas » d'une progression, *du tourner* vers *le détourner* : notre activité est telle une traversée.

En cela, à notre sens, le processus instaurateur ne doit pas oblitérer totalement l'élément questionné par le détournement. Peut-être, est-ce ce fond délictueux caractéristique du détournement, que nous avons repéré précédemment, qui rend cette posture aussi plaisante et attirante : montrer en quoi nous avons modifié, démonté, ajouté, soustrait à l'objet ? « La beauté délictueuse est plus profonde que les autres » nous dit René Passeron : « Elle fait plus que s'ajouter aux beautés qu'elle transpose et exploite, elle fait plus que s'en nourrir et en être rehaussé, elle tient, des détournements qu'elle intègre, un fumet de trahison, une rougeur de honte qui la rend plus saisissante[342] ». La distance perçue est bien souvent plus complexe que celle mise en œuvre, car l'œuvre qui avoue ses détournements reste malgré tout nourrie de mille références cachées, ce qui est probablement la règle pour toutes les œuvres. Ainsi, la figure potentielle n'est pas cachée dans tel objet trouvé, découpé, détourné, mais dans le détournement même, dans le raccord que celui-ci

[341] BARTHES, R., « Théorie du texte », *Encyclopédia Universalis, vol. 15,* Edition 1975, p. 1015.
[342] PASSERON, R., *Ibid.*, p. 228.

peut entretenir avec d'autres. En somme, il s'agit moins de deviner un sens dans un objet, que de mettre à jour un état latent, l'échantillon d'une mise en œuvre possible. « Car, aucune œuvre n'est créée *ex nihilo*. Toute œuvre est donc instaurée à la suite, et parfois contre des œuvres antérieures. Elle en garde suffisamment de substance nourricière, tout en s'arrachant d'elles, pour que nous allions jusqu'à affirmer non seulement qu'il existe des détournements créateurs, mais que toute création, si l'on remonte suffisamment loin dans le secret de ses origines, est détournement[343] ».

---

[343] *Ibid.*, p. 229.

1.8 Dérives

Défaire nous met en face de l'anéantissement, de la disparition. Une pratique qui laisse la place aux erreurs, une sorte de possession archaïque, inexpliquée, persistante, qui ne peut être définie que de manière contingente à l'échec. Pourtant, le bricolage et le bidouillage ne sont pas la mise en œuvre d'un acte purement irréfléchi, irraisonné, dont les seules motivations seraient des besoins primaires. Ils résultent d'un travail intellectuel qui mêle incontestablement l'idée à la recherche d'actes authentiques comportant risque et volonté dans une certaine qualité de rencontre : s'étonner soi-même, se désorienter, se dépayser alternant entre l'impossibilité et l'évidence du faire. Une pensée en acte, qui déborde, contourne et vire bien au-delà des mots, suscitant un imaginaire qui ne serait donné que pour être repris. Notre but serait peut-être de traverser la frontière de la logique, pour susciter une certaine part de dérision : raisonner sur le paradoxe, le contre-sens, la gratuité, la fantaisie.

Risque

Détourner équivaut à une prise de risque. Il s'agit d'une implication, d'une responsabilité « à nos risques et périls » de donner vie, même maladroitement. En d'autres termes de réussir à faire une forme, un objet. Un risque de l'écart, ou encore celui donné par le goût du défaire qui cherche à tailler des brèches, « trouver la faille », démonter, démontrer. Et c'est précisément par rapport aux codes institués de la norme que le risque se mesure, et prend du sens.

Le risque signifie étymologiquement *ce qui coupe*, et dans un sens étendu : *écueil*[344], « c'est-à-dire ce qui surgit entre ce qui est et ce à quoi on se destine [...] un risque secondaire suggérant la menace, le naufrage[345] ». Et c'est bien dans ce double sens que se situe le risque du détournement : être en face d'une certaine hantise de l'anéantissement, provoquée par la disparition de la structure qui était posée dans le défaire, de son éclatement, de sa perte par l'absence de repères, de l'évanouissement du sens. Engagés dans cette direction décisive, nous n'avons le choix qu'entre deux voies, aller plus loin ou moins loin. On peut s'arrêter avant ce point ou le dépasser. Mais si celui-ci est atteint, le retour par la voie précédente est devenu impossible. Le risque dans le défaire, c'est ce point « à partir duquel le retour n'est plus possible. C'est ce point qu'il faut atteindre[346] ».

---

[344] Le Petit Robert, 2010, LR, Paris, p. 2257.
[345] SICARD, M., « Risque et provocation dans la peinture Cobra », *Le risque en art*, Paris, Klincksieck, 1999, p. 187.
[346] KAFKA, F., cité par KAMPER, D., *Jean Fabre ou l'art de l'impossible*, Bischheim, La chaufferie, 1999, p. 75.

En cela, le risque est un moyen d'accepter le détournement comme un processus : celui d'opérer le glissement, jouer sur l'instabilité, quêter les « écarts de conduite », saisir le moment où ça prend, où quelque chose se produit dans cet effet rétroactif du défaire. Une dérive entre apprentissage et premier jet, entre suspense et énonciation, et si l'on parle de bidouillage, ce serait alors plutôt à entendre comme des pistes brouillées, tâtonnantes, risquées, comme désordre ou encore immaturité : ce n'est pas tant l'objet lui-même qui est risqué, que sa gestation discontinue, le temps relatif de son oubli et de sa réutilisation dans des fonctions secondaires, la définition de son mode d'appréhension : « le résultat du jet quel qu'il soit est improbable tant que le dé n'a pas été lancé[347] ». Si rudimentaire et si faux qu'il soit, le résultat n'est jamais nul. Une pratique d'occasion, une sorte de dialogue d'initié inévitable. En ce sens, le risque est ce qui permet de faire apparaître ce moment d'émergence, d'effervescence, où les éléments originellement ordonnés, « réenvisagés » par le défaire, imposeront leurs singularités : rester à la merci de toute nouvelle mise en forme, un rendez-vous dans l'œuvre sans cesse différée. Une pratique, dans laquelle il reste de la place pour les erreurs : ne pas prédire, mais tester, expérimenter, multiplier les tentatives.

Mais le risque, comme « réserve d'imprévu », c'est aussi celui du naufrage, la crainte que l'intervention échoue, que rien n'arrive à provoquer ce qui fait sens dans la manière d'entrevoir, que rien ne vaille d'être retenu, de l'échec, de l'erreur voire de l'incongruité. Faire naufrage est peut-être une chose nécessaire. « L'essence se cache dans la mer ténébreuse et se livre seulement aux aventuriers[348] » nous dit Juremir Machado Da Silva. Les choses se remplissent de sens et d'évidence, ou

---

[347] BRECHT, G., *op. cit.,* p. 81.
[348] DA SILVA, J. M., *op. cit.,* p. 156.

bien elles se vident. C'est celui de l'aventure du faire, celui d'une provocation instrumentale et créative, d'un questionnement des objets et de la matière : il s'agit d'aller vers eux et de les pousser à s'exprimer. Il s'agit de façon incitative à révéler la charge potentielle qu'ils ont en eux.

L'important c'est ce qui va réagir, qui va répondre à la sollicitation de l'acte, de délimiter ce « quelque chose » souvent insignifiant qui émerge, qui fait obstacle : ce qui mérite d'être déformé, ce qui devra subir la torsion de notre regard et de notre geste, cet « élément déflagrateur[349] » qui se livre et qui fait le sens du détournement. Mais le risque est aussi de faire de l'émergence et de la versatilité un lieu autarcique où, à force de premiers jets, d'essais ratés, d'activité impure à rebrousse-poil, plus rien ne se risque. Alors, l'important est-il là où l'on est resté, ou l'endroit où le détournement nous conduit ? Lorsque le défaire rencontre un obstacle, ou simplement atteint une forme qui pourrait apparaître comme son but, le geste relance et relativise, critique, fait rebondir. À la suite, l'ouvert, le défait devenu procédure incontournable, l'actualisation réalise ce que nous n'avions justement pas envisagé. Est ainsi mise en place une alternance de modes qui construisent un parcours aléatoire par le travail de reprendre, défaire, détourner : ressassement, ralentissement, résistance, possibilité de poser enfin le regard sur des traces laissées par la pratique, sur ce qui a été défait. Il ne s'agit donc plus de voir les objets, mais davantage de les deviner, par des empreintes des manipulations, extorsions, décompositions, par les carottages effectués : ne plus seulement voir, mais différencier, discerner, confondre les étapes d'avant et d'après, l'une agissant sur l'autre, être déplacé.

---

[349] SICARD, M., *op. cit.*, p. 177.

Détourner est probablement dans le sens du risque, une manière de décontextualiser puis de re-contextualiser de manière périlleuse. L'œuvre court un risque bien réel, celui d'aller trop loin ou pas assez, celui d'un goût du risque au service du plaisir de l'aventure du défaire, un déplacement, un trajet où le parcours est au moins aussi important que la joie de la victoire. Car le risque porte toujours en lui l'espoir du retour, même si l'acte artistique est en soi un moyen irréversible de se compromettre et de prendre des risques, un trajet souvent sans retour :

> *« L'artiste, [...] cherche indéfiniment à tromper l'attente : il contrarie, il provoque, [...] il jongle sans cesse avec d'infinies polysémies, montrant une fois encore que l'art n'est pour nous qu'un vaste labyrinthe où toute boussole est provisoire, [...] il provoque fracture et rupture, distorsion ou effacement[350] ».*

La possibilité hasardeuse d'une formulation nouvelle, n'est-ce pas se donner la simple possibilité d'échouer ? C'est sans doute ce qui nous obsède en tant qu'artiste, une sorte de possession archaïque, inexpliquée, persistante, qui ne peut être définie que de manière contingente à l'échec. Telle une blessure qui ne guérit jamais. Elle s'avère le seul moyen sur lequel compter. Tout élan opère dans un présent qui produit de petites appréciations éphémères. Une succession de choix fragiles où tous ne risquent pas de porter bien loin, d'ouvrir d'autres perspectives. Mais ce qui apparaît comme des fautes est en fait le fondement de cette blessure de laquelle surgit toute création. Elle repose sur une tension entre l'enivrement et la dépendance, pour justement se frayer un chemin entre cet enivrement et cette dépendance.

---

[350] MAGLIOZZI, M., *op. cit.*, p. 47.

Détourner c'est ce qui nous fait prendre le risque de voir comment c'est fait, de pervertir les objets du dedans, de s'insérer à l'intérieur des mécanismes, en ayant l'audace d'opérer le geste du bricoleur-bidouilleur. Détourner participe à la motivation qui nous pousse irrépressiblement à défier les limites contenues et imposées dans l'objet par une culture du numérique dominant. Dans ce cas le bidouillage n'est plus seulement une pure activité manuelle, mais glisse vers une activité intellectuelle et symbolique, une vision apte à détourner. Cette dernière permet le maniement des symboles, et donne une reconsidération positive du bricolage en regard à la connotation péjorative et subalterne de la définition initiale. Cette pratique de la récupération symbolique, révèle un foisonnement de sens, de formes et de fonctions avec une pratique ingénieuse qui ne répond plus seulement à des contraintes matérielles et objectales « premières[351] », elle devient une manière de penser les œuvres, de penser les actions, quand bien même celles-ci suivent l'improvisation, l'échec, l'amateurisme ou l'inattendu de la trouvaille.

> « Le bricolage ne répond alors pas seulement à des besoins utilitaires ou à des nécessités extérieures. S'il est une activité manuelle, il n'est pas pour autant un acte irréfléchi. L'idée d'ingéniosité met en lumière le bricolage comme une activité intellectuelle. Le bricoleur aura pour souci, voire obsession, son ouvrage qui sera le centre de ses préoccupations et souvent le centre de sa vie et de son univers quotidien. Le bricolage se situe bien au-delà d'une activité subalterne[352] ».

---

[351] LÉVI-STRAUSS, C., *op. cit.*, p. 30.
[352] MAGLIOZZI, M., *Ibid.*, p. 47.

Le bricolage et le bidouillage ne sont pas l'illustration d'un acte purement irréfléchi dont les seules motivations seraient les besoins primaires, mais résultent aussi d'un travail intellectuel qui implique incontestablement le fait qu'il s'agit d'une démarche raisonnée et concertée, « un travail intellectuel non soumis à des règles théoriques[353] » à la recherche d'actes authentiques, comportant risque et volonté.

Rencontre

Les images, les mots, les fonctions nous interpellent, comme une sorte d'irruption voisine qui se rend disponible, et ce n'est pas seulement la rencontre initiale qui semble compter, mais le potentiel de cette dernière : non pas l'unité de la rencontre, mais la diversité de ses conséquences et potentialités ouvertes au détournement ; l'exigence s'il y en a une, et cette disposition à défaire, qui permet justement que « la rencontre nous rencontre[354] ».

La rencontre marque à la fois une distance et une proximité avec nous-mêmes, une sorte de besoin de la combler, ou une proximité à éloigner. Distance que nous tentons de réduire par cet acte singulier du défaire, proximité que nous essayons de mettre à distance par tentatives de détournement, risquer d'aller au-delà de la rencontre, la mettre en forme, et la mettre en œuvre avec tous les échecs que cela comporte. La conversion des objets, et surtout la transformation en œuvre, n'apparaît

---

[353] LÉVI-STRAUSS, C., *Ibid.,* p. 30.
[354] BLANCHOT, M., *op. cit.,* p. 608.

pas univoque : démonter, découper, amputer, greffer, coller, faire fonctionner ne sont pas des actions nécessairement prédéterminées. La proximité de la rencontre doit être en quelque sorte évincée pour espérer avoir accès à la mise en forme signifiante : il y a sans doute une direction sous-jacente, non volontairement consciente, qui flèche et tempère la venue, qui permet de jouer la venue en advenue ; espacement, décalage, glissement ; toute une série de circulations suscitant ou évitant les ruptures, permettant d'entretenir les différences et conserver les vertus captivantes de la rencontre. À cette condition seulement la venue pourra se convertir en objet détournant.

« La rencontre désigne donc une relation nouvelle, parce qu'au point de coïncidence - qui n'est pas un point, mais un écart -, c'est la non-coïncidence qui intervient[355] ». Alors, comment permettre à la pratique de jouer de cet écart ? Comment expliquer cette approche pour le moins hasardeuse ? La pratique plastique peut dénaturer cet échange singulier, tout comme la rencontre peut nous induire en erreur, nous faire dévier vers des orientations sans fin, ou sans finalités.

Pourtant, détourner, c'est chercher à désorienter sa pensée, à la faire danser et tourbillonner, trouver la tension et le choc signifiant.

> « Rien peut-être n'existe, sinon des chocs d'antagonismes. Peut-être n'y a-t-il ni matière, ni pensée, ni objets. Peut-être n'y a-t-il que des conflits, que des tourbillons[356] ».

---

[355] *Ibid.*, p. 609.
[356] LASCAULT, G., *op. cit.*, p. 116.

Il faut sans doute apprendre à mieux regarder les écarts entre les choses, les distances qui les séparent. Peut-être s'agit-il d'être dans la posture d'un « *hybrideur*, un marieur de discordances[357] » comme le décrit Gilbert Lascault, capable d'opérer des croisements qui exaltent et qui s'aventurent à tenter des rapprochements inattendus [...], abrupts, et d'inventer des « anti-puzzles[358] » à partir desquels il n'est plus question de reconstituer un modèle prédéterminé et qui ne suscite plus d'étonnement, mais bien au contraire, de briser les continuités, faire éclater le sens, faire coexister des fonctions nouvelles ou inconciliables. Chercher à s'étonner soi-même, à se désorienter, à se dépayser. Il s'agit d'une sorte d'usage fragile, de coloration particulière dans l'acte de détourner le défait, qui fait davantage que nous croiser : une sorte de formulation entretenant de multiples circulations de sens.

Nous conservons tout, presque tout, nous alimentons une réserve où n'importe quoi peut toujours servir. On se penche vers le sol et on trie. On s'intéresse à ce que chaque élément, chaque objet, chaque instrument, dans ce qu'il garde de prédéterminé et qui sera détourné, produit dans une formulation d'un objet « à contre-courant[359] ». Il s'agit de les placer dans de nouveaux arrangements qui ne doivent pas totalement faire oublier l'ensemble dont ils émanent ou dont ils sont détachés. Nous n'utilisons jamais des objets neutres, il nous faut d'une certaine manière déplacer ces éléments déjà chargés, transformer leur fonction.

Détourner c'est le geste qui « subordonne ». Celui qui vient brouiller l'inscription préalable et la rendre plus ou moins lisible, plus ou

---

[357] *Ibid.*
[358] *Ibid.*
[359] *Ibid.*, p. 115.

moins illisible aussi. Détourner peut apparaître comme une production de désordre. C'est celui qui, parfois, souligne ironiquement certains aspects, qui prolonge, qui greffe, qui s'y greffe et métamorphose. C'est celui qui permet de s'immiscer dans la brèche d'un terrain déjà préalable et habité par les signes, celui qui s'y installe, s'y développe, celui qui englobe, qui ingurgite et qui régurgite, qui irrigue et qui assèche. Il s'agit de ce geste qui perturbe, qui parasite, qui conserve, qui met en évidence, qui enrichit, qui nourrit, qui retranche, qui ajoute, qui constitue, qui destitue. Celui qui provoque un joyeux « irraisonnement[360] », un « revers » signifiant, au mieux un « arraisonnement ».

Entre l'absence de cause déterminante, il y a comme un défaut de concordance qui, paradoxalement, est opérant ; en effet, la continuité est rejouée autrement, avec hésitation et nécessité même. Il y a dans cet espace un temps du laisser-aller, celui de l'ajustement, de l'évolution, de la « mise en route ». D'une certaine façon cet espace pourrait ne pas se combler, telle une absence de mesure qui rend possible toute insertion. Il ne s'agit pas tant de vérifier la justesse d'un propos plastique, mais d'en exploiter une pluralité essentielle : *les prises au passage, prises de risque, prises et captures, re-prises, et prises de décisions* qui stoppent et dirigent le travail.

S'il est question de rencontres souvent inattendues, qui acquièrent quelquefois une présence par le biais de la pratique, comment envisager de définir le statut des objets produits ? Il semble difficile de revendiquer certaines actions ou manipulations dans un espace qui appelle une certaine contingence mêlée à l'aléatoire de la rencontre. Une rencontre qui se soustrait à une compréhension immédiate, qui établit un écart,

---

[360] *Ibid.*, p. 63.

voire une discordance parmi les termes ou les idées en présence. Pourtant, il y a une certaine attente, un appétit, une obsession à déclencher cette rencontre, cette étincelle propice à détourner. Se doutant de l'arbitraire des décisions, souvent en cours de fabrication nous ne présageons rien, du moins pas de manière projetée et définitive, ce qui ne signifie pas se refuser à quelques directions.

Cette position qui semble inconfortable permet toutefois d'éviter les évidences et de s'éloigner de certaines conventions, en plaçant la pratique sur le terrain de l'ébauche. Pratique sans cesse au banc d'essai qui s'envisage dans les transversalités, de la trouvaille au défait, du bricolé au détourné. Dans cette posture qui interroge les matériaux et les objets, on ne peut faire que le constat d'un glissement possiblement ininterrompu :

> « *Le plus haut point de la raison est-il de constater ce glissement du sol sous nos pas, de nommer pompeusement interrogation un état de stupeur continuée, recherche un cheminement en cercle, être ce qui n'est jamais tout à fait ?* [361] ».

Cette attente dissimule peut-être l'aventure capitale d'une faiblesse. Dans l'épreuve de la rencontre, on se sait déplacé dans un champ non unifié, où la règle d'autonomie des objets est brisée, les cartes continuellement redistribuées. Il y a une sorte de conscience du passage qui s'en dégage. La nature de la rencontre ne peut être livrée, ou du moins se convertir littéralement en fait plastique, ce qui provoque un

---

[361] MERLEAU-PONTY, M., *op. cit.*, p. 92.

doute sur le degré d'efficacité de la pratique. Et même si le faire passe par un « plaisir de faire », le surgissement des choses, les inclinaisons et déclinaisons, les évitements, les ratés, offrent un jeu contradictoire.

Pour détourner, les signes nous cherchent autant que nous les cherchons. S'agit-il de finalités que nous essayons de trouver, sommes-nous attirés par le transit, ce quelque chose qui nous échappe ? Il y a ce qui semble être pris entre les deux, alternant entre impossibilité et évidence du faire.

C'est bien le jeu qui est évoqué ici : comment s'arranger avec l'aléatoire de la rencontre ? Parfois, alors même que nous ne sommes pas en mesure d'expliquer nos choix, comment qualifier et expliquer les objets qui potentiellement voient le jour ? Cela pointe une certaine forme d'inconnue dans notre pratique : nous croyons la connaître alors qu'elle est souvent fuyante, introuvable, intraitable, altérable. En ce sens, chaque réalisation ne peut se revendiquer comme autonome, l'accomplissement ne peut se voir que de manière globale, chaque objet comme un témoignage de cette pratique, et comme témoignage de lui-même. De ce fait, certains objets apparaissant comme préliminaires ne sont que des témoins d'une progression à la recherche d'un « glissement continuel du sens[362] ».

S'il y a une coïncidence entre l'objet et l'inattendu de la rencontre, elle ne peut être de l'ordre de l'illustration ou d'une connaissance trop directe et littérale, l'objet se devant d'être à l'épreuve même de cette rencontre, par tractations, imprévus, ajustements. Et

---

[362] DEBORD, G., cité par DONNE, B., *op. cit.*, p. 43.

éprouver la rencontre, c'est précisément ce qui fait l'intérêt du détournement, apprendre à bien le voir, admettre sa part de non-dit ; l'enjeu est de jouer de son côté non révélé, sa face cachée, son revers permettant de créer des connexions, des échanges, des interrogations : c'est « [...] d'abord un jeu, un conflit, un voyage[363] ».

Détourner est donc ce moyen qui met en lumière « un côté opposé » en contradiction, celui qui « par le revers de la main » forme « un pli », engage l'échec, l'épreuve, la défaite[364]. C'est aussi l'idée d'un changement qui par lui-même se joue de la suspension possible de ce changement. Une sorte d'aller-retour consécutif à la rencontre et qui consiste à montrer de manière visible les buts invisibles autour desquels les œuvres s'orientent et tentent directement ou indirectement de représenter : *s'accommoder d'une certaine référencialité.*

Dès lors, comment travailler à ce qu'un objet n'apparaisse pas seulement comme autonome ou simplement la déclinaison d'un modèle ? Comment atteindre un intermédiaire qui au lieu de qualifier simplement l'objet, le place dans une articulation signifiante s'inscrivant dans une démarche globale ?

En ce sens, la recherche de l'insolite à travers le revers de l'acte détournant, relèverait d'une sorte de contradiction signifiante, plus que celui d'une opposition ou d'une négation de l'objet ou de l'idée initiale :

---

[363] DEBORD, G., *op. cit.*, p. 143.
[364] Le Nouveau Petit Robert de la langue française 2010, p. 2242.

« *Le fait de soutenir une proposition et son contraire, d'affirmer deux choses qui ne peuvent être vraies en même temps [...], elle est donc à dissocier de la simple opposition, qui n'interdit pas la coexistence des opposés, et du paradoxe, dans lequel ce qui est affirmé n'est qu'en apparence contraire à une autre affirmation, ou à l'opinion tenue communément pour vraie sans l'être nécessairement pour autant*[365] ».

C'est le signe qui est au cœur de cette ambiguïté, c'est-à-dire, « cet élément matériel, gestuel, graphique, plastique, dont la présence, permet d'évoquer ou de deviner autre chose que lui-même, c'est-à-dire ce que le signe représente ou remplace naturellement ou par convention[366] ». Le signe, celui porté par l'acte du détour, recouvre la forme tout en la dévoilant, il suit un principe mobile de figuration et de défiguration, représente le faire et le défaire consécutif au détourné. Il met à jour les idées de réalisations, il encourage « les forces désincarnées qui sous-tendent les objets et les événements de l'expérience », il questionne l'imaginaire. L'insolite se distingue donc du mystère ou de l'inconnu. Plus proche de l'énigme, il suit les écarts signifiants dans ce qui est connu. La recherche d'insolite est donc invariablement en référence à l'univers auquel il appartient, il y a la présupposition de la connaissance, et il marque dans l'acte qui détourne *une valeur de reconnaissance*.

En ce sens, en ébauchant intuitivement des liens, en éprouvant la rencontre avec des éléments, la pratique n'a de cesse d'articuler des

---

[365] CLÉMENT, E., DEMONQUE, C., HANSEN-LOVE, L., KAHN, P., *Dictionnaire. La philosophie de A à Z*, Paris, Hatier, 2011, p. 95.
[366] *Ibid.*, p. 10.

variations ou de perfectionner des déplacements, sans que cela ne conduise nécessairement à des objets définitifs, c'est-à-dire parfaitement « répondant » à la sollicitation du détournement. De ce fait, la pratique fait glisser l'objet en fonction du mode de questionnement, de modèle, d'exemple, de spécimen, de maquette, d'essai, d'étape, d'échec.

Ainsi, la pratique « dé-tournante », est aussi un exercice de court-circuit, entre le singulier et le quelconque, le spécifique et le générique, le signifiant et le signifié. Il s'agit de ce que Jacques Rancière voit de l'art, une série de « changement qui se fait à travers une multitude de petites effractions[367] ». Un contexte dans lequel des rapprochements, des recoupements, des combinaisons s'opèrent. L'art serait, en ce sens, une communauté d'actes créant de légères différences, des décalages, des lignes de distinction : nous ne pouvons entrer dans l'espace de l'œuvre que *par effraction*, nous ne percevons jamais que des fragments en attente d'affectation.

Le facteur déterminant dans la fabrication de nos objets est donc celui d'une part de reconnaissance de l'objet d'origine, des principes techniques ou encore des éléments qui sont donnés à voir dans la reformulation et l'exploitation du décalage. C'est un facteur invariant qui varie cependant dans notre pratique, dans le sens où c'est cette reconnaissance même qui fait naître les objets. Pourtant elle s'effectue dans la rencontre, une « recherche concertée non-concertée qui reste sans assurance comme elle est sans garantie[368] » dont parle Maurice Blanchot. La pratique « dé-tournante » s'apparente à l'effectuation d'une hypothèse

---

[367] RANCIERE, J., interview par CIRET, Y., *Art Press n°258*, 2000, p. 20.
[368] BLANCHOT, M., *op. cit.*, p. 615.

et à sa vérification, la mise en œuvre d'effractions, à la possibilité d'arracher des éléments à la vie première de l'objet.

Jalons artistiques, repères techniques, fonctionnements, normes, matérialités, associations, sont autant de signes mis à disponibilité, ce qui entraine une multiplicité non seulement dans la pratique, mais aussi dans l'ensemble des points de vue *a priori* exploités. Alors, ce qui peut y être entendu comme un exercice de glissement s'affirme comme une mise en évidence de la nécessité des écarts : bidouillage, bricolage, essais, appropriation. Mais il s'agit d'abord d'une question de déplacement, un jeu entre le point de vue sur l'objet, surtout celui de l'artiste. La pratique « dé-tournante », peut ainsi par son inscription dans l'indécision, dans le laisser-venir, offrir un attentisme productif, une sorte de « respiration » qui envisage un ensemble de rapports entre le voir, le dire et le faire. Elle approche les événements ou les œuvres non pas comme des faits déterminés et directement signifiants, mais comme des signes sous-jacents à projeter. Il s'agit de se saisir d'un espace de possibilités actives où les exercices se redéfinissent en permanence.

Si « le faire avec » du bricolage et du bidouillage marque inévitablement la pratique, c'est la pensée elle-même qui exposerait ses oscillations et ses hypothèses. L'un est indissociable de l'autre, et pourrait nous permettre d'accéder même partiellement à cet « entre-deux de la différence, ce champ infiniment pluriel[369] », dont nous ne pouvons que figer quelques fragments par nos objets.

---

[369] *Ibid.*, p. 614.

En outre, en tentant d'expliquer notre travail plastique, nous avons rapidement découvert l'impossibilité de dire cette pensée en acte, qui déborde, contourne et vire bien au-delà des mots. On peut interpréter cette difficulté comme un déficit au travail lui-même, volontiers bricolé, fragile, incertain dans certaines formulations. Cependant ne peut-on pas songer que l'adéquation entre la connaissance et le plaisir de faire, équation utopique, puisse produire une pensée résistante à l'explicitation ?

Il s'agit peut-être d'une « sorte de torsion ou une conversion du savoir vers le non-savoir[370] » : détourner la pratique elle-même dès qu'elle se stabilise. Et éprouver ce que l'on ne sait pas ne signifie pas s'immerger dans l'insignifiance, ou fluctuer seulement dans le non-savoir, mais apprendre, découvrir les causes et les fonctionnements du mystère que nous mettons en place, sous-jacents aux objets du numérique que nous questionnons : *détourner la pratique, détourner les objets, détourner les objets de la pratique.*

Même si nous approchons une sorte de pulsion primitive, « où l'homme ignorerait le pouvoir de penser à part des choses, ne réfléchirait qu'en incarnant dans des objets le mouvement même de ses réflexions[371] », cette position n'est pas loin de rejoindre la posture bricoleuse évoquée précédemment : un état souvent en recommencement, une posture qui entremêle et qui remet en cause.

---

[370] BLANCHOT, M., *La part du feu*, Paris, N.R.F., 1949, p. 85.
[371] COLLIN, F., *Maurice Blanchot et la question de l'écriture, L'imaginaire, Le chemin*, Paris, Gallimard 1971, p. 162.

Notre pratique spécifique ne semble donc pas dirigée par la pensée, elle est d'abord un lieu matériel, une sensibilité de connaissance, un savoir qui ne s'envisage que consécutif au sensible. Elle engage d'abord le geste, la réflexion ensuite pour « voir ce que ça donne ».

Avec cette posture du détour, peut-être s'agit-il d'excéder le sens « stable », celui qui tient de lui-même, tenter astucieusement de le remettre en cause par d'hasardeuses expériences aux résultats plus ou moins significatifs, comme médiateurs entre une intuition amusée et parfois ironique, et les caprices de la matière première. Une sorte de chute de sens par les multiples jeux mis en œuvre, lesquels sont à l'origine du glissement des objets interrogés et détournés, mais également dans les contradictions dont elles favorisent l'éclosion : un paradigme de « chute de la chute », comme une mise en abîme redoublée par la cristallisation de la mise en œuvre, sa mutation en sens inverse c'est-à-dire comme possibilité nouvelle.

Cette chute est aussi ce qui caractérise un trait ironique, mais non moins conscient, par l'ajout, la soustraction ou la combinaison, qui ne fait qu'accompagner la mise en évidence de l'acceptation d'une certaine part d'héritage. Mais c'est surtout le moyen de s'appuyer sur une part de conservation admise comme base pour ensuite la faire « chuter » en l'aidant. C'est une sorte d'effet boule de neige dans lequel, à terme, faire chuter signifie conserver.

Une idée du *tendre vers*, élargissant les possibles jusqu'à une certaine part d'irréalisation, conduisant à la remise en cause du principe générateur jusqu'à sa disparition. La disparition est peut-être la figure secrète du défaire : alors qu'il nous semble *aller vers*, nous sommes déjà dans la mobilité du *sortir de*. Il y a là quelque chose qui s'exhibe comme ne se donnant pas, non pas qui se refuserait, mais qui ne serait jamais vraiment donné, ou qui ne serait donné que pour être repris. Un quelque chose qui est du côté de l'instabilité de la formation, à partir d'un geste incertain ; qui n'existe que dans la rencontre, dans la relation dynamique qu'entretiennent les propositions ; qui illustre sans doute le régime de l'expérience qui est relationnelle. Des traces d'un réel en train de s'effacer qui s'affirme dans l'exercice même de sa disparition. Notre volonté n'est pas de nous intéresser au rien, c'est pourquoi « disparition » désigne pour nous ce quelque chose qui est enlevé sans pour autant cesser d'exister. Il propose un autre type de perception, plus ancré dans l'imaginaire que dans le perceptuel ou le visuel. Il nous offre la possibilité de faire autre chose que de regarder : l'absence offre l'opportunité de rencontrer des images mentales, et devient un lieu producteur même lorsqu'il n'y a rien à voir. Des images qui sont maintenues à même leur extinction, qui scintillent dans l'évanescence qui les dissipe, comme autant de marques éphémères dans un espace et un temps délimité.

Par là nous entendons un mouvement de continuation, une volonté de ne pas laisser en l'état, mais aussi de confronter deux temps différents dans ce qu'ils ont de communs : l'action nouvelle s'engage à partir du champ d'investigation particulier à l'objet et par les caractéristiques questionnées, c'est-à-dire en fonction des critères spécifiques qui ont marqué l'objet, et ceux qui nous ont marqués dans l'objet, dans l'expérience de cette action. Ainsi, l'attention - la tension -, est fondée tout autant sur l'attente d'une apparition suivie d'une disparition : nous jonglons avec une sorte d'altérité qui ne se révèle que pour mieux se dérober, en permanence maintenue en faillite dans son exercice. Un espace où la dissimulation est la condition de l'apparition, où visible et invisible se chevauchent, où émergeront et disparaîtront parfois ces rencontres signifiantes.

Dérision

Tourner en ridicule, mépriser, souligner l'insignifiance, tels sont les traits associés à la dérision. La dérision porte en elle une dimension de contestation, de remise en cause de l'ordre établi. Elle est la quête d'une insurrection, du contre qui excède le conformisme, une volonté d'avilissement des modèles et même au-delà : « On peut seulement travailler contre. Même contre soi. C'est très important on ne doit jamais faire ce que les gens attendent de nous[372] ». Il s'agit d'un élan, un désir de sortir de soi, un lieu de distraction. Distraire au sens de déranger, de détourner, de « tirer en sens divers[373] ». Contourner avec plaisir : tourner en dérision et en rire. Un questionnement, une ignorance feinte, une humilité affectée qui tend à la moquerie. La dérision se présente pour nous comme un jeu dans l'excès, la dépense, l'effusion, le piège. Elle est fondamentalement liée à l'affirmation de notre travail dérisoire. Dérisoire au sens propre de dérision, *derisio, deridere*, « se moquer de ». Tourner en dérision est un acte qui donne à la fois les preuves de sa non-soumission, et une invitation à partager une part de liberté, d'inconvenance avec les rieurs en porte-à-faux entre le pertinent et le non pertinent jusqu'à l'impertinent. Une impertinence qui ne relève pas du gag, mais d'un état d'esprit qui suppose l'activité du défaire, qui ne cherche pas à convaincre de la fausseté d'une idée, mais plutôt à créer un doute sur l'apparence supposée du numérique et de ses avatars. Un humour qui finit fréquemment par retourner le sens des objets et par introduire une dénégation dans le discours plastique lui-même. Une attitude qui commande des démontages et des mises en œuvre qui « tiennent de » et « dans » la profanation du numérique pour le déplacer,

---

[372] HALASZ, G., dit BRASSAÏ, cité par LABELLE-ROJOUX, A., *L'Art parodic'*, Cadeilhan, Zulma, 2003, p. 85.
[373] DUPUIS, G., « De l'humour et de la poésie », *Urgences,* n° 12, 1984, p. 12.

le détourner, parfois le ridiculiser : en dégager de l'insolite. Nous produisons des objets comme « monuments » dont la trivialité est censée amuser, à moins qu'elle ne « terrorise ». Profanation frappée d'infamants sévices : *maladresses, défaillances, contresens, contre-performances, archaïsmes, poésie plastique, inventions, incohérences, grossissements, décontextualisations, mises en scène par l'absurde.*

« Il ne s'agit de rien moins que d'éprouver une activité terroriste de l'esprit, aux prétextes innombrables[374] » où le rire est une arme associée à la victoire : « rira bien qui rira le dernier ». L'invitation à en rire ou à en sourire dissimule la critique derrière le fait plastique : ce dont nous parlons n'est pas grave, la manière dont nous en parlons est légère. C'est un ton amusé pour montrer que l'on ne se prend pas trop au sérieux et qu'il est nécessaire d'ôter le caractère solennel véhiculé par le numérique, de le faire descendre du piédestal sur lequel il semble être, de faire partager à notre manière une mise à distance vis-à-vis de ce qui d'une façon ou d'une autre est surévalué.

Par ailleurs, le principe de dérision fonctionne sur un mode de contestation qui se rapproche de la parodie : « La parodie est une œuvre seconde, construite à partir d'un modèle avoué. Imitation déformée, elle suppose la célébrité de l'objet dont elle dérive, ou, tout au moins, une communauté de culture entre l'auteur et son public : absente, la création première, parodiée, doit pouvoir être aperçue en filigrane, être reconnue à travers sa parodie, pour que le plaisir spécifique lié à cette double lecture apparaisse. [...] On admet le plus souvent que l'intention de dérision, le régime irrévérencieusement ludique, caractérise la parodie. [...] Parodier

---

[374] BRETON, A., cité par LABELLE-ROJOUX, A., *Ibid.*, p. 563.

c'est donc toujours transformer une œuvre première[375] ». La parodie constitue donc une forme de décalage, de détournement qui caractérise notre pratique, elle est ce « chant à côté[376] » visant à ridiculiser. Ce qui fait d'elle un moyen de dérision, d'attaquer un objet par le rire. Elle est un divertissement un peu puéril qui tend vers la désacralisation et le « déboulonnage ». La sacralisation appelle la désacralisation, l'admiration la dérision, la grandeur le rabaissement, la gravité la moquerie. De quoi rions-nous la plupart du temps, sinon d'une dérivation, d'une déformation, volontaire ou involontaire, du normal, c'est-à-dire du sérieux ?

Peut-être est-ce aussi un moyen de pallier à notre inhabilité certaine à faire rire ou sourire sur commande, autrement qu'à travers cette activité. C'est également une victoire par la rupture, qui dit qu'il y a toujours un avant et un après, que nous venons de traverser une frontière : celle de la logique. Un jeu entre la tension et la détente. Une rupture tel un choc, un excès, qui provoque le rire : la détonation attendue, parfois même inespérée. L'ascension puis la chute. Une récompense à notre « zèle de poseur de bombe réglant sa machine infernale[377] ». Car le rire ne s'impose pas. Il n'existe qu'à travers un appel d'accointances, de complices, mieux, de victimes invitées à partager la vision décalée que nous proposons. Il s'agit donc bien d'un jeu, « d'une stratégie ludique de la part d'un « je » vis-à-vis d'un « autre », de façon à produire un effet de connivence entre son auteur et celui à qui il s'adresse, afin de suspendre, l'instant du jeu, l'angoisse de la fatalité du monde[378] ».

---

[375] SOURIAU, E., *op. cit.,* p. 1110-1111.
[376] Du grec *parôdia*, littéralement « chant à côté », *Ibid.,* p. 1110.
[377] LABELLE-ROJOUX, A., *op. cit.,* p. 113.
[378] CHARAUDEAU, P., « Des catégories pour l'humour ? », in *Questions de communication* n°10, Nancy, 2006, p. 34.

Par le détournement, nos objets fonctionnent tous sur ce même principe d'incohérence paradoxale, mettant en relation deux logiques contradictoires. Nous jouons de ce qui va à l'encontre, à l'envers, à rebrousse-poil, pour tenter de mettre en place un lien antinomique créant le fait humoristique : l'anomalie, raisonner sur le paradoxe, démontrer en quoi c'est illogique, en quoi il y a contresens, juger de la valeur de ce paradoxe, faire partager un regard décalé sur les bizarreries, partager un plaisir dans la gratuité et la fantaisie, souligner une prise de position sous-jacente, cacher tout en montrant l'après coup du sens, tenter des « contradictions concordantes[379] ».

Généralement seul un rictus contenu s'affiche tremblant à la commissure des lèvres, et fréquemment rien : l'échec, pas même une grimace. Si le rire à besoin d'être déclenché par le fait humoristique, celui-ci ne déclenche pas nécessairement le rire. Car s'il peut faire rire ou sourire, bien souvent ce n'est pas le cas. Mais la recherche du rire, d'un sourire, est pour nous un choix, mieux, une nécessité sans garantie : son absence fait mal, sa disparition est signe d'oppression, il est une aide, un secours, une main tendue à notre activité : plaisanter n'est-ce pas prendre les choses au sérieux ?

---

[379] HAUSMANN, R., « L'Idée ne signifie rien », in GIROUD, M., WOLF, S., *Documents Raoul Hausmann I,* Paris, Champ Libre, 1975, np.

1.9 Révélations

Le lieu de la pratique semble être la manifestation d'une activité plastique dans toutes ses contradictions : un espace de jeu. Une activité qui engage le plaisir dans un ludisme opératoire, mais nous confronte surtout à nous-mêmes dans la construction d'une réalité rapportée. Mettre du « je » en adjacence au « jeu » révèle bien plus qu'il ne crée : un possible retour sur soi, un sens initiatique empreint de tradition. La mise à distance appelle invariablement au rapprochement, à la quête du soi. En cela, défaire permet d'apercevoir la confuse diversité de tout ce qui nous constitue, tout ce qui nous inonde, tout ce qui contribue à rejoindre une altérité tissant l'ensemble de notre recherche. Un « je » appelant au « jeu » toujours au bord de la rupture, presque ubiquitaire, révélant le mouvement de l'imaginaire dans ses divagations.

Jeu

Un des recoupements de l'attitude du défaire au détourné est que notre posture spécifique de bricoleur-bidouilleur s'effectue dans la prise en compte d'une activité comme espace de jeu. L'espace de jeu est avant tout le lieu de la pratique en atelier. C'est un cadre de travail, une structure d'expérimentation et de création. Au-delà de sa circonscription physique, c'est un lieu d'ébauches et d'essais, de rencontres multiples, d'exploration de voies diverses. L'espace de jeu est de ce fait un espace mobile qui laisse parfois l'impression de vide, à cause des inconnues, à savoir les déroulements du jeu. Bien que nous fassions des hypothèses sur les possibilités de mise en action, nous ne pouvons être certains de ce qui se passera en atelier. Cela émane de la multiplication des *stimuli*, en fait, plus encore, de la variabilité et l'instabilité chronique de notre pratique. Une multitude d'objets et de formes sont susceptibles de participer au devenir de nos réalisations, et parfois ils sont susceptibles de nous échapper ou de s'imposer. Il y aurait donc un caractère profondément ludique, dépendant d'un instant donné dans un contexte précis. « Jouer de quelque chose, c'est d'abord en faire son jouet, donc pouvoir agir dessus à son gré[380] » nous dit Étienne Souriau. Cela implique que notre pratique interventionniste se prête au jeu, plutôt est analogue au jeu, par ses qualités d'activité ludique, distrayante, mais aussi au fait que nous nous fixons implicitement des règles. Le jeu est un mode d'action de notre pratique, exécuté pour lui-même et pour un certain plaisir du challenge.

Il y a également le recours à une forme d'ironie esthétique qui trahit une incertitude dans le faire. Elle se manifeste le plus souvent par

---

[380] SOURIAU, E., *op. cit.*, p. 917-918.

une sorte de scepticisme enjoué envers le numérique tel qu'il est présenté au plus grand nombre. Il y a aussi une sorte de dérision à l'œuvre dans notre activité parfois dispersive, *mal faite*, qui est une manière de dire les distances d'une vision à la fois détachée des conventions et pourtant attachée à s'ancrer en elles différemment.

Peut-être pourrions-nous qualifier ce dernier aspect d'expérience du détour, nous jouons un exercice de dépersonnalisation : comment se reconnaître dans le foisonnement du bidouillage ? Comment déterminer quel objet mérite d'être fait et défait ? Qu'est-ce qui caractérise cette posture à vouloir mettre en œuvre tel ou tel aspect ?

Tout espace de jeu convoque des règles, des rituels que nous décrivons dans la disponibilité des associations, des matériaux, des instants, et peut-être dans la recherche dérisoire de la dérision. Et même si les réalisations tendent vers le singulier, il y a dans notre activité cet aspect pourtant ancré dans l'histoire des objets, des formes, des fonctionnements et des concepts, qui subsiste, qui surgit, et qui rapproche et met à distance à la fois. Comme le décrit Josef Albers « tout art naît d'un matériau, aussi allons-nous de prime abord explorer ce que le matériau peut faire[381] ». À la limite ce n'est plus le matériau qui est soumis à la fantaisie opératoire de nos mains, mais une part de nous-mêmes. Une intériorité livrée au dynamisme du matériau, pour laisser jaillir la forme la plus adéquate. La tendance ludique tiendrait donc davantage du basculement, de l'écho, de la référence à la trahison mêlant le labeur de *l'homo faber* et le jeu de *l'homo ludens[382]*.

---

[381] ALBERS, J., *Bauhaus and Bauhaus People*, New York, 1970, p. 196.
[382] HUIZINGA, J., cité par RESTANY, P., *Les Objets-plus*, Paris, La différence, 1989, p. 76.

Il faut apprendre à tirer parti de cette activité, configurer les possibles de diverses manières afin d'obtenir, même partiellement, des dialogues singuliers, des échos spécifiques : découvrir la face cachée, « entendre la sonorité intérieure[383] » pour libérer des forces vives. C'est aussi le sens de ces arrêts souvent provisoires, suivis de relances, modifications, restructurations, annulations, recommencements qui font espérer jouer avec plaisir, produire des objets intéressants.

Cette posture ludique relève donc d'un double mouvement de progression et de risque, souvent sans réelle maîtrise, mais aussi de l'attitude de récolte et d'exploitation des *stimuli* que nous rencontrons en chemin. D'abord simple curiosité, toute une série d'objets extérieurs à l'activité plastique proprement dite sont immiscés dans le jeu, jusqu'à faire peser le poids sur les autres investigations et nous mettre « en situation de » : utiliser le jeu comme un outil et comme générateur d'histoires, sans résultats fixes, mais avec des règles où règnent le hasard et l'irrationalité, le dangereux, l'aventureux, l'inutile.

Ce travail peut ressembler à un interminable puzzle, toujours à la recherche de la dernière pièce ou de celles manquantes. On peut tenter de le parcourir, sans jamais parvenir à en épuiser toutes les ressources, qu'en pariant sur une succession, la plus large, la plus incalculable possible, de trajets, de sauts. Et parce que la configuration est sans cesse en train de se déplacer, aucune des pièces n'ayant de position attitrée, elle n'est elle-même que mouvement toujours en train d'être rendu possible, réalisable, relancé. La question est de savoir si nous ne sommes pas victimes de ce qui semble être notre propre jeu ? Ne glissons-nous pas

---

[383] DELORME-LOUISE, M.-N., « Matériau et créativité au Bauhaus, *Recherche Poïétiques. Tome II, Le matériau, Klicksieck*, Paris, 1976, p. 163.

souvent du stratège à la victime, qui reprend difficilement le contrôle qu'en tricheur qui désosse, décompose, trouve des chemins de traverse ?

> « Parfois je ne sais plus avec quoi je travaille ; il m'arrive de créer des objets sans savoir ce que je fais, je travaille sans m'en rendre compte, en suivant simplement mon instinct[384] ».

Le plus souvent, il est vrai, nous n'avons qu'une direction, nous testons, nous ajustons, nous jointons, nous ratons, pour finalement bifurquer et rendre plus pertinente l'idée instigatrice. Un moyen qui tend à développer l'imagination tactile et visuelle. Pourtant, comment expliquer ce glissement, ces détours inattendus, dressés comme autant de pièges tendus à chacune de nos tentatives, et qui ne se révèlent qu'en étapes d'un processus plus global ne s'affirmant dans cette mise en œuvre que par « la mise en jeu » des acquis précédents ?

> « Selon toute apparence, l'artiste agit à la façon d'un être médiumnique qui, du labyrinthe par-delà le temps et l'espace, cherche son chemin vers une clairière. Si donc nous accordons les attributs d'un médium à l'artiste, nous devons alors lui refuser la faculté d'être pleinement conscient, sur le plan esthétique, de ce qu'il fait ou pourquoi il le fait - toutes ses décisions dans l'exécution artistique de l'œuvre restent dans le domaine

---

[384] TINGUELY, J., *La collection Jean Tinguely Bâle*, Retrospectiva, Valencia, Institut Valencia d'Art Modern, 2008, p. 49.

de l'intuition et ne peuvent être traduites en une self-analyse, parlée ou écrite ou même pensée[385] ».

Pourtant même si la dimension du jeu apparaît ici, elle n'est pas pensée en termes d'objectif, ce n'est qu'à la lumière de cette réflexion qu'elle apparaît si visiblement. Toute notre activité ne se donne-t-elle pas comme la manifestation d'un vaste jeu, en multipliant les intersections, les rencontres, les rejets ? Une sorte de jeu à venir, dont il faudrait inventer les mouvements, les règles, où nous sommes une sorte de spectateur d'un inventaire qui nous ressemble. La pratique se lit ainsi comme une série de tentatives, d'adjonctions, d'éléments trouvés ou décidés, superposés, temporaires, glanés, et formalisés en quelques objets « terminés » qui gardent une trace de ce qui s'est joué.

Le jeu est apparemment refusé par beaucoup parce qu'il offre le désagrément de présenter un vide qui, s'il persiste, ne laisse pas sûr de soi. Se voir soi-même, se rendre compte de son propre degré de liberté d'action, suscite d'abord l'interrogation et le doute quant aux stratégies à adopter. Parfois, la moindre décision reste fuyante, certains choix inaccessibles. Nous hésitons quant au moment de se mettre au travail, et devant l'infini des possibilités offertes nous avons la sensation que tout est possible, et du coup impossible. Pourtant si tout est possible, le meilleur comme le pire, si rien n'offre de réelle résistance, tout effort devient inconcevable, car nous n'avons rien sur quoi se reposer ou s'opposer. Il s'agit en ce sens de développer une certaine aptitude à se dégager de la potentialité qu'offre la liberté, qui induit une posture d'action consciente d'observations de soi dans l'activité. Est-ce le

---

[385] DUCHAMP, M., « Le processus créatif », *Duchamp du signe*, Paris, Flammarion, 1994, p. 187-189.

dynamisme de l'inconscient enrichi par les expériences du contact avec le matériau, ou encore la recherche sans fin d'une posture créative « en situation de », qui se crée des « aptitudes à » ? S'agit-il seulement de vivre au travers du maniement des instants de découverte, de construction ludique ? Peut-être est-il plus question de faire que de sentir, avec une connaissance des matériaux acquise « sur le tas ». En cela, s'énonce ici clairement une « main qui s'érige elle-même en outil, mais en outil doué de sensibilité, qui s'invente lui-même en dehors de tout mode d'emploi préexistant, sans but défini, si ce n'est de rendre évident, visible en un seul coup d'œil la nature profonde du matériau, ses qualités, ses structures, ses possibilités et ses limites[386] ».

En s'appuyant sur des renvois, sur des redéfinitions, ou encore en voulant mettre littéralement « hors-jeu » des aspects du numérique, ce qui nous intéresse c'est que de nouvelles données apparaissent, que de nouvelles diversions interviennent, que des liens se font jour : « les liens sont là ; en tant qu'artiste, il me revient de donner une forme visuelle à ces relations[387] ». En ce sens, on ne peut faire l'économie de la dimension joueuse. Créer consiste à jouer indéfiniment une partie où les enjeux et les outils existent comme une formalisation d'une volonté, l'œuvre n'étant autre que la possibilité du jeu artistique : la joie de façonner, d'inventer des figurations nouvelles, de jouer tout simplement.

> *Et le plus souvent « c'est l'imagination qui joue.*
> *Et le jeu a sa fin en soi : le plaisir. On se plaît à forger*
> *des fictions, ou aux fictions forgées par les autres. La*

---

[386] DELORME-LOUISE, M.-N., *op. cit.,* p. 167.
[387] HIRSCHHORN, T., *Interview,* Catalogue FRAC Paca, Actes Sud, 2000, p. 25.

*différence du possible et de l'impossible n'intervient pas :
on se plaît à l'un comme à l'autre*[388] ».

Parfois on s'amuse sans but, de tout, et les réalisations se succèdent de façon imprévisible. Et s'il y a beaucoup de choses possibles, c'est dans le nombre de choses impossibles que souvent se porte notre intérêt de plasticien : faire autre chose, faire autrement, détourner, mettre en dérive, relever un défi technique et créatif. Nous aimons insérer dans le champ même du numérique cette part de trouble dans le sens de Guy Scarpetta, ce quelque chose qui opère comme « un coefficient d'impureté ou de déstabilisation, ce qui triche avec les codes, ce qui perturbe l'orthodoxie, ce qui fissure les conformismes[389] ».

Si « l'imagination ludique et artistique dispose de combinaisons fantaisistes et fantastiques en nombre infini[390] », sommes-nous seuls à avoir conscience des choses qui suffiraient à distinguer notre jeu plastique du caractère profondément personnel d'une pratique, qui si fréquemment s'éparpille, ne manque pas inlassablement de revenir à nous, à notre seule discrétion dans le temps de la fabrication ?

Ce que les formes trouvées nous dévoilent, ce que les images produites révèlent, apporte toujours quelque chose de plus sur une connaissance de nous-mêmes, quelque chose qui nous rappelle à quel point nos réalisations sont à la dimension de ce que nous sommes, aux manières auxquelles nous sommes sensibles, à nos points de vue, à notre présence dans un jeu qui n'est que le nôtre, au fait irrémédiable que nous

---

[388] CONCHE, M., *op. cit.*, p. 123.
[389] SCARPETTA, G., « Le trouble », *Art Press*, janvier 1993, p. 134.
[390] CONCHE, M., *op. cit.*, p. 123.

sommes le seul et l'unique joueur dans la partie, le seul à éprouver exactement ce qui se joue.

Cette prise de conscience nous permet de nous rapprocher, de revenir à nos racines, faire un retour sur soi. Et comme l'évoque si justement Gilbert Lascault, ce n'est pas un retour vers une tradition quelconque, « [...] c'est un retour vers ma propre tradition[391] ». D'une certaine manière cela nous permet de renouer avec « un certain moi-même que nous avons oubliés, qui était enfoui sous des choses[392]», mais qui est toujours là, et nous guide dans l'exploitation des trouvailles, des défaites et des détours sans même que nous en ayons conscience. Le principe de notre recherche est à rechercher en nous-mêmes. D'ailleurs la connaissance, qu'elle soit plastique ou autre, n'est-elle pas une chasse à la reconnaissance ? Nous ne savons pas toujours ce que nous cherchons, mais nous sommes sûrs de le reconnaître. Car ce que l'on reconnaît ne fait-il pas toujours partie de nous ? Et probablement suivre cette intuition entre savoir et ignorance, guidée par ce « moi intérieur », et agir, motivé par des états de conscience, permet de s'affirmer dans le geste, affirmer les objets. Agir tout en s'observant, tout en s'écoutant plutôt, conduit à cette « prise de consciente inconsciente » d'une liberté inhérente à soi, à réveiller une partie de nous qui sommeille habituellement : la pratique est une nécessité fixée par nos contraintes propres. Nous sommes peut-être dans la posture de celui qui donne un profil à son chemin, ouvre ou trace une voie, et celui qui adapte ce trajet à un contexte, le construit en fonction d'accidents et des contraintes de parcours.

---

[391] LASCAULT, G., *op. cit.,* p. 82.
[392] *Ibid.*

En ce sens, la contrainte apparaît donc ici, curieusement, comme la possibilité de produire malgré la prolifération des possibilités, elle règle d'emblée la question des choix en transformant l'activité en une pratique qui met en place des possibilités de « faire ». Elle parvient à trouver malgré l'obligation, « dans l'obligation de soi » une motivation qui guide le cheminement.

C'est pourquoi, à chaque fois que nous entreprenons d'investir notre atelier, il y a ce moment presque imperceptible de retrouvailles qui s'impose et qui nous rappelle que tout ce que nous faisons, nous n'avons jamais cessé de le faire : *jeu d'enfance, plaisir ludique, liberté contrôlée, auto-tradition.* Une certaine insouciance d'un laisser-aller baladeur, auquel on fait injustement peut-être confiance… « L'artiste crée dans une enfance nouvelle : il passe à l'acte créateur, dans la crainte et le tremblement de sa conscience adulte, mais avec la claire inconscience, la témérité, voire la mythomanie impétueuse de l'enfant qui se met à ses jeux[393] ». Un entre-deux qui paraît proche de cette « aire intermédiaire d'expérience[394] » mise en valeur par Winnicott, et qui se situe entre le subjectif et l'objectivement perçu dans une entremise.

---

[393] PASSERON, R., « L'enfance de l'art ou l'enfant comme valeur artistique », *Actes du Colloque de l'AGIEM*, 1983, p. 25.
[394] WINNICOTT, D. W., *op. cit.*, p. 9.

Du « jeu » au « je »

Le jeu est probablement pour nous cette « liberté utile[395] », ce mouvement essentiel dans un mécanisme, cette latitude salvatrice définie par Roger Caillois. C'est sans doute aussi « un état d'esprit », qui manifeste un mouvement libre au sein de ce qui structure invariablement notre pratique. Le « non-sérieux », la dérision, l'idiotie, participent également à notre définition du jeu et donc à notre pratique. Paradoxalement, si le divertissement n'en est pas la fin, il résulte d'une activité plastique « sérieuse » dans toutes ses contradictions et c'est véritablement lui qui nous donne cette part de liberté. Pourtant, Johan Huizinga avance que le sérieux est le non-jeu par excellence, même si « le sérieux tend à exclure le jeu, tandis que le jeu peut fort bien englober le sérieux[396] ». Il nous est donc donné de jouer sérieusement tout en restant opposé à l'activité sérieuse : « l'antithèse du jeu est pour nous le sérieux, et aussi dans un sens plus spécial : le travail[397] ». Cette implication sérieuse dans l'activité est donc inéluctablement ce qui permet de la dépasser. Néanmoins, il nous est impossible de définir précisément à quels moments cela s'opère et sous quelles formes. Nous savons juste que cela arrive et disparaît continuellement au fil de nos cheminements. Improbable donc de cerner avec exactitude l'activité que nous menons. Jacques Henriot postule à ce titre l'impossibilité de jouer et d'adopter une attitude réflexive sur son jeu : « il apparaît […] impossible de jouer et de penser qu'on joue, de jouer et de dire qu'on joue. Supposons que quelqu'un soit en train de jouer : s'il pense qu'il joue, s'il

---

[395] CAILLOIS, R., *op. cit.*, p. 10.
[396] HUIZINGA, J., *Homo ludens. Essai sur la fonction sociale du jeu*, Paris, Gallimard, 1951, p. 83.
[397] *Ibid.*, p. 82.

dit qu'il joue, il cesse de jouer [...] ; et s'il joue, il n'est pas en état de le dire, ni même de le penser, parce que cette prise de conscience, cette réflexion, ce jugement, cette déclaration présupposent une manière autre de penser et d'agir, qui met fin à la première[398] ». Il s'agit donc plutôt d'une manière de penser, d'un état d'esprit particulier qui appelle nécessairement ici notre faire dans l'action : jouer c'est faire, faire est-ce jouer ? Si le jeu implique une latitude, une incertitude dans le déroulement, est-ce alors faire l'expérience du possible, s'abstraire momentanément de la réalité matérielle, « fictionner » l'activité ?

Tout ce que nous savons, peut-être, c'est que nos manières de faire ou de défaire avancent sur nous, nous rappellent à nous-mêmes, elles sont la marque d'une expérience, une épreuve dans le présent. Mettent-elles l'accent sur un état des choses, sur des causes directes, ou s'appuient-elles inconsciemment sur un récit, une histoire ? Ou encore, sont-elles de liaison, un archivage d'actualité, un savoir de remise en jeu ?

L'oubli ponctuel est sans doute une ruse, un moyen qui permet de nous effacer pour mieux revenir, non plus aux œuvres, mais dans une sorte de dialogue, une sorte d'échange, un possible face à face *d'alter ego*, une confrontation à nous-mêmes et à ce que nous faisons, ce qui fait de nous le plasticien que nous sommes. Une confrontation qui se pose entre un *je* identitaire et un *je* projeté : un enjeu ? Une possibilité de dévoiler une variété de jeux à partir d'énergies potentielles et actualisables ?

---

[398] HENRIOT, J., *op. cit.*, p. 152.

Il s'agit par cette distance même temporaire de « re-devenir » amateur en quelque sorte. C'est-à-dire une personne ayant accepté une part d'immaturité, d'innocence et de méconnaissance, de fantaisie ; peut-être également ou simplement une distance nécessaire pour faire de nouvelles propositions : porter une valeur critique, plutôt que de se contraindre à un savoir-faire limitatif, dans une incontournable concentration sur notre micro-univers ; jouer de cet esprit d'enfance qui recèle une force subversive de dislocation. Un amateurisme tel que l'entend Roland Barthes : « l'amateur reconduit sa jouissance (*amator* : qui aime et qui aime encore) ; et ce n'est nullement un héros[399] ».

Quand il s'agit de définir la tradition, on lira qu'elle concerne une habitude devenue populaire progressivement[400], ou encore « la propension à accepter un quotidien habituel et à croire qu'il constitue une norme pour l'action[401] », parfois cela s'exprime par une relation contraignante. Ici il s'agit plus d'un rituel intime, d'une pratique désordonnée, désordonnante, dans une dynamique globale personnelle, dans laquelle nous jouons, nous fixons nos règles, nous transgressons. Un rituel sous le mode du ludisme, c'est-à-dire en sachant y mettre du « je » en adjacence au « jeu ». La construction d'une réalité qui nous est propre, un petit monde qui s'interprète lui-même à mesure qu'il se crée, un système qui s'auto-commente par les actes et les gestes qui le modèlent. Et qui, paradoxalement, demande une habileté à ne pas trop s'habituer.

---

[399] JOUANNAIS, J.-Y., « Le siècle Mychkine ou l'idiotie en art », *Art Press n° 216*, 1996, p. 37.
[400] Le Nouveau Petit Robert de la langue française 2010, p. 2591.
[401] WEBER, M., *Essais de sociologie des religions*, trad. J.P. GROSSEIN, Die, Édition à Die, 1992, p. 94.

Or jouer, en paraphrasant Christian Gérard, consiste à s'amuser, prendre du plaisir, se distraire, il relève d'une rencontre, d'un échange, et suggère un espace de liberté, produit du bien-être, du bonheur le temps que l'instant du jeu se renouvelle. Il est ce qui nous permet de tisser des liens, des relations secrètes, dans les rencontres. Il fait naître des projets auxquels, en situations « sérieuses », nous ne pourrions pas accéder : le rêve, l'insouciance, le relâchement, l'alternance. Il apparait souvent comme tactique, stratégique, comportemental, et nous oblige même à ne pas toujours cacher notre jeu, ni dans ce qui s'est joué, ni dans le moment de le dévoiler. Il engage la production de savoir, responsabilise nos actes, nous pousse dans l'action par des processus très difficiles à prédire et contrôler toujours différents[402].

Jouer revient à « induire des écarts qui enrichissent le rituel en lui ajoutant de la nouveauté, un style singulier, des manières [...] qui émancipent des schèmes parfois trop rigides[403] ». Et quand nous énonçons que *nous avons toujours fait ainsi*, cela ne suppose pas une valeur de conformité, même si elle est inévitable, plutôt un rapport ambigu entre la forme et le contenu de la pratique qui fait que cette tradition du faire, du penser et du voir subsiste.

Pourtant s'il s'agit d'une sorte de continuité entre les moments d'une même histoire, il ne s'agit pas de conservation du passé, ni de revenir à une posture antérieure, ni même de transmission d'expérience. La tradition du retour sur soi est plus à entendre comme un processus évolutif par lequel se constitue l'expérience plastique, toujours identique,

---

[402] GÉRARD, C., *L'œuvre du mouvement*, Presses universitaires de Nancy, 2011, p. 93-95.
[403] JEFFREY, D., *Eloge des rituels*, Presses Universitaires de Laval, 2004, p. 6.

toujours différente. Malgré une sorte d'inculcation guidée par les tours de main acquis au fil du temps, nous ne recherchons pas nécessairement les automatismes ni les particularités contraignantes qu'engage une telle relation, elles s'imposent bien souvent d'elles-mêmes.

> *« Le rituel peut certes tendre vers trop d'ordre ou trop de désordre, mais, idéalement, il met en tension ce qui produit le stable et ce qui produit l'instable[404] ».*

Cela constitue une chance d'accéder à la richesse de l'imaginaire et de nous rapprocher de nous-mêmes. Et même au sens rituel, si la pratique est souvent répétée même involontairement, elle peut conserver un sens initiatique qui constitue un certain enchantement renouvelé. Le rituel peut certes tendre vers trop d'ordre ou trop de désordre, mais idéalement il met en tension ce qui produit le stable et ce qui produit l'instable. C'est peut-être aussi parce que ce geste accapareur dont nous usons si souvent, volontiers transgressif, se substitue progressivement à l'hésitation, au glanage au gré des humeurs et du savoir acquis en pratiquant.

Le rituel constitue les deux pendants d'une même chose, le jeu en est certainement le trait d'union. En fait, il décrit à la fois le mouvement, et engage l'œuvre permise par le mouvement dans la production d'un évènement. Cela s'opère d'abord par une intériorité vécue et éprouvée en soi. Celle qui fait primer la potentialisation d'une rencontre, voire d'un déplacement. La rencontre, le voyage, et le jeu sont finalisés par

---

[404] *Ibid.*, p. 17.

l'engagement d'un *je* qui se projette vers les enjeux du faire. Entre je et enjeux, émergent des actions, des perceptions et des significations du jeu.

Dans cette appropriation d'un type particulier, il ne s'agit pas de figer et cloisonner les expériences, mais bien au contraire d'exploiter une certaine ouverture d'esprit, un senti émotif et une connaissance qui suscite une narration qui nous ressemble. Picasso disait à propos de sa peinture que « c'est comme la torture, il faut s'avouer soi-même[405] ». Dire d'où nous parlons, échafauder notre parcours, exprimer les origines de notre pratique et les connaissances qui nous portent, sont pour nous comme l'aveu d'une construction. Répondre au besoin de construction. Cela oblige « d'une part à se connaître afin de se reconnaître, d'autre part à se reconnaître afin de se connaître[406] ». Le voyage est probablement la richesse de l'enjeu, dans l'enchevêtrement de nos préoccupations qui se nourrissent de savoirs et d'expériences : puiser en soi les éléments animant ses façons d'agir. Au même titre, la pratique use semble-t-il de l'effet miroir dont parle Thomas Hirschhorn, celle où « la seule possibilité, c'est de m'emparer des choses que j'observe, puis de les renvoyer. Mon œuvre fonctionne comme un miroir : elle renvoie des choses qui me frappent […], avec la même violence que quand je les ai perçues[407] ». C'est peut-être aussi ce qui se révèle de manière intime et personnelle dans le fait de mettre en forme, de donner forme comme il le décrit si bien :

« Il s'agit de donner forme, non pas de faire une
forme - mais de donner forme. Je veux donner une forme

---

[405] PICASSO, P., cité par CONIL LACOSTE, M., *Tinguely, l'énergétique de l'insolence*, Paris, La différence, 2007, p. 85.
[406] GÉRARD, C., *op. cit.*, p. 153.
[407] HIRSCHHORN, T., *op. cit.*, p. 24.

*qui vient à moi, donner une forme qui ne peut venir que de
moi, donner une forme que seulement - moi - peux donner,
donner une forme que seulement - moi - connais, donner
une forme que seulement - moi - sais donner et donner
une force que seulement - moi - vois comme cela. C'est
ainsi que s'établit la différente entre faire une forme - être
un avec cette forme. Je dois être cette forme, je suis cette
forme[408] ».*

Ainsi, ce qui nous porte, ce sont ces multiples anecdotes, ces
petites histoires, par lesquelles les œuvres poursuivent leurs lectures
infinies, ces moments de rencontres inédites de soi à l'autre, qui
convoquent de façon presque équivalente, de rencontrer une part de soi,
de voir son reflet. Parfois la place du *je* devient floue, difficilement
localisable, échappant à une présence directe : une sorte de fantôme de
présence. Le corps œuvrant du *je* qui parle n'est pas là où on l'attendait.
Il est ailleurs, parfois on ne sait pas où, dans une sorte de hors champ de
ce qui l'anime, même s'il parle, même s'il s'exprime en son nom. Ce
n'est donc pas un parler à plusieurs voix, mais un *je* projeté à un *il* et
vice-versa dans un échange, un dialogue une discussion à lui-même. Il
s'agit plutôt d'un glissement, d'un relais, d'un enchainement, qui ne fait
que nous révéler à nous-mêmes. Un *jeu* également, dans le sens d'un repli
sur soi, d'une coupure avec l'histoire, dont l'activité ici ferait acte, et se
débattrait afin que cette dernière se cicatrise. Dans cette logique, il y a
sans doute quelque chose d'un état double : « un *je* qui se produit et un
comportement qui est produit[409] ».

---

[408] HIRSCHHORN, T., « Où est-ce que je me situe ? », in JAMET-CHAVIGNY, S.,
LEVAILLANT, F. (Dirs.), *L'art de l'assemblage, op. cit.,* p. 232.
[409] MASSÉRA, J.-C., *op. cit.,* p. 105.

Un moment qui se présente comme une espèce de mémoire pulsatile, de rituel, qui avec ses oublis, ses rappels et ses pertes, produit une sorte de confrontation avec des réminiscences d'un temps différent. Un temps qui fait que l'on s'identifie et l'on se différencie. Un temps dans lequel on ne se reconnaît que dans l'impasse que l'on tente de devancer. Mais surtout dans lequel on cherche, même partiellement, à faire rupture avec soi-même, cette rupture même dans laquelle on se reconnaît. C'est une articulation consciente ou non, qui semble assumer ce que nous sommes, de jouer de ce blocage pour en faire notre nouveauté actuelle ; une tension paradoxale entre ce que l'on nie et ce que l'on affirme : « s'affirmer comme celui qui se nie ; s'affirmer en état de séparation d'avec soi-même ; s'affirmer entre deux niveaux d'être, de pensée, de parole ; disponible à ce qui déjoue l'identité[410] ».

Dans ce contexte, ce que nous produisons est sans doute une détente, quelque chose comme un désamorçage ou un délassement. Une forme qui tente d'éviter les lourdeurs théoriques, sans que l'on puisse affirmer qu'elle en fasse l'impasse. Une détente, en ce qu'elle renferme le paradoxe de la relâche et de l'extension, tel le second sens du mot : effort musculaire qui produit l'extension du corps[411]. Comme s'il s'agissait, parlant de nos objets, d'un acte doublé d'une distraction : être, et être en passant.

En effet, s'il est vrai qu'œuvrer nécessite toujours quelque visée à atteindre, quelque rêve à accomplir, quelques lueurs miroitantes éclairant nos gestes, œuvrer pour nous, sur le fond du défaire bricolant et

---

[410] SIBONY, D., « Trouvailles d'art ou de science », in TOULOUSE, I, DANETIS, D. (Dirs.), *Eurêka. Le moment de l'invention. Un dialogue entre art et sciences*, *op. cit.*, p. 238.
[411] *Le Petit Robert*, *op. cit.*, p. 715.

bidouillant, revient à vivre dans un écart mnésique, dans ses absences et ses rappels, à suivre le mouvement de l'imaginaire et de ses divagations continues, à pourchasser le reflet d'un objet fuyant en mouvement ininterrompu. « La poursuite d'un objet de désir fuyant n'est, à vrai dire, que *la poursuite de nous-mêmes, nous-mêmes au-delà de toute unité* : je - qui n'est pas un[412] » ; à la quête permanente de soi, à travers la pluralité de sa réalité propre, dans toute la multiplicité de ses inflexions et de ses contradictions, et à travers la diversité de ce qui nous environne, de sa complexité.

N'y a-t-il pas de ce que décrit Gilles Deleuze à propos de la « personne déplacée[413] » ? Une sorte de voyage vers soi-même, seule façon de s'y retrouver. En allant vers les objets, c'est vers nous-mêmes que nous allons, ce faisant, en produisant un *autre* objet de cette rencontre qui est toujours la même renouvelée.

Cette démarche ne saurait donc être, de manière préméditée, celle du biographe. Non pas celle de produire des référents iconographiques de nous-mêmes, qui à eux seuls ne sauraient nous définir. Plutôt ce qui permet *d'apercevoir* la confuse diversité de tout ce qui nous constitue, tout ce qui nous inonde, tout ce qui contribue à rejoindre le nœud « *autre* » d'une multitude de questions tissant l'ensemble de notre recherche, se déplaçant en filigrane à travers l'évolution de notre activité créatrice, à travers l'enchevêtrement de ses composantes, à travers la multiplicité de ses artifices constitutifs : la complexité des repères référentiels.

---

[412] RACHDI, M., *op. cit.,* p. 189.
[413] BORREIL, J., *La raison nomade*, Paris, Payot et Rivages, 1993, p. 80.

Il y a une sorte de réciprocité dans ce phénomène de « l'apercevoir » de l'autre. D'une certaine façon, je le vois et je suis également vu de lui. Il est là comme la référence à ce qui est en dehors de moi, il est notre référence. Nous sommes également la sienne, il ne pourrait se passer de nous « […] autrui, en effet, c'est l'autre, c'est-à-dire le moi qui n'est pas moi ; nous saisissons donc ici une négation comme structure constitutive de l'être-autrui […]. Ce néant […] est, au contraire originellement le fondement de toute relation entre autrui et moi-même[414] ». « Toutes ces relations sont transitives : je touche un objet, je vois l'Autre. Mais je ne *suis* pas l'Autre. Je suis tout seul. C'est donc l'être en moi[415] ». L'autre, selon Levinas, est donc être en moi. Mais le « je » n'est pas l'Autre. L'Autre est « un autre moi » qui vient de moi, mais qui n'est pas moi. L'Autre n'est pas un *alter ego* ni une doublure ni un sosie, mais un individu appartenant au même genre que moi. L'autre chez Levinas vient donc du « je ». Un « je » qui n'est pas dans le « moi », ni entièrement dans l'autre, mais réparti tout au long de cet étrange « spectre d'identité[416] ». Un « je » appelant un jeu, toujours au bord de la rupture, presque ubiquitaire, à l'écoute de ses deux réalités, dans lesquelles nous tissons donc, en rapiéçant au fil du temps les accrocs de nous-mêmes pour nous y perdre à nouveau[417].

---

[414] SARTRES, J.-P., *L'être et le néant*, Paris, Gallimard, 1990, p. 275.
[415] LEVINAS, E., *Le temps et l'autre*, Paris, PUF, 1994, p. 21.
[416] M'UZAN, M., *De l'art à la mort*, Paris, Gallimard, 1994, p. 151-163.
[417] GONIN-PEYSON, D., *op. cit.*, p. 297.

Chapitre 2. Prévisions

L'œuvre est une figure qui se transforme tandis que nous l'appréhendons. Nous sommes en face d'une multiplicité de signaux en mouvance permanente plutôt que confrontés à une forme délimitée : elle s'échappe dans le parcours même qui la constitue. Elle appelle donc une pensée plastique adjointe d'un regard saisissant. L'œuvre ne dialogue pas sans le désir de voir et la possibilité d'être vue : elle renvoie au regard lui-même. Ce qui se distingue est un devenir, une plateforme riche et féconde : un outil opératoire, une pensée ouverte et aux aguets, une captation sensible de sa réalité.

2.1 Captures

Défaire est consécutif d'un regard singulier et pluriel, qui mêle à la découverte les souvenirs, les évocations, la mémoire, l'imaginaire créatif. Il s'agit d'une vision qui nous permet de distinguer bien au-delà de ce qui s'offre à nos yeux. Un angle qui rend le regard premier secondaire et le geste possible. Un voir qui est d'abord celui de l'esprit : une présence-absence qui prend en compte notre intériorité, notre expérience et nos affects dans une sorte de rêverie investigatrice. Une capacité non maîtrisée de la conscience à observer ce qui se passe, à voir et à distinguer des choses signifiantes. Un regard qui transcende le visible, qui cherche à s'immiscer dans les objets, à produire du sens : un regard qui invente un visible dans une connivence de l'œil et la main, de la matière et l'esprit. Un voir étrange qui suit une pulsion indicielle, à l'affût pour capturer chaque détail des confidences de la matière. Un regard qui n'est plus de la vision, mais voyance, double vue, anticipation involontaire : un acte d'imagination.

Regard

Nos yeux cherchent toujours l'objet insolite que personne n'aura repéré, celui qui ne rappelle rien, celui qui signifie tout, celui qui résonne avec la pratique. Vision singulière et plurielle, elle nous fait partir de *rien* ou, plus exactement *du* rien pour doter le regard d'un récit nouveau. Objet trouvé, oublié, jeté, donné, récupéré, que le regard doit laisser toucher quelque chose en soi. Même si ces objets conservent en eux la notion d'abandon, d'oubli, ils paraissent à nos yeux plus amicaux, plus sensibles et plus libres de conserver d'une manière intime et secrète, plus que tout autre, des choses intérieures à nous dire, à nous montrer, à exploiter. Ces objets que nous surprenons nous regardent, se donnent, pour penser un lointain encore inconscient, pour agir. C'est « l'autrefois qui rencontre le maintenant dans un éclair, ce n'est pas quelque chose qui se déroule, mais une image saccadée[418] », partielle, floue et qui prend peu à peu forme, confrontant le vécu et le présent qui s'altèrent, se transforment, se critiquent dans une découverte subjective et quotidienne, individuelle et hasardeuse.

Suivant le regard qui les découvre, ces objets incomplets seront de simples matériaux échoués, ou des ensembles accommodables à former des œuvres. Ils adviendront selon les associations plus ou moins heureuses auxquelles ils participent, dans la gratuité ou dans l'intentionnalité d'une fonction que le geste voudra leur attribuer. Tout dépend du regard qui les saisira.

---

[418] BENJAMIN, W., cité par DIDI-HUBERMANN, G., *L'empreinte, op. cit.,* p. 1.

En ce sens, il y a davantage une idée d'attirance involontaire, une espèce d'attraction « primaire » qui se joue, plus qu'une simple association d'objets ou d'idées. Une sorte de pulsion inconsciente, une sympathie, qui s'affirme comme réciprocité dans l'association du geste. Une dépétrification du regard, nomade qui voyage avec ses dimensions et ses trajets, marginale, incapable de se plier au normalisme ambiant, et qui affiche de ne comprendre le monde qu'avec ces restes. Des fragments à peine visibles « d'objets atomisés, de rognures d'images que le temps précipite dans un dépotoir de signes en suspens[419] » qui exigent un regard décapant, « altérant », prêt à révéler les conditions d'un dialogue : jeu de la limite, de la limite et du cadre, découpe case par case, hors-champ et feuille blanche, lignes droites et inscriptions rhizomatiques. Un regard instinctif qui mêle à la découverte les souvenirs, les évocations, l'intimité, la mémoire, l'imaginaire créatif, notre vision déformante d'artiste. Alors, quand nous disons « je me souviens », en réalité dans de nombreux cas « j'imagine ». Nous construisons une idée de nous-mêmes qui nous laisse une illusion de continuité, parfois non crédible, ou pas longtemps.

> *« Expériences vécues du quotidien, formules rabattues, le dépôt qui nous est resté dans le regard, la pulsation de notre propre sang - ce qui passait inaperçu auparavant fait - en la déformant et en lui donnant la plus grande netteté – la matière des rêves[420] ».*

Cela nous plonge finalement dans un sol mouvant et incertain, jamais possédé, en dehors des souvenirs tenaces et des images éblouies que nous regardons. Un écartèlement entre paradis perdu, recel du

---

[419] CASTILLO DURANTE, D., *op. cit.,* p. 16.
[420] BENJAMIN, W., *Images et pensées*, Paris, Christian Bourgois, 1998, p. 196.

merveilleux et néant qui guette. Pour nos objets, il faut d'abord traverser, faire une promenade en eux, se mouiller, s'y risquer, les éprouver dans la durée de la traversée, variable d'un chemin à l'autre, parce que cette durée n'est pas qu'en représentation, mais vécue physiquement. Au-delà de cette réflexion, au-delà du parcours, qu'est-ce que nous attendons ? Un dépôt, que cette promenade et cette confrontation aux objets réels, tangibles contre lesquels on bute, aient des conséquences, laissent des traces. Un regard « œuvré » par le temps, par la pratique, par le geste du défaire, et qui cherche le glissement de sens, le choc, l'accident fondateur que seul notre regard peut saisir : prendre le temps de voir, *regarder au-delà de ce qui peut être vu*, examiner ce qui se donne à voir en s'éloignant tout en étant proche de l'objet, à ce qui nous subjugue et qui est associé à sa forme, sa matérialité, sa couleur, sa fonction, à la signification qu'il pourrait évoquer. Rendre notre pratique possible. Ce qui nous intéresse c'est d'engager une balade dans laquelle nous ne voyons pas l'œuvre. Il n'y a aucun point de vue privilégié, nous sommes à l'opposé de la planification, de la réflexion prévisionnelle, nous sommes dedans, jouissant d'une forme de liberté à prendre, à saisir. L'absolue nécessité de sinuer provoque l'esquive, oblige à réagir, et pas seulement à manipuler. À chaque instant, dans chaque nouvelle position, quel que soit le sens dans lequel nous parcourons, lentement ou hâtivement, directement ou sinueusement, avec ou sans arrêts, nous sommes conscients que certaines choses nous échappent, qu'on soit transporté ailleurs, au-delà, à la rencontre d'autre chose. D'une certaine façon, c'est pour cela que nous faisons tout ça. Notre simple vision transforme notre regard en regard unique, *une vision au sens métaphysique*, une « hallucination » l'espace d'un instant. Un regard « proche et distant à la fois, mais distant dans sa proximité même [...] l'objet lui-même devenant, dans cette opération, l'indice d'une perte qu'il soutient, qu'il œuvre visuellement : en se présentant, en s'approchant, mais en produisant cette approche comme un moment ressenti « unique » et tout à fait étrange, d'un souverain éloignement ».

Il s'agit d'une sorte d'aveuglement, d'une vision trompeuse, coupée de la netteté de la perception. Une cécité qui permet de prolonger le regard bien au-delà de ce qui s'offre à nos yeux, une sorte de présence-absence qui prend en compte notre intériorité, notre expérience et nos affects, de ce qui nous affecte, de ce qui rend lisible, par une sorte de « rêverie investigatrice[421] ». S'énonce ici clairement un moment proche de la transe, où « pour ouvrir les yeux, il faut savoir les fermer ». « Voir, c'est fermer les yeux[422] » écrivait Wols, sans doute pour être attentif à notre monde intérieur. L'œil toujours ouvert, toujours en éveil [...] devient sec. Un œil sec verrait peut-être tout, tout le temps. Mais il regarderait mal. Pour bien regarder, il nous faut - paradoxe d'expérience - toutes nos larmes[423] ». Dès lors, regarder n'est-ce pas se comporter en aveugle : « avancer dans un somnambulisme lucide[424] » en usant d'autres sens, aiguisés d'une façon différente ?

En effet, il s'agit probablement de capturer l'image secrète qui s'offre à nous, celle qui s'affirme par le regard créateur, et qui à la fois s'impose et se dérobe immédiatement. Une image qui porte le regard dans un angle de vision qui lui est impossible de distinguer avec ses organes, celui du rêve « tout éveillé[425] » et même émerveillé de la surprise qui s'offre pleinement à lui. Un angle qui rend le regard premier secondaire, et qui rend le geste possible, qui comble le manque, et qui

---

[421] MILNER, M., « Introduction », in PESENTI CAMPAGNONI, D., TORTONESE, P. (Dirs.), *Les arts de l'hallucination*, Paris, Presses de la Sorbonne Nouvelle, 2001, p. 13.
[422] WOLS (SCHULZE, A. O. W.,), *Wols en personne, Aquarelles et dessins,* Paris, Delpire, 1963, p. 52.
[423] DIDI-HUBERMAN, G., *Ninfa Moderna. Essai sur le drapé tombé*, Paris, Gallimard, 2002, p. 127.
[424] SALLES, G., *op. cit.*, p. 43.
[425] JAMES, T., « Rêveurs tout éveillés –ou à moitié endormis », in PESENTI CAMPAGNONI, D., TORTONESE, P. (Dirs.), *op. cit.,*, p. 17.

laisse simultanément intacte une capacité de la conscience à observer ce qui se passe. Paradoxalement, pour embrasser la multiplicité de ces visions, cela implique « de savoir concentrer son esprit sur un seul point, de savoir s'abstraire suffisamment pour amener l'hallucination et pouvoir substituer le rêve de la réalité à la réalité même[426] ». En fait, « le rapport du regard à ce qu'on peut voir est un rapport de leurre. Le sujet se présente comme autre qu'il n'est, ce qu'on lui donne à voir. C'est par là que l'œil peut fonctionner comme regard, c'est-à-dire au niveau du manque[427] ». Et c'est sans doute par cette déroute visuelle, ce manque, cette « faiblesse » à voir les choses telles qu'elles sont, que notre vision trahit l'image physique et se transforme en regard singulier. C'est d'un « point de vue » qui est le nôtre dont il s'agit, pas celui d'un tiers ni par procuration, un point de vue qui use de cet « œil tactile et dévorant qui profite de la moindre brèche pour s'engouffrer et mettre ce qui est vu à la portée du regard[428] ».

L'œil voit, mais n'est-ce pas d'abord notre esprit qui regarde ? Ne s'agit-il pas de se situer dans une certaine attitude mentale, dans un certain engagement instaurateur ? « Nous ne voyons que ce que nous avons intérêt à voir. L'intérêt peut naître soudain, nous faisant découvrir ce que nous côtoyons depuis des années. Et il s'agit bien de *voir*, non pas *regarder*[429] ». D'ailleurs, *voir* n'est plus seulement « considérer avec attention », mais « exercer une attention », par le biais d'autres récepteurs plus personnels, plus sensibles, voire inexplicables.

---

[426] HUYSMANS, J.-K., cité in PESENTI CAMPAGNONI, D., TORTONESE, P. (Dirs.), *op. cit.*, p. 5.

[427] LACAN, J., *Le séminaire Livre XI. Les quatre concepts de la psychanalyse, op. cit.*, p. 96.

[428] GUETEMME, G., « L'art au risque du corps », in *Le risque en art, op. cit.*, p. 91.

[429] NOUGÉ, P., « La Vision déjouée », *Histoire de ne pas rire, L'Age d'Homme*, 1980, p. 228.

« *La perception ne saurait se limiter à ce que l'œil enregistre du monde extérieur. Un acte perceptif n'est jamais isolé : il constitue seulement le tout dernier maillon d'une chaîne innombrable d'actes similaires qui, accomplis dans le passé, survivent dans la mémoire. Parallèlement, les expériences du présent, emmagasinées et amalgamées à celle du passé, préconditionnent les percepts futurs. La perception prise dans l'acception la plus large du terme doit donc inclure les images mentales et leur relation avec l'expérience sensorielle directe*[430] ».

Ainsi, du premier scintillement à l'idée, et de l'idée à la touche finale, cet œil est celui qui croise sans relâche un « faisceau de fonctions, […] ces entrelacs de vision et de mouvement[431] ». Il correspond à la cristallisation d'une obsession. Celle qui nous fait prendre conscience d'avoir franchi inconsciemment, *un point* de non-retour : *Point de fuite sans point*[432]. Celle qui nous fait admettre pleinement que tout ce qui retient notre attention est là, parce que justement il mérite d'être regardé, et coïncide pleinement ou partiellement à la manière dont nous entreprenons les réalisations : une structure fictive faite de ponctuations, autrement dit un champ aveugle que seule la ponctuation, « signe-relayeur », permettrait de rendre visible et lisible ?

Une ponctuation qui arrête l'œil. Non pas comme un moment d'absence de mouvement, mais comprise comme relais, respiration, échange, d'un objet à l'autre, d'un signe à l'autre, croisement et

---

[430] ARNHEIM, R., *La pensée visuelle*, Paris, Flammarion, 1999, p. 87.
[431] MERLEAU-PONTY, M., *op. cit,* p. 16.
[432] BUCI-GLUCKSMANN, C., *L'œil cartographique de l'art*, Paris, Galilée, 1996, p. 114.

passation, d'une pose sur la suivante. Chaque regard est une rencontre. Jusqu'à ce que brusquement, une image saute à l'œil : mouvement de stoppage, dans le même temps, virgule et point, ou encore : bidouillage comme succession de points-virgules. *Punctum*, au sens d'une chose venant brièvement, mais intensivement nous toucher, un indéfinissable qui mobilise. Notre perception des choses est donc une sorte de prédisposition investie par la pensée. Mais c'est aussi cette obsession qui ne nous donne de quiétude que si nous élucidons même partiellement ce rapport, en bricolant, bidouillant ou en défaisant. Si ce « déclic ponctuant » n'existe pas, notre attention ne s'y attarde pas, le regard ne voit rien.

Indice

Notre attention est attirée sur des formes souvent minuscules, sans qu'elles imposent de sens précis. Le regard est donc tributaire d'une qualité d'attention particulière à des choses souvent insignifiantes qui par le prisme de l'activité créatrice se révèlent fondatrices à nos yeux. Ce qui d'ordinaire passe totalement inaperçu s'apparente à de véritables révélations, nourrissant des « relevés » indiciels dans notre investigation visuelle.

> « [un indice est] un signe ou une représentation
> qui renvoie à son objet non pas tant parce qu'il a quelque
> similarité ou analogie avec lui ni parce qu'il est associé
> avec les caractères généraux que ce cet objet se trouve
> posséder, que parce qu'il est en connexion dynamique

(y compris spatiale) et avec l'objet individuel d'une part et avec le sens ou la mémoire de la personne pour laquelle il sert de signe d'autre part[433] ».

Le moins compte davantage que *le plus,* souvent le peu nous en dit beaucoup. Il s'agit de cette condition de possibilité, dissimulée, presque méprisable, qui souvent n'apparaît que sous la forme indicielle, partielle, évanescente qui nous oriente vers le « dessous des choses[434] » et souvent nous interpelle, telle une conversation avec la matière, qui nous « parle pour ne rien dire[435] » ou dire peu. Et comme Jean Dubuffet, « j'aime le peu. J'aime aussi l'embryonnaire, le mal façonné, l'imparfait, le mêlé[436] ». Nous aimons aussi le souillé, le non-uniforme, l'hétérogène, l'ouvert, le non-protégé, le cassé, le raté.

Notre atelier par la saturation des objets récupérés ressemble à un territoire de petites catastrophes, d'incidents merveilleux, d'une succession d'étrangetés minuscules. Il offre pourtant au regard une bizarre capacité de résistance : une consistance opaque, une contenance poétique, une béance muette. Les objets y prolifèrent. Ils envahissent l'espace. Ils se serrent les uns contre les autres, sans pour autant abolir les vides. Ils jouent de leurs ressemblances et de leurs dissemblances. Ils se renvoient les uns aux autres. Ils forment un monde.

Ainsi, l'atelier s'offre à nous comme un immense terrain fertile pour l'imagination, dans lequel se jouent des choses difficiles

---

[433] PEIRCE, C. S., *Ecrits sur le signe*, Paris, Seuil, 1978, p. 158.
[434] LASCAULT, G., *op. cit.*, p. 31.
[435] CAUQUELIN, A., *L'art du lieu commun*, Paris, Seuil, 1999, p. 140-141.
[436] DUBUFFET, J., cité par LASCAULT, G., *op. cit.,* p. 95.

à distinguer, à représenter, presque impossibles à dénombrer, évanouissantes, incomplètes, changeantes, et suivant l'ébranlement délicat de l'ordre et du désordre. Tous les objets et matériaux divers, les fragments bidouillés, les restes de démontages, les dépouilles de greffes avortées sont, par manque de place et par une volonté faussement inconsciente, éparpillés sur le sol de l'atelier : la dispersion des morceaux constitue autant d'appels, d'accroches, d'arrangements divers sans classement, accidentels, dérivés, qui tous, seuls ou par entassement forment des aspects passionnants, des aventures en suspens. Ils jouent de leurs verticalités ou de leurs horizontalités, nous obligent à tourner autour, à se faire encercler, donnant de multiples points de vue éparpillés d'une accumulation peu à peu transformée en une même totalité. L'œil s'y insinue, divague, espère le bonheur de la perte, cligne, ne met pas sans cesse au point, part à la cueillette, ramasse, regarde au loin, jusqu'à l'explosion de l'indice signifiant qui incarne « le peu » ou à « peu de choses près », les signes d'un trésor sous-jacent à travers des caractéristiques obscures du presque rien. Et « pour que la vision que nous en prenons nous semble venir d'elles[437] » il nous est donné pour quelques secondes, que notre regard s'insère dans l'objet de notre attention, y participe et commence à y errer et même à s'y perdre à la recherche d'une succession de visions marquantes chargées d'expériences. Il suit un vol frémissant, sans pensée, gratuit, rien que sensible.

L'indice est aussi l'élément qui nous fait multiplier les réticences, les questionnements, les doutes, les rectificatifs et les approximations. Il est ce qui donne à notre travail des allures de jeu de pistes, interminable, fuyant, du toujours possible, du refus de l'ennui. L'indice n'est pas là

---

[437] MERLEAU-PONTY, M., *Le visible et l'invisible*, Paris, Gallimard, 1964, p. 174.

pour décrire ou transcrire la vision d'un inconscient non constitué, mais assurément pour le produire, le provoquer, l'accompagner. Une certaine hypertrophie de l'œil qui, par sa force de balayage, rend visible l'heureuse « faiblesse » des choses. L'œil est ouvert, attentif, il guette, il scrute. Scruter c'est entrer en profondeur, fouiller du regard, sonder les détails pour en faire des champs uniques d'une observation intense. Il atteint son arrivée dans l'instant décisif : l'indice flèche, il provoque, il déplace, il décale, il participe à la dérive visuelle, à cette non-fixité de l'œil œuvrant, comme pour plonger le « regard dans le regard de l'autre[438] » plus lointain, inaccessible : aveugle.

> « *Les indices peuvent se distinguer des autres signes ou représentations, par trois caractéristiques : premièrement, ils n'ont aucune ressemblance signifiante avec leurs objets ; deuxièmement, ils renvoient à des individus, des unités singulières, des collections singulières d'unités ou de contenus singuliers ; troisièmement, ils dirigent l'attention sur leurs objets par impulsion aveugle[439]* ».

Cette pulsion indicielle ne donnerait à la vision que ce dont elle pourrait témoigner, elle est sélective, « voyante » plus que voyeur, ne percevant que ce qui lui est donné à penser, « une trouée d'informations pour qui sait les prendre[440] ». L'acuité est retenue par la force, par la focalisation qui s'immisce au plus près de nous, presque en nous, elle capte une sorte de confidence de la matière, « l'œil se laisse doucement et

---

[438] FLAHAUT, F., « L'artiste-créateur et le culte des restes. Un regard anthropologique sur l'art contemporain », *Communications, n° 64*, 1997, p. 15-53.
[439] PEIRCE, C. S., *op. cit.*, p. 65.
[440] SOLLERS, P., « L'enchanteur », *La Guerre du Goût, op. cit.*, p. 317.

délicieusement duper[441] » : « Des confidences, ambigües, incertaines, biaisées, qui tantôt s'interrompent, tantôt égarent, tantôt gênent celui qui les écoute et à qui il est donné davantage qu'il n'en désire. La confidence nous fait entrer dans l'intimité de l'autre [...], parfois elle en dit trop, et parfois pas assez. Parce qu'il nous est difficile de faire preuve de neutralité bienveillante, et de garder la bonne distance. Parce que nous ne savons plus trop où nous mettre, qu'il n'y a plus de juste place, de position correcte[442] ». Des confidences qu'on ne peut avoir la chance d'appréhender que dans le mouvement et parce qu'elles disparaissent. En une fois et au moment précis où on les perd, qu'on en perçoit les traces, ce n'est déjà plus là, et si on voulait l'arrêter, cela s'évanouirait subitement. Ce sont dans ces moments très fragiles que l'on se rend bien compte que tout notre travail peut basculer dans le rien. Il a quelque chose de nécessaire, même de précis, qui nous oblige à lâcher prise.

Détail

L'indice est ce paramètre qui incite à nous rapprocher, littéralement « entrer dans le détail » des choses. Qu'il s'agisse d'un élément qui « saute aux yeux » par l'émergence soudaine qui fait sens, ou le fait de s'attarder sur des éléments singuliers, le détail est ce qui amène ce sentiment d'intimité presque confidentiel avec les objets de notre atelier. Et c'est précisément, tant visuellement que dans le défaire

---

[441] RITTAUD-HUTINET, J., « La magie et la peur : les premières projections publiques de cinéma en France », in PESENTI CAMPAGNONI, D., TORTONESE, P. (Dirs.), *op. cit.*, p. 17.
[442] LASCAULT, G., *op. cit.*, p. 33.

ultérieur, par la capacité de l'œil investigateur à découper, partager et mettre en morceau, parfois disséquer méthodiquement telle « une mise au carreau », que les détails apparaissent et finissent par susciter la direction du geste.

Résultant d'une collecte, une récolte de visions toutes différentes les unes des autres, « le coup d'œil » instinctif devient l'instrument initial de dépeçage, celui qui « fait le détail ». On s'oublie presque, absorbé par ces minuscules sujets, qui donnent l'attention au tout petit et au fragment, à toutes ces choses humbles du peu, du très peu, du rien du tout. Le regard est pris dans cette dynamique absorbante des petites choses, qui en le faisant s'approcher jusqu'à la myopie, lui permet de construire une sorte d'inventaire secret des choses qui dans leur énumération subjective, fait vaciller la main dans différentes directions partiellement déterminées. En effet, il n'y a pas de bon ou mauvais sens, « les directions s'inversent et se dépolarisent évitant à chaque instant toute fixation et tout enracinement[443] ».

En fait, ce coup d'œil méticuleux, « cet acte de vision[444] » comme le décrit Daniel Arrasse, oscille entre l'insignifiant, la broutille ou encore le minuscule, tout en interrogeant l'unité première des objets devenus des alternances de distances et de proximités. En ce sens, *le regard qui détaille* impose malgré lui des passages plus ou moins larges. L'unité de sa propre existence se manifeste par l'interrelation au tout qui s'intercale à cette vision détaillante, comme l'indique Giorgio Agamben :

---

[443] MARCADÉ, B., « De Margine », *Perturbation*, Paris, ARC, 1982, p. 16.
[444] ARASSE, *op. cit.,* p. 193.

« Grâce à la connaissance acquise à chaque passage, l'aller-retour du détail au tout ne fait jamais revenir au même point ; à chaque tour, il élargit nécessairement son rayon et découvre une perspective plus haute où s'ouvre un nouveau cercle : la courbe qui le présente n'est pas, comme on l'a souvent dit, une circonférence, mais une spirale qui élargit ses volutes de façon continue[445] ».

C'est bien par cet écart et cette résistance à la seule vision d'ensemble que l'information parcellaire et révélatrice du détail arrive à s'affirmer comme point de focalisation accrochant le regard. C'est peut-être aussi par la violence discrète du passage disloquant de la totalité en parties, qu'un possible raffinement de l'observation arrive à révéler le *particolare*[446] qui s'apparente à la découverte d'un éclairage inconsciemment recherché : « le trésor de la signification[447] ».

Cet intérêt pour le détail est ainsi un moyen de considérer les éléments, les principes de fonctionnement, la matérialité des objets, comme une foule de petits riens inestimables, des colonies de présences cachées, qui attendent soigneusement comme des énigmes ou des fragments de mémoire perdus, un regard attentif qui aura la capacité de les réactiver. Le détail est ce « petit important qui résiste à la raison, qui fait écart et, loin de se soumettre à l'unité du tout, la disloque pour susciter[448] » le « mot[449] » d'un discours plastique. Le détail est en fait

---

[445] AGAMBEN, G., *Image et mémoire*, Paris, Hoëbeke, 1998, p. 28.
[446] ARASSE, D., *op. cit.*, p. 10.
[447] DIDI-HUBERMAN, G., *Devant l'image*, Paris, Editions de Minuit, 1990, p. 277.
[448] *Ibid.*, p. 225.
[449] WÖLFFLIN, H., *Réflexions sur l'histoire de l'art*, Paris, Flammarion, 1998, p. 129.

pour nous, un générateur de surprise, un petit bruit, une matrice de rythmes divers, qui fonctionne sur le repérage identitaire d'un « morceau du visible qui se cache et qui, une fois découvert, s'exhibe discrètement en se laissant définitivement identifier[450] ». Il exploite l'objet comme une succession « où chaque partie semble vouloir se montrer d'elle-même[451] », qui une fois vue, ne cessent de se révéler et de disparaître de leur propre apparition.

La question qui se pose est nécessairement celle de la distance et de la mesure de cette distance qui génère « un conflit entre deux ordres de grandeur différents[452] ». Elle implique une approche vers l'intimité des objets, des sélections, des itinéraires, des cadrages en faisant partiellement abstraction de l'ensemble :

> « [...] l'effet de près est très différent de l'effet de loin, la dislocation de l'ensemble en est une somme de moments successifs et le déplacement des points de vue constituent une modalité essentielle de la réception de l'œuvre[453] ».

Percevoir le détail, c'est surtout s'intéresser au degré de visibilité et au caractère local d'endroits spécifiques dans un ensemble où tous les éléments sont vus de près, telles des zones paradoxales. Il s'agit d'une sorte de péril auquel s'abîme le regard « où l'œil chute et se perd tout

---

[450] BARTHES, R., *Vers le neutre*, Paris, Bourgeois, 1991, p. 124.
[451] CONSTABLE, J., *Peintures, aquarelles et dessins*, catalogue d'exposition Tate Gallery, Londres, 1976, p. 15.
[452] BACHELARD, G., *Essai sur la connaissance approchée*, Paris, Vrin, 1927, p. 95.
[453] ARASSE, D., *op. cit.*, p. 249.

en regardant avec la plus extrême acuité[454] » les particularités qu'il rencontre, dans une sorte de « hors champ comme si l'image lançait le désir au-delà de ce qu'elle donne à voir[455] ».

Cette mise en pièces, du local dans le global, relève d'une transgression du « tout ensemble » en lui-même, par l'approche qui ignore le devoir de distance conventionnelle, franchissant le seuil « d'où il fallait regarder », de la manière globale de considérer les objets questionnés. Une transgression qui constitue la conséquence et la récompense de l'appréciation d'un « point » qui excède, d'une possible « dénomination[456] » qui peut devenir, s'il est astucieusement géré et maîtrisé, l'emblème privilégié de la réalisation et du dispositif mis en œuvre, voire l'œuvre elle-même comme une sorte d'actualisation du tout initial. Il semble constituer en lui seul le point de démarrage d'une nouvelle unité plastique. Il est le témoignage d'une perte qu'il soutient, qu'il œuvre visuellement : en se rapprochant, il reproduit un moment de ressenti unique, qui exprime justement par cette approche une nécessité de distance et d'éloignement. Une sorte d'absence guidée par une mémoire involontaire allant et venant sous nos yeux, hors de notre vue, « celui d'un pouvoir du regard prêté au regardé lui-même par le regardant : cela me regarde[457] ».

---

[454] BARTHES, R., *op. cit.*, p. 120.
[455] BARTHES, R., *La chambre claire, Note sur la photographie*, Cahiers du cinéma, Paris, Gallimard, 1980, p. 93.
[456] BARTHES, R., cité par ARASSE, D., *op.cit.*, p. 284.
[457] DIDI-HUBERMAN, G., *Ce que nous voyons, ce qui nous regarde, op. cit.*, p. 105.

Entrevoir

Pourtant, que ces débordements perceptifs soient dus à la complexité de notre regard ou à la richesse des matériaux qui nous entourent, nous sentons toujours autre chose que le perçu : une latence derrière le visible en plus du visible. Cet aveuglement permet en quelque sorte de plonger en nous. Nous jouons le double jeu de cette intériorisation quand nous investissons l'atelier, nous venons y vivre un autre moment de perception, une sorte de pulsion d'instant double qui pourrait constituer la manifestation de la matière première, sur laquelle se développe et se construit le récit de chacune de nos réalisations. Une singularité du regard créateur, en double réflexion, en double distance, qui renvoie à un monde multiple, une somme d'expériences autonomes. Le regard n'est alors plus simple vision, mais voyance, double vue, et c'est dans le faire qu'il dévoile ses facettes en mouvements incessants. Un doute primaire qui s'insère entre la vision initiale et la vision intérieure. Entre l'image qui se forme dans ce qui avait été d'abord recherché par un effort instinctif de l'œil, et qui revient à son gré sous la forme d'une vision hallucinatoire qui tend à s'extérioriser. Une sorte d'anticipation créatrice involontaire dont nous jouons très volontiers :

> *« [...] L'hallucination est progressive, presque volontaire, et elle ne devient parfaite, elle ne se mûrit que par l'action de l'imaginaire*[458] *».*

En cela, il s'agit peut-être de *lire en nous*, comme le dit si bien

---

[458] BAUDELAIRE, C., cité in PESENTI CAMPAGNONI, D., TORTONESE, P. (Dirs.), *op. cit.,* p. 5.

Merleau-Ponty en signalant que cette manière de voir « est le moyen qui m'est donné d'être absent de moi-même, d'assister du dedans à la fission de l'Être[459] », une sorte d'intériorisation dialectique, où le potentiel de saisie et l'accomplissement d'une idée de réalisation « dépend de notre pouvoir *d'hallucination volontaire[460]* ». Cela autorise sans doute à se penser et peut-être à se réaliser dans ce face-à-face entre l'œil, l'esprit et la matière. De ce trajet d'aller-retour de l'œil à l'œuvre, naît une sorte de défection qui aboutit à une reformulation, suscitée par l'intériorisation et par la remise à distance successive, une sorte d'introspection du visible qui engendre un processus projectif et prospectif lié à la puissance de l'imaginaire : un acte d'imagination.

> « *[...] L'intuition artistique ressemble en effet aux hallucinations hypnagogiques - par son caractère de fugacité - ça vous passe devant les yeux, - c'est alors qu'il faut se jeter dessus, avidement[461]* ».

Arrivé de nulle part, cet instant où « on sent quelque chose qui entre en vous[462] » peut surgir à tout moment, et la provenance incertaine et variable de cet étonnement en accentue la force qui nous oblige à nous faufiler dans l'objet, le fouiller, le caresser, y être attentifs différemment. Nous y cherchons les possibles, les dénivelés, les reliefs, les volumes, les épaisseurs et les perspectives qui apparaissent et disparaissent dans la fugacité de la perception et de l'interprétation. Il s'agit sans doute de la

---

[459] MERLEAU-PONTY, M., *L'œil et l'esprit, op. cit.*, p. 81.
[460] BRETON, A., *Point du jour, Œuvres complètes, Tome II*, Gallimard, Paris, 1992, p. 309.
[461] FLAUBERT, G., cité in PESENTI CAMPAGNONI, D., TORTONESE, P. (Dirs.), *op. cit.*, p. 40.
[462] *Ibid.*

question de la distance du regard, de la bonne mesure, de l'ajustement qui se situe à la fois dans l'intuition, dans la pratique et de la double distance de cette perception multiple, « un double regard où le regardé regarde le regardant[463] » comme le dit si bien Georges Didi-Huberman. Ces objets qui nous regardent, qui forcent notre regard, sont pourtant toujours paradoxaux, silencieux ils s'offrent à nous comme de véritables discours, parfois légers ils paraissent lourds de sens, récents ils semblent souvent anciens et usés. Ils apparaissent et disparaissent comme disposés par une vague lente sous notre regard avide de circonstances. Ils ont un envers qui diffère de leur endroit, ils sont comme des illusions et font allusion, des jeux entre le présent et l'absent, entre l'épaisseur de la matière et la profondeur du sens, entre l'intimité de la confidence et l'éloquence de l'évidence. Parfois, les éléments s'engagent lentement, s'associent morceau par morceau, comme diverses parties que l'on dispose méticuleusement. Entre ce qui est vu et ce qui ne l'est pas. Ils nous incitent à porter l'attention au plus près du foisonnement, de la débordante richesse des évocations ; en même temps ils nous obligent à l'éloignement, au recul et à la distance. La somme des choses à découvrir prend du temps et rend palpable « l'épaisseur » de notre aveuglement par un mouvement presque sans déplacement[464], une sorte de « jamais vu » qui rend visible :

> « *Ce jamais vu est au plus près du diaphane dont parle Aristote, comme trans-parence qui rend visible ce qui est visible, mais qui n'est elle-même jamais du visible. Ce « jamais vu est plus près de ce que Goethe nomme archi-phénomène (Urphänomen), la lumière en tant que*

[463] DIDI-HUBERMAN, G., *op. cit.,* p. 116.
[464] MERLEAU-PONTY, M., *op. cit.,* p. 62.

l'incolore même, qui rend visible toute couleur[465] ».

Il s'agit de ce retournement de la perception qui nous fait « basculer d'un régime visuel à un autre […] tout ce qui nous fait passer de la chose à une conscience de sa matière même ou de la perception que nous en avons : et c'est alors un véritable instant de pensée, un événement, une sensation[466] ». Le regard serait ainsi une porte ouverte sur l'entendement lui-même, essayant d'absorber, de réguler et d'exploiter ce qui s'offre à lui. Et même si l'œuvre n'est pas encore *faire* ou à faire, seul notre regard, influencé par les réalisations précédentes, et toutes les autres variables affectives, imaginatives, contribuent à constituer l'autre chose de ce qui est vu. On pense inévitablement à Heidegger qui formulait cela par « une antécédence de l'image sur elle-même, sa venue ou sa survenue imageante : son imagination. Cette imagination, c'est elle qui voit au-devant et au-dehors d'elle-même la vue qu'elle va nous présenter et nous permettre de nous représenter : la règle pré-voyante, la règle de la *Vor-stellung*, qui possibilise toute vue. Elle est aussi bien, dans sa prévoyance, non-voyante de sa propre forme, qui est toujours à venir ou bien toujours déjà passée[467] ». La forme y est encore impure, instable tant qu'elle n'est pas réalisée, c'est-à-dire à l'extérieur sous forme matérielle, elle ne cesse de s'y mouvoir, de suivre le réseau ténu des repentirs entre lesquels oscillent les expériences de ces visions. Et si elle n'obéit pas encore « à un choix qui les fixe, ils ne sont ni vagues ni indifférents. Intention, souhait, pressentiment, aussi réduite, aussi fugitive que l'on voudra, la forme appelle et possède ses attributs, ses propriétés, son

---

[465] ESCOUBAS, E., *Venezia -Fragments Jean Luc Tartarin*, Ecole des Beaux-arts de Metz, Tourcoing, E.R.S.E.P., 1992, np.
[466] DURAND, R., *Le regard pensif, lieux et objets de la photographie*, Paris, Editions de la différence, 1988, p. 53.
[467] HEIDEGGER, M., cité par NANCY, J.-L., *Au fond des images*, Paris, Galilée, 2003, p. 162-163.

prestige technique. Dans l'esprit elle est déjà touche, taille, facette, parcours linéaire, chose pétrie, chose peinte, agencement de masses dans des matériaux définis[468] ». Elle engage la main dans son travail. Et c'est précisément dans ce regard intérieur que nous apportons plus que ce que nous voyons. Il nous éclaire sur ce qu'il a perçu après coup en nous renvoyant ce qu'il a retiré de lui-même. Il nous place dans un espace autre qui s'intercale entre le réel et l'imaginaire. Il s'apparente à un regard inducteur, qui reflète et qui se reflète à chaque instant.

> « *Comme si on se trouvait à la source, là où le répertoire des formes se constitue, se défait et se reconstitue sans cesse par le jeu des opérations les plus simples (déplacement, substitution, renversement)* [469] ».

Cela revient d'une certaine manière à exercer constamment son regard, à effectuer un travail oculaire incessant : lancer des œillades, s'imprégner du spectacle intime au service de la curiosité et du voyeurisme, à ressentir les choses, à s'imprégner des objets, à trouver le moyen de formuler sa réalité imaginaire faite de mémoire, d'infigurable, d'allusions, entre le retournement et la perte. De faire naître des allées et venues émotionnelles à des riens matériels, à des usures. Notre œil s'agite, ne s'arrête pas, il ne s'immobilise pas, ne se calme pas, il suit le grouillement, le pullulement, il défie, il assomme, il combat, il interprète, il se noie, il étripe, il tue, il fait naître, il meurt, il ressuscite, il désire, il déshabille, il entrevoit…

Il s'agit en quelque sorte d'articuler ce que nous ressentons avec

---

[468] FOCILLON, H., cité par PICON, P., *L'œuvre d'art et l'imagination, op. cit.*, p. 68.
[469] DURAND, R., *op. cit.*, p. 44-45.

ce que nous « entrevoyons ». Questionner intérieurement ce que nous *touchons du regard, tout comme ce qui nous touche* à un moment précis, cette lueur soudaine, celle qui lui donne de l'épaisseur, celle qui porte la vision vers le présage, vers l'aveuglement du geste qui lui sera consécutif.

> « [...] *toucher pour voir, ou au contraire, toucher pour ne plus voir ; voir pour ne plus toucher, ou , au contraire, voir pour toucher. Images trop proches. Images adhérentes. Images obstacles, mais où l'obstacle fait apparaître [...] Images capables de nous froisser, de nous heurter. Images pour nous saisir. Images qui pénètrent, images qui dévorent. Images pour que notre main s'émeuve*[470] ».

Si toute notre énergie converge vers l'activité du regard pour arriver à un éveil, c'est peut-être par une conscience de ce qu'est la vision elle-même, celle d'un regard périphérique. Une vision de ce que nous voyons quand nous le détournons de ce qui se trouve face à nous, à la recherche de ce quelque chose de disruptif, de ce petit rien qui va nous éclairer et nous donner « à voir » plus loin. Et comme dans son fonctionnement anatomique le regard s'affirme comme une suite d'alternance de concentrations et de vides, par un système d'écho et de résonnances, l'œil est constamment appelé ailleurs et contraint d'éluder consciemment ce vers quoi il était attiré une seconde auparavant, tout à la fois flottant et incisif. Ce qui est capturé se trouve immédiatement court-circuité par un nouveau mouvement, une sorte d'alternance d'aspirations et d'abandons. Une tension vibratoire, évoluant et entrecoupant la saisie

---

[470] DIDI-HUBERMAN, G., « Images contact », *Phasmes*, Paris, Editions de Minuit, 1998, p. 28-34.

du regard créateur de sa transmission, questionnant les limites mêmes de nos perceptions à la recherche de cette « irruption de l'inattendu[471] » qui deviendra le point focal.

Ce regard est aussi bien celui de la sensibilité de la rétine que celui de la réticence, qui par des omissions, des désaveux, forme un jeu qui se retire de lui-même. Une sorte de prisme qui isole et grandit les détails, qui « démontre les imperfections de la géométrie la plus rigoureuse, ses halos[472] ». Une prise de conscience qui serait une faculté intermédiaire qui entretient une constante de réciprocité par une proximité avec des déviations minuscules, cherchant les irrégularités fines, les flottements, l'invisible qui sera signifiant. Le regard va donc plus loin que le visible, il cherche à s'immiscer dans les objets, il dispense et produit du sens, il précède aussi parfois le visible lui-même. Il rend visible l'invisible, comme une chose dérobée simultanément à portée de main. Il est à la fois plongeant et panoramique, du lointain et du détail. Et dans sa potentialité hallucinatoire liée à sa dimension exploratrice dans notre pratique, il fonctionne comme une excroissance de notre imaginaire, et fait plus qu'anticiper, ou précéder, il invente un visible, à la recherche de « l'étincelle poétique[473] » :

> « *Si la pensée est à même d'utiliser le matériau perceptuel, c'est uniquement grâce à la perception, qui rassemble des types de choses [...] et qu'à l'inverse, l'esprit n'a d'aliment que dans la mesure où il* »

---

471 FOCILLON, H., *Vie des formes. Eloge de la main, op. cit.,* p. 121.
472 LASCAULT, G., *op. cit.,* p. 26.
473 EGAÑA, M., « Le regard ontologique », *Recherches poïétiques n°7*, Presses Universitaires de Valenciennes, 1998, p. 112.

emmagasine le matériau recueilli par le sens[474] ».

Mais faire venir, faire voir à la vue peut aussi être un accès sans accès, puisqu'il accède à ce qui n'est pas encore là. Est-ce un regard sans regard, dans sa manière de voir justement par l'éloignement : plus précisément en tant que « pré-vue » de la vue ? Notre regard fonctionne probablement comme un mode de pensée actif, où concept et percept sont concomitants : « la perception et la pensée visuelle ne font qu'un[475] ». L'œil découvreur et l'esprit inventeur, bricoleur, bidouilleur, détourneur, se suppléent l'un l'autre continuellement. La perception appelle un retour du travail intellectuel, et celui-ci guide et suit la découverte de l'œil, à partir de concepts, idées, projets, jugements divers. L'important, disait Cézanne, c'est « ce que pensent nos yeux[476] ». Si tout type d'élément peut être susceptible d'éveiller l'exercice plastique, nous pouvons cependant constater que nos choix les plus courants ne reposent pas sur l'expressivité, mais à la fois sur la capacité d'information et sur la propension à être retravaillés, autrement dit : retraités.

À cet instant, nous cherchons à établir des liens, « des corrélations possibles entre les éléments constituants et les formulations signifiantes qui s'élaborent de-ci de-là, en surface et en profondeur[477] ». Il s'agit d'une série d'hypothèses qui se succèdent et qui ne suivent que rarement une direction rigide et projetée fixée initialement. Tous les objets ne font pas une bonne amorce, et certaines directions s'épuisent plus rapidement. Nous sommes obligés de bifurquer, de passer d'un détour à l'autre, « je vais de rebondissement en rebondissement, comme

[474] ARNHEIM, R., *op. cit.*, p. 10.
[475] *Ibid.*, p. 22.
[476] CÉZANNE, P., cité par GASQUET, J., *Paul Cézanne*, Paris, Bernheim, 1921, p. 144.
[477] LE GOUIC, J.-C., « Le regard créateur », *Recherches poïétiques n°7, op. cit.*, p. 74.

une super-balle, qu'on jette dans une pièce vide et qui investit, la plupart du temps, des espaces qu'on ne soupçonnait pas[478] ». Les éléments discernés ne meurent pas, mais évoluent sans cesse, si bien que d'une forme, d'une vision, en naît toujours une autre.

À ce stade nous avons probablement conscience de l'objet initial, mais le regard que nous portons fait en sorte de nous projeter dans une perspective mouvante, celle qui procède par une prise de conscience faite de rebonds et de retours, jusqu'au moment de stopper le processus et de mettre en forme l'objet définitif. Il s'agit d'une certaine manière de nourrir et de contenter « l'appétit de l'œil[479] ». Il est question d'ouvrir des pistes, émettre sans cesse de nouvelles propositions. Et même si nous repérons dès le début qu'elles sont vouées à l'échec ou absurdes, nous persévérons, car il est fréquent que ce soit justement celles-ci qui dans le ratage supposé ou avéré interrogent le mieux les hypothèses de départ. C'est en saisissant par une série d'impulsions, un regard à la fois vagabond et auto-suggestif, chargé de contingences ou de contradictions que nous osons nous engager dans une formalisation plastique de l'émergence signifiante.

Structures

Une somme d'indices parfois indescriptibles laisse penser que rien n'est joué. Alors nous passons à un autre objet, afin de laisser le

---

[478] BARBIER, G., « Entretiens », in BAZZOLI, F., *op. cit.*, p. 52.
[479] LE GOUIC, J.-C., *op. cit.*, p. 77.

regard se régénérer, usé qu'il est d'avoir trop vu, trop douté, trop mis au point. Une pause salutaire qui permet d'avoir un œil neuf, « désaccommodé », ouvert aux possibles. Un œil qui aura perdu sa relation de dépendance avec ce qui le rassurait et le taraudait précédemment : l'espoir d'engendrer « le quelque chose[480] » qui fera peut-être sens.

Un œil fluide, perméable aux sensations, aux fantasmes, à l'excès, à la recherche d'un « quelque chose qui n'est pas encore, mais qui peut être. Un être en suspens, un non-être en passe d'être […] un compromis entre l'être et le non-être[481] ». Un œil qui accepte la surprise, l'inconnu, qui les guette et s'élève jusqu'à eux. Ce regard est donc celui qui est capable à chaque instant de se transformer, de bouger, de se retourner au contact de l'objet qu'il reflète et dont jaillit l'œuvre, qui quant à elle regarde l'autre, en réponse à la multiplicité des *stimuli* qui bombardent à chaque moment la rétine. Un regard qui n'est pas tant une vision rétroactive qu'une source, non pas un fait isolé, mais une série illimitée de scintillements créateurs produisant peu à peu un sens, une direction : sens interdit, sens unique, contresens, orientations, bifurcations. Un regard qui ne cesse de chercher dans le milieu où il trempe. Il puise, rejette, absorbe. Irréductiblement pluriel, bien qu'à chaque fois singulier, il signifie le temps comme réouverture de lui-même et de ce qui l'entoure. En somme, une succession de repères qui n'ont d'intérêts que dans la mesure où ils sont sans cesse repensés, de telle façon qu'ils changent à chaque fois la règle du jeu. Relance des possibles, la quête du quelque chose, ne nous donne pas à voir immédiatement en quoi le point d'amorce permet d'entamer l'ouverture attendue ou

---

[480] MERLEAU-PONTY, M., *op. cit.,* p. 67.
[481] PIGEARD DE GURBERT, G., *Le mouchoir de Desdémone, essai sur l'objet du possible*, Paris, Actes Sud, 2001, p. 23.

l'enfermement sur la figure précédente. Chacune de nos tentatives, « tentations », nous fait reprendre le contact « autrement » avec l'archaïsme de la pratique. Ensemble, elles s'y alimentent et font jaillir, s'y frottent et révèlent, par une sorte de co-implication qui fait toute l'énigme de l'art.

Cette manière de faire apparaître et de cerner des structures dans une interaction permanente de notre faire, n'appelle-t-elle pas une posture gestaldienne ? Le terme *gestalt* correspond à « structure », « groupement », ou encore « forme dotée de structure[482] ». Il détermine les interactions continues que nos objets en train de se faire entretiennent avec le milieu ambiant, où tout *stimulus* corrélatif à une perception voit son action s'étendre et se répercuter dans celui-ci. « Ce champ de forces[483] » repose sur des orientations, des limites, des barrières, à une expansion, une irradiation. Et le « surgissement d'un objet singulier se produit, non seulement par une causalité externe, mais aussi interne, lorsque la centration élit, isole, circonscrit un certain aggloméré de stimuli dans une actualisation spécifique, au sein d'un champ plus ou moins organisé[484] ». Cette posture est bien celle du bidouillage détournant, car notre pratique engage une perception qui s'offre toujours comme la saisie de mouvements et contre-mouvements qui s'accompagnent de changement dans la nature des *stimuli*. Notre regard résulte d'une série de concentrations en tant que milieu dynamique en continuelle interaction : les liens de jonction et de disjonction entre les éléments se modifient, se rapprochent, s'éloignent en permanence.

---

[482] SAINT-MARTIN, F., *Théorie de la gestalt et l'art visuel*, Presses Universitaires du Québec, 1990, p. 20-21.
[483] *Ibid.,* p. 36.
[484] *Ibid.,* p. 40.

Lorsque la main résiste, le regard fléchit, s'aveugle, s'imprègne de la matière, de la résistance de l'outil, tolère le débordement, le fortuit, l'à peu près, la pensée vagabonde qui viennent investir, perturber, et circonscrire sa confiance initiale. Une relation qui résiste, juge, critique, pressent la fragilité, se lézarde, se décompose, se décourage, se fait aveugle : une relation où le doute s'installe. Un doute indissociable qui tend à régénérer la pratique et la vision qui la guident d'une autre lumière. D'où qu'elle vienne, tout la pénètre, tout lui semble digne d'être œuvré. Elle questionne sans relâche, interroge l'objet laissé pour compte et l'œuvre renaît autrement, revue, vue d'ailleurs, du point de vue de ce qui a changé. Donc un regard qui doute continuellement, qui scrute l'invisible. Un invisible duquel les œuvres ne sont qu'une mince bribe de ce regard, un élément incomplet de l'intouchable, de l'inconcevable, de la vision totale qu'il croit capable de se libérer. En ce sens, les objets que nous mettons en question, sont autant d'éléments suspendus, mis momentanément hors jeu, c'est-à-dire comme autant de possibles fuyants, d'orientations inconciliables, alors que nous essayons de faire route vers eux. Les objets ne sont pas le lieu premier où se réalise la perception, mais ils apparaissent à la fois comme une partie du parcours, mais surtout comme un résultat, une synthèse subséquente. D'écart, « de mise à l'écart d'abord. D'écart de direction ensuite. Et d'écart de conduite. De grand écart...[485] ». Tout n'est que ruse dans le visible, séduction, impostures, pièges imposés. En conséquence, le chemin *vers* se trouve à chaque fois interrompu, de sorte à devoir changer de méthode, d'outils, de point de vue, de s'y prendre autrement, de reprendre, d'échouer, de bricoler.

Ce mouvement est lié à l'ensemble des données préalables qui concernent autant notre statut de percepteur que les conditions que nous

---

[485] MAGRITTE, R., cité par LABELLE-ROJOUX, A., *op. cit.*, p. 85.

mettons en œuvre lors de stimulations. Des causalités internes et externes inhérentes à la perception. Et l'information n'est pas reçue sur le mode passif, notre regard se doit de rester engagé dans une conduite active de découverte pour en chercher de nouvelles, pour écarter, pour sélectionner, prélever : « les ressources perceptives s'accroissent à partir d'une pratique[486] ».

Un regard qui nécessite autant d'approches de l'ordre de tentatives, que d'un faire bidouillant, cherchant à capturer *le quelque chose* dans la plus grande incertitude. Le quelque chose déjoue à la fois la confrontation et la capture, l'objet n'y est pas donné d'entrée. En fait, il n'existe qu'en corrélat d'une visée mobile duquel il surgit en creux depuis son absence. Il se propose en cours de route ou en déroute. Tout l'y invite, ou plutôt rien. Il ne se profile qu'à mesure qu'un mouvement d'approche porté par notre voir aveugle se met en marche. Un voir primaire, qui est nécessairement déformé et déformant, puis engendre par incidences des interactions, des transformations qui appellent un choc en retour dans les éléments déjà perçus : aléatoire des trajets, dictature par les besoins du faire, par les désirs de l'imagination, les capacités d'attention.

Nous disposons donc de cet œil errant, à la fois regardant et voyeur, attentif et possessif, qui se nourrit et nourrit l'œuvre en cours ? Un œil qui ne cesse de faire ou de penser, pointer des structures, élevant son objet avec patience et trouble vers une vie autonome ?

---

[486] SAINT-MARTIN, F., *op. cit.,* p. 59.

Œil nomade, entropique, dérivant, arpenteur, mutant, entre intérieur et extérieur, entre fragile et solide, œil mobile, clignotant, rougeoyant, humide, avide de connaissances, d'images, qui larmoie de frustration de n'être que peu, de faire si peu. Œil solitaire, unique, qui peut absorber l'image, qui peut décapiter, foudroyer, dénoncer, protéger, aimer, rêver, trouver, il ne se ferme jamais. Un œil qui modifie les éléments pour les changer, les amplifier, les prolonger, pour en éliminer ou en occulter des parties, de façon à constituer une figure définie. Un œil qui appelle un champ visuel animé par les effets de la recherche de formes, c'est-à-dire par la comparaison et l'évaluation continue des *stimuli* résultant des regroupements, des déconstructions, des modifications. Une vision qui « cherche la différenciation » en déconstruisant constamment, c'est-à-dire qui valorise délibérément les détails déviants, les accidents, les luminosités, tout ce qui nous pousse vers le lieu privilégié de l'expression. Un lieu où toute fixation du regard, quand elle est accompagnée d'attention, est une action dirigée qui est toujours le résultat d'une décision, liée à certaines motivations, et non un réflexe passif et gratuit. En ce sens, les objets sont les produits d'un nœud complexe de nos motivations, liées aussi bien à la nature de notre activité qu'aux aspirations à un moment donné.

Notre pratique est donc « une conduite active de recherche de stimuli nouveaux et différents. […] Ils apparaissent parfois comme plus complexes, mais plus attirants, que ceux qui sont déjà connus et qui ont été assimilés[487] » précédemment. On réclame toujours du neuf, on s'attend à l'imprévisible, à ce qu'on ne capturera, ne maîtrisera jamais, mais devant lequel on éprouve le sentiment de vivre quelque chose.

---

[487] *Ibid.*, p. 105.

Si notre œil regarde, il se regarde aussi, il se regarde regardant surtout. Il vibre à un certain rythme qui affirme la présence de l'œuvre qui prend corps et vie, nous retient captifs et soumis à toutes les possibilités dont il est chargé. Il vibre aux contemplations de la conscience, et du faire qu'il guide de la main. Une main qui semble s'effacer, entre l'œil qui surveille et la matière qui est surveillée. Pourtant elle reste présente. L'œil est au centre de la scène, il ne s'oublie pas, il est rempli d'un orgueil malheureux. Volontairement superficiel il tente de saisir la profondeur des choses qui s'offrent à lui. Ce qui est visible, la trace du passage, cristallise une lacune de la vision. Au fond, il force sa lucidité pour découvrir sa nature singulière et se convaincre qu'il est utile en tout, voire indispensable en rien.

Parallèlement, il donne la preuve formelle qu'il a manqué quelque chose. Il accompagne une vision déjà affectée de mémoire. Notre œil ne cesse de se questionner. Il implique ce regard de biais, indirect qui examine le déroulement du travail. Il travaille à lier et délier la substance imaginaire qui lui est proposée. Il nous rend attentifs aux intervalles aveugles de sa vision, ce qui advient dans l'entrelacs du visible et de l'invisible. « Après avoir obéi au premier choc, il se dérobe, et retourne à ses habitudes. Secoué par des injonctions nouvelles il repart puis retombe, suite d'oscillations qui brisent le cours […] en un rythme d'éblouissements et de répits[488] ». Il hésite, il se remémore les inépuisables possibilités qui traversent l'état présent du visible. Un moment il se détourne pour oublier « se laver […], puis retrouver par un retour faussement inopiné le choc de la première surprise[489] ». C'est oublier activement, régénérer les savoirs, retrouver le mouvement même de la connaissance, la rencontre de l'inconnu, de l'inouï. Il tourne à

---

[488] SALLES, G., *op. cit.*, p. 15.
[489] *Ibid.*, p. 25.

l'intérieur de lui-même, il est attentif aux appels de l'instinct et du vital. Il choisit la vulnérabilité et la fréquentation des zones grises de notre être. Il nous assujettit à une vision qui nous dépossède. Il s'attend à la lumière et défie les doutes de certaines visions qui s'opèrent sans lui. Il n'essaye rien ou va jusqu'au bout, espère « un halo de possibilités[490] ».

Ce qu'il voit est en fait le fruit du « mûrissement » de l'œuvre qui cerne de façon objective cet appareil essentiel du bidouilleur : l'œil et la main. « L'œil est ce qui a été ému par un certain impact du monde et le restitue au visible par les traces de la main[491] ». Ces deux instruments font alors presque naturellement retour dans ce qui se propose comme une sorte de « conclusion » aux objets. Objets où tout semble avoir été crée par une connivence de ce qui dans l'assemblage serait vision, et ce qui dans le bidouillage serait geste. Dans cette relation instable et forcément inégale entre deux pratiques, on peut dire que le bidouillage se sert plus de ses mains que de ses yeux, il est davantage acte ou manipulation. Le bidouillage peut fonctionner comme une relation bricoleuse entre œil et main, en un lien instable dans lequel vision et geste s'unifient en un jeu de dépendance et d'autonomie. C'est paradoxalement l'œil du bidouillage, enfoui dans le geste et comme détaché du monde qui nous aide à cerner ce qui dans notre pratique est de l'ordre d'une manipulation imprévisible : tous ces moments où la fusion entre vision et geste est comme suspendue, l'un et l'autre à la dérive, tâtonnants, divagants. Comme une brèche dans l'espace et le temps où les liens entre les choses se font avec détachement, en prononçant à la fois leur corrélation et leur latitude. Un regard qui ne peut survenir qu'à la lumière de son propre excès ?

---

[490] BUCI-GLUCKSMANN, C., *op. cit.*, p. 152.
[491] MERLEAU-PONTY, M., *op. cit.*, p. 26.

Chapitre 3. Émergences

La recherche en art n'est pas tant du côté des objets, pas même des sujets, probablement encore moins des théories. L'enjeu est la mise en place de dispositifs créatifs eux-mêmes créateurs de subjectivité et d'objectivité. Une façon de relier une matérialité, une vision, des désirs, à des visées immatérielles qui se réélaborent en permanence dans une progression : un geste d'exploration en quête d'éléments, un geste de sollicitation du singulier.

3.1 Ouvertures

L'envie de réaliser ne provient en aucun cas du pur instinct ou du libre arbitre, mais d'une certaine contagion. Affectés par une expérience, nous concevons des objets dont « ont fait l'expérience » : on leur attribue une signification. Une posture qui n'est jamais vraiment arbitraire, plutôt informée, cultivée, riche de connaissances, de *re-connaissances* et d'affects qui se concrétisent en trouvailles, et dévoile une indécision du faire. En ce sens, trouver semble toujours plus ou moins *re-trouver*. Une activité dont la valeur réside dans l'activité elle-même, où le « non attendu » touche l'imagination. Œuvrer avec ce paramètre, observer les traces, saisir les failles, inventer, délimiterait un regard qui porte en lui un modèle, un paradigme, une démarche, une méthode, une règle, et en même temps une absence de tout cela : un regard qui cherche à se découvrir dans la fiction d'une pratique.

Trouvaille

> *« Nous ne pouvons (...) voir les formes et les figures que si, d'une manière ou d'une autre, nous les avons déjà vues[492] »*

La trouvaille est l'heureuse découverte du *trouvère*, qui suppose chance, beauté originalité, spontanéité. Par extension, le mot désigne toute découverte inattendue et spirituelle, ou encore « lever le dernier voile ». Du latin *tropare*, trouver signifie composer, puis inventer[493]. Le *trouvère* est, dans son sens classique, celui qui trouve, c'est-à-dire celui qui invente, compose, réalise.

« Unusual, ungewöhnlich, inhabituel, surprising, überraschend, unexpected, unerwartet, inattendu, etc. [494] », sont autant de qualificatifs possibles de la trouvaille.

La trouvaille serait contingente d'une sorte de quête de « ce qu'il y à trouver » sans l'avoir réellement cherché. La chose trouvée y serait « re-connue » et révélée par un caractère imprévisible, de l'ordre du dévoilement inattendu. « C'est l'imprévisible qui crée l'événement[495] » comme si « le modèle était à portée du regard, mais celui-ci était encore

---

[492] MANGUEL, A., *Le Livre d'images*, Arles, Actes Sud, 2009, p. 32.
[493] SOURIAU, E., *op. cit.,* p. 1385.
[494] JACQUES, J., *op. cit.*, p. 20.
[495] BRAQUE, G., cité par BRETON, A., *Point du jour, op. cit.,* p. 23.

incapable d'en saisir la signification[496] ». Le mode imprévisible du « trouvé » se réduirait ainsi à une sorte de jeu de hasard, orienté par le discernement de l'observateur, « car il ne suffit pas de voir, il faut aller voir, projeter, regarder[497] ».

Le *trouvé* dans notre pratique ne fait en aucun cas l'impasse sur la production de l'objet, ce détour matériel par la main. Il y a donc une sorte de tension entre un objet en train de devenir œuvre, et cette même œuvre en train de révéler son origine non totalement planifiée. Une sorte de régression qui n'est pas un retour à une origine perdue, mais à un mouvement qui toujours déplace, transforme, transfigure, qui « reflue vers l'aval, vers l'en avant vers l'avenir régénéré[498] ». Créer est peut-être ce « déboussolement », cet égarement qui brise les habitudes, qui nous mène régulièrement nulle part : régresser pour advenir, rouvrir pour ouvrir[499].

Il faut donc pour qu'il y ait du sens que la configuration de l'accident et de l'hasardeux *trouve* en l'observateur une disposition convergente. Une sorte de prédisposition, lorsque c'est l'intention de produire qui en oriente et en canalise la lecture. En quelque sorte une rencontre entre le hasard et la nécessité. Cette contradiction à la fois attentive et en attente de la trouvaille semble esquisser un état d'esprit d'ouverture que George Poulet nomme une pensée indéterminée : « L'idéal serait une pensée absolument sans objet, proche du zéro. Le

---

[496] DEMANGE, M., « Préface » *Sculptures trouvés. Espace public et invention du regard*, Paris, L'Harmattan, 2003, p. 10.

[497] *Ibid.*, p. 12.

[498] SOJCHER, J., « Le travail de l'oubli », in DEVILLERS, V. (Dirs.), *L'arrière-pays des créateurs*, Bruxelles, Editions Complexe, 2003, p. 171.

[499] *Ibid.*, p. 171-172.

zéro est ce qui révèle le plus, ce qui est le plus gonflé de sens et de profondeur, et en même temps c'est une espèce de nettoyage, de délivrance, un acte grâce auquel on est préparé à être n'importe quoi[500] ». En fait nous avons l'impression d'osciller, d'osciller autour du zéro. Nous sommes en permanence en équilibre autour du zéro, du rien de notre travail. Une fois que nous avons réalisé quelque chose, après, on aime essayer encore autrement, mais nous sommes finalement toujours quelque part autour du zéro. Nous avons l'invariable impression au démarrage de ne pas savoir, de ne rien connaître. En d'autres termes, il s'agit en fait de « l'observation naïve de l'observateur averti[501] », qui s'effectue à travers l'effort personnel de l'esprit cherchant à se rendre distant de ce qu'il observe et, surtout, à s'en détacher, à s'extraire de ce qui l'entoure pour mieux y rentrer : à la recherche de l'innocence du regard premier. Nous ne savons pas, mais il nous faut irrémédiablement faire quelque chose. Jouer, rejouer, trouver l'ouverture dans les pièces qui nous emmènent à un autre projet, à une autre réalisation, à une autre envie. Envie d'approcher différemment des éléments qui s'ajoutent, s'absorbent ou se rejettent, qui nous permettent de résoudre autrement, de trouver les enchaînements contradictoires. C'est une forme de curiosité qui produit des choses, que ni les éléments seuls ni notre œil ne pourraient concevoir indépendamment. Il s'agit d'une sorte de collaboration et d'engagement à l'ouverture d'issues dans la pression d'un instant. « Notre œil n'y résistera que s'il oublie les classifications de notre savoir. Palpons l'objet comme un bien anonyme ; nous pactiserons avec les plus singuliers si nous portons sur eux un regard innocent[502] ». Cela implique un refus provisoire, d'accepter le sens immédiat des choses, de mettre entre parenthèses, de suspendre son esprit : à la fois *attendre* et *faire venir* ce

[500] POULET, G., *La pensée indéterminée de Bergson à nos jours*, Paris, PUF, 1990, p. 177.
[501] MOLES, A., *Les sciences de l'imprécis, op.cit.,* p. 123.
[502] SALLES, G., *op. cit.*, p. 23.

petit déclenchement mental, ou ce quelque chose « qui saute aux yeux » où l'on découvre dans la multitude des chemins possibles la voie évidente qu'il fallait suivre ; « créer c'est savoir attendre que l'on vous colle sous le nez l'objet qui fera s'entrechoquer tous les autres, celui qui dictera le nouvel ordre des choses[503] ».

Attendre ? L'attente évoque cette situation ordinaire des moments et des expressions de notre quotidien, ou encore définit la dimension existentielle qui semble habiter nos vies au même titre que notre travail. L'attente évoque l'idée d'un temps vacant, du vide, dans un système qui nous incite à suivre un rythme imposé où le temps ne cesse d'être réglementé, quantifié, rationalisé, rentabilisé. En ce sens, attendre, « prendre le temps de », lenteurs, pauses, sont communément synonymes de contre-productivité, de désœuvrement[504]. L'attente suggère l'ennui, un temps pétrifié qui laisse la place au disponible et à l'absence. Pourtant, *attendre et faire venir*, caractérise ici cette activité contradictoire, qui met en mouvement lorsque nous sommes à l'arrêt, que nous ne faisons rien, et qui nous stoppe net dès que nous sommes en activité : durée imprécise, sensation d'un temps en suspens, concrétude d'une immobilité « active », à la fois subie et provoquée, entre inaction profonde et intensité créative, entre « œuvrer et désœuvrement ». Cette attente n'est pas ressentie comme le sentiment pesant ou décourageant de l'ennui, ou encore du dérisoire et du résigné, au contraire elle renoue plutôt avec son sens étymologique du « tendre vers », mais surtout du « faire attention », « être attentif à[505] » nous offrant de structurer et ponctuer la pratique.

---

[503] FOURNEL, P., « Créer c'est coller », *Erro*, Paris, Editions du Jeu de Paume RMN, 1999, p. 13.
[504] Ne dit-ont pas fréquemment : « le temps c'est de l'argent », « pas de temps à perdre », « l'attente revient cher » ?
[505] BLOCH, O., VON WARTBURG, W., *Dictionnaire Etymologique de la langue française*, Paris, PUF, 1996, p. 43.

C'est pourquoi nous considérons l'attente comme un catalyseur qui condense et se révèle le présage de l'imminence d'un événement. Une sorte de lieu anonyme, comme hors du temps, l'expression d'un entre-deux, d'un espace intermédiaire. L'attente n'est donc pas neutre, c'est à travers son expérience que nous sentons le plus intensément ce qui nous échappe ou ce qui se déclenche, dans la conscience que nous en avons, ou pas, avec l'inattendu de la trouvaille, une sensation « d'intuition sensible[506] » qui favorise l'introspection. Souvent, cela se résume à des événements potentiels qui ne se produisent pas et qui sont sans cesse reportés, telles des « attentes qui attendent elles-mêmes des attentes[507] ». Des attentes qui, à peine satisfaites laissent place à de nouveaux développements, de nouvelles expériences et donc illustrent la pratique dans son élan et son intensité : l'attente de l'inattendu.

La trouvaille se révèle donc à la fois motif, mobile, motivation de l'œuvre à venir. Elle vient, comme le hasard, structurer le récit et le discours plastique en progression. « Point d'image qui naisse spontanément d'un désir inopiné de faire image. Rien qui advient sans que nos pulsions mimétiques (ou nos réflexes projectifs) soient sollicitées par quelques leurres[508] ». Elle fait appel à une faculté qui semble innée à « reconnaître » dans les multiples excitations visuelles, le germe d'une figure, tout comme elle élimine par dénégation, par faiblesse, par défaillance, par méconnaissance, par orientation ou par « préjugés » toutes les autres. La perception reste donc toujours prédisposée au regard lui-même, de celui qui le porte : « Il suffit d'un prétexte, non d'une cause, pour que l'esprit se mette en situation créatrice[509] » nous dit Gaston

[506] KLEIN, E., *Les Tactiques de Chronos*, Paris, Flammarion, 2003, p. 181.
[507] SARTRE, J.-P., *op. cit.*, p. 582.
[508] DEMANGE, M., *op. cit.,* p. 14.
[509] BACHELARD, G., cité par MOLES, A., *op. cit.,* p. 124.

Bachelard. C'est également le changement de point de vue, la mise à distance, des objets, de l'environnement, qui nous permettent au premier coup d'œil, au premier regard de garder la fraicheur d'attention à l'inattendu, avant qu'il ne devienne trop familier et que son « étrangeté » se perde : mettre à distance l'engluement, trouver la bonne distance, le suffisamment juste, l'horizon. En ce sens, la totalité de ce qui est à percevoir ne pourra jamais nous être accessible, « nous ne percevons que ce qui nous est déjà familier, voire : *ce qui nous regarde...* [510] ». Tous les signes ne nous fascinent pas, et même s'ils s'imposent à nous, on peut très bien leur porter une attention indifférente, n'ayant aucunement l'impression qu'ils sont pour nous des énigmes, au mieux des anomalies qui ne peuvent tout simplement pas être comprises dans le paradigme qui dirige l'interprétation.

En ce sens, Jean-François Lyotard parle de « l'immanence du voyant au champ du visible[511] ». Pour que le voyant accomplisse sa vision *du dedans de l'être*, depuis l'intérieur du monde qui se fond pour apparaître, il faut que l'œil touche à distance les choses comme une main les touche, que le regard, comme dit Merleau-Ponty « enveloppe, palpe, épouse les choses visibles » ; il faut encore que le visible se mette à voir le voyant qui le voit, tout comme le touché se fait touchant, à la manière d'un peintre qui se sent regardé par son motif. C'est également ce regard tactile dont parle Gilles Deleuze à propos de Bresson[512], qui permet de sortir l'objet de son contexte pour le disposer dans le domaine de l'art. Une vision qui n'a d'existence qu'en acte, dans un geste en prise sur la

---

[510] *Ibid.,* p. 16.
[511] LYOTARD, J.-F., *Que peindre ? Adami, Arakawa, Buren*, Paris, La différence, 1987, p. 56.
[512] DELEUZE, G., *L'image-mouvement*, Paris, Editions de Minuit, 1983, p. 154.

matière, « un regard primitif » qui valorise la sensation, face à une logique stricte de l'intelligence calculatoire.

Le regard est donc influencé, voire conditionné *par celui* qui regarde, *par ce qu'il* regarde, *parce qu'il* regarde. Mais « ne trouve pas qui veut, mais qui peut, ou qui sait déjà, et ce que nous sommes aptes à connaître par la vue n'est peut-être pas ce que nous *re-connaissons* en cet instant[513] ». Car la chose qui nous semble nouvelle ne le serait jamais vraiment. Alberto Manguel voit dans cette expérience de la trouvaille une forme de réminiscence, pour lui « toute nouveauté n'est qu'oubli », car nous ne reconnaitrions que des choses occultées. En ce sens, trouver, c'est toujours plus ou moins « re-trouver ».

Si ces éléments nouveaux que nous sommes capables de *re-connaître* résultent *a priori* de souvenirs ou réminiscences, il faut aussi mentionner la participation de notre culture visuelle et technique obligatoirement sollicitée au moment où nous expérimentons, créons, découvrons, trouvons. Ainsi, comme l'indique Michel Butor, *chaque mot est hanté par ceux qui lui ressemblent*, « de même chaque forme, ou objet de rencontre entre inévitablement en résonance avec le répertoire des objets validés par la culture[514] ». Les objets et les expérimentations que nous menons, comme celles de tous les autres créateurs, sont ainsi inévitablement modelés par l'irruption d'éléments préalablement assimilés. L'esprit créateur est habité par des « images antérieures[515] », des idées, des intuitions. Notre regard serait-il toujours condamné à être formaté, biaisé, délimité et précédé ?

---

[513] DEMANGE, M., *op. cit.,* p. 16.
[514] *Ibid.,* p. 16.
[515] PANOFSKY, E., *Idea*, Paris, Gallimard, 1989, p. 60.

Est-ce l'expérience, comme le propose Pierce :

> « *L'expérience peut être définie comme la somme des idées ayant été irrésistiblement transportées sur nous, écrasant tout jeu libre de la pensée, par la teneur de nos vies. L'autorité de l'expérience consiste dans le fait que l'on ne peut résister à son pouvoir ; c'est un torrent que rien ne peut contrer*[516] ».

L'expérience est en fait un événement qui signifie étymologiquement « ce qui arrive ». C'est dans l'expérience qu'advient un fait, qu'une qualité est attribuée, déterminée, imposée à l'esprit. Notre regard semble consécutif à cette expérience, il est celui qui porte « ce qui arrive », il est celui qui nous contraint à voir ce qu'il y a à voir à ce moment-là, et à cet endroit-là. Il est celui qui, dans une collection de possibles, lorsque l'événement de la trouvaille advient, se concrétise selon une continuité potentielle qui rend cohérente la singularité de l'expérience.

Paradoxalement, si notre regard n'était pas précédé par ces délimitations de l'expérience, même vagues et mouvantes, le décalage ne pourrait pas s'opérer. Ainsi, il semblerait que l'envie de réaliser ne provienne en aucun cas du pur instinct ou du libre arbitre, mais d'une certaine contagion d'un autre regard et d'un autre code, en l'occurrence celui du sens, des mots qui cadrent la reconnaissance. Affecté par une expérience, on conçoit les objets dont on fait l'expérience, on leur

---

[516] PEIRCE, C. S., cité par DUMAIS, F., *L'appropriation d'un objet culturel. Une réactualisation des théories de C.S. Peirce à propos de l'interprétation*, Presses de l'Université du Québec, 2010, p. 15.

attribue une signification. De ce fait, « chercher » serait déjà une certaine manière de proposer du sens, car elle est la condition de possibilité de toute trouvaille à venir. « La chose nous advient, avec sa complexion, ses formes, ses apparences, se prêtant à une multitude de perceptions, d'interprétations, de jugements possibles ; et nous allons vers elle, avec notre puissance de projection, dont les modalités sont elles-mêmes multiples[517] ». Ce regard en quête de sens, de récit, est précisément la circonstance favorable à la venue de l'œuvre, à l'éclosion de « nouvelles affinités » qui « cherchaient à se découvrir[518] ». Il est une activité, dont toute la valeur réside dans l'activité elle-même. Une activité où le « non attendu » de la trouvaille est la condition même de « l'inattendu ». Une activité qui porte en soi la loi de son propre déploiement.

C'est donc une expérience de créateur, mais aussi de spectateur, de spectateur-artiste, qui transforme le regard spectatorial classique en un regard créateur actif. En quelque sorte une position de « guetteur[519] » prêt à capter l'insolite quand il se présente à nous.

Le moment poïétique de l'expérience consiste d'abord à discerner ces éléments et objets, en repérer et y trouver le détail ou l'ordonnancement qui fait sens, pour le faire entrer dans le champ des créations. Un regard doté de propriétés qui, en soi, éveillent une connaissance préalable, une compréhension, une reconnaissance de la trouvaille. Il y a donc le hasard de la rencontre, pas nécessairement la « chasse » ou l'intention initiale, mais l'exercice d'une attention particulière, d'un regard exercé, d'une vision capable de déceler. Un

---

517 PAYOT, D., « Postface », *Sculptures trouvés, op. cit.,* p. 131.
518 BRETON, A., *Le Surréalisme et la peinture*, Paris, Gallimard, 2002, p. 25.
519 BRETON, A., *L'Amour fou, Œuvres complètes, Tome II, op. cit.*, p. 697.

regard qui n'est jamais vraiment arbitraire, plutôt informé, cultivé, riche de connaissances, de *re-connaissances* et d'expériences, d'affects et de désirs. Un regard qui s'adjoint à la création et à la fabrication de quelque chose, qui lance le mouvement de faire venir quelque chose à l'existence, de le laisser accéder à la visibilité.

Une posture, donc, orientée vers l'aventure, l'impondérable des accidents, d'une certaine indécision de l'idée.

> « *Je sais que je m'étonnerai de telle pensée qui me viendra tout à l'heure - et pourtant je me demande cette surprise, je bâtis et je compte sur elle, comme je compte sur ma certitude. J'ai l'espoir de quelque imprévu que je désigne, j'ai besoin de mon connu et de mon inconnu* ». Car telle est, pour celui qui sait « *ne pas excessivement vouloir* », la promesse de la règle contraignante : « *elle y appelle de très loin une multitude de pensées qui ne s'attendaient pas à être conçues*[520] ».

En conséquence, dans les œuvres réalisées, ce n'est pas l'objet lui-même qui se positionne comme une finalité, mais ce qui reste du moment transitoire de la trouvaille en lui, cette période aventureuse condition *sine qua non* de l'activité même de la découverte. « Le but c'est l'activité, elle-même. Car il y a toujours plus dans la recherche que dans son produit, et l'œuvre, qui est périssable comme son auteur, atteint son plus haut degré de signification au moment unique de sa naissance[521] ».

---

[520] VALERY, P., cité par JUNOD, P., *Transparence et opacité. Essai sur les fondements théoriques de l'art moderne*, Nîmes, Jacqueline Chambon, 2004, p. 335.
[521] JUNOD, P., *Ibid.*, p. 341.

Un moment qui se manifeste à notre regard de manière précaire, incertaine, transitoire, indécise, éphémère. Une manifestation qu'il est tout à fait possible de ne pas voir, de manquer. Pourtant ce regard à un caractère d'évidence pour celui qui l'emploie, passer à côté serait passer à côté de ce voir. Et même si le regard est chargé de cette spécificité culturelle qui lui est intrinsèque, c'est dans la volonté artistique de la rencontre et de l'articulation objet-regard que se situe sa réelle potentialité. L'imprévu est donc ce qui s'additionne au regard de la première situation ; qui fait que l'on opère un choix, une sélection, un cadrage, un point de vue ; qui fait que l'on accorde de la curiosité à la situation.

Une articulation qui ouvre un entre-deux, une indétermination première qui se joue dans l'impossibilité de décider, de savoir vraiment au préalable. Il s'agit bien de cela, rencontre, regard, sélection, qui rendent lisible une certaine conscience du réel de nos productions, de faire voir et de mettre en « pièce » ce que l'on croise, de saisir un certain contraste qui se « dérode ». La trouvaille isolée par le regard est projetée dans la fiction créative, hors de l'espace commun, hors du regard commun. C'est une sorte de coupure, de prélèvement, de séparation, de section qui transporte la vision à un moment donné, dans la saisie, non pas de l'instant, mais de la capture de la trouvaille.

La trouvaille est comme un trésor qui se cache, dans le monde ordinaire des objets qui nous entourent. Elle n'apparaît jamais comme telle au préalable, mais au moment où elle se révèle au regard qui a su la saisir. Le trésor n'existe que lorsqu'il est perçu par une curiosité ou une attention, une attitude. Débusquer la richesse d'une trouvaille est une attitude : *nous défaisons, bidouillons, reprenons, isolons, cadrons, séparons.* Trouver est une sorte de nécessité qui désigne la trouvaille comme un besoin, celui d'aiguiser notre regard qui institue, mais aussi celui qui permet de voir qui nous sommes, entrevoir ce qu'est notre pratique.

Cette attitude, dans ce qu'elle révèle, se fixe au moment de l'achèvement des réalisations comme une sorte de « réparation », en rendant lisible et visible la trouvaille aux autres regards : *reprises, restitutions.*

Invention

> « *L'art n'est pas d'abord une collection de façons de voir particulières, ni la somme des manières de consigner ces regards singuliers, mais, avant cela, il est condition à priori du voir[522]* ».

Ce que l'on voit, même de manière ordinaire, peut toujours être rapporté à la manifestation du voir, et être aperçu et considéré, de façon inédite, depuis cette projection du voir. Une sorte de « pré-vision[523] » ouvrant un regard qui tente de fixer à la fois la chose et la proposition de sens qui a permis de la voir comme elle est perçue, mais aussi comme condition pour qu'elle apparaisse comme surprenante, dérangeante, insolite, signifiante. Un regard qui ne duplique pas, *qui construit, re-construit, répare* : qui trouve.

---

[522] *Ibid.,* p. 140.
[523] *Ibid.,* p. 141.

Un regard « qui trouve » dans le sens de l'invention. Inventer, *in-venire* signifie littéralement « venir sur ». Inventer c'est créer, faire exister quelque chose qui n'était pas là avant, *venir sur* ce quelque chose, *faire venir* ce quelque chose. Inventer s'apparente à trouver, découvrir, tomber sur, mettre en lumière ce qui était auparavant dissimulé, recouvert, perdu ou oublié. Inventer, c'est convoquer cette dimension *de la venue, du venir, du voir* : « du faire venir » ce que le regard saisira. Une invention à la fois de l'ordre de la création, du constat, du nouveau et de l'acceptation : *de l'apparaître, de la proposition de sens, de l'émergence, de la rencontre.*

Ce qui caractérise l'invention c'est qu'elle surgit le plus souvent là où on ne l'attend pas. Elle est « comme le mouvement de bascule où le non-sens révèle du sens, où le sentiment d'une erreur se transforme soudain en impression rétrospective d'une errance nécessaire qui trouve enfin son issue inattendue, mais logique[524] ». Une errance qui conduit à « découvrir » quelque chose qui existait virtuellement, mais qui était en attente de dévoilement dans un processus expérimental. Une errance qui finit parfois par mener quelque part, même dans l'erreur. Comme l'indique Edouard Le Roy, le travail créateur de l'esprit libre n'est pas systématique et son avancée n'est pas prévisible, il implique une posture où « l'invention s'accomplit dans le nuageux, dans l'obscur, dans l'inintelligible, presque dans le contradictoire[525] ».

C'est ce qui nous incite à comparer, à combiner, à mettre des liens entre les objets, à associer des éléments opposés. Une posture qui

---

[524] TOULOUSE, I, « Présentation des enjeux d'une réflexion trans-disciplinaire sur l'invention », in TOULOUSE, I, DANETIS, D. (Dirs.), *op. cit.,* p. 9.
[525] LE ROY, E., « Sur la logique de l'invention », *Revue de Métaphysique et de Morale, Vol. 13 n° 1-3*, 1905, p. 196.

nécessite un regard qui compare autrement, qu'il s'agisse de choses déjà comparées, soit de choses non comparées ou à priori incomparables. Un regard qui porte en lui un modèle, un paradigme, une démarche, une méthode, une règle, et en même temps une absence de tout cela...

De fait, l'invention n'est pas véritablement une chose ou une substance, mais plutôt une opération de l'imagination. Un état transitoire fait d'une sorte de *nécessité interne* « qui joue avec des possibles et avec l'idée que la réalité aurait pu, ou pourrait être différente, ou pourrait, même si cela est fort improbable, devenir brusquement différente. On imagine ce qui se serait passé si..., ou ce qui se passerait si...[526] ». Une sorte d'imagination flottante, qui joue avec l'idée paradoxale que l'improbable, dès lors qu'il n'est pas possible, pourrait arriver. Ainsi, l'invention s'élabore à partir de non rationnel, dans des moments transitoires où notre vision devient claire à partir des tactiques et stratégies *autres* du défaire.

Pour disposer de ce regard si particulier, il est donc indispensable d'être imaginatif en s'octroyant une certaine liberté. « En effet, on oublie trop souvent que la condition première de l'invention est la liberté d'esprit de l'inventeur par rapport à son objet de recherche, par rapport à sa discipline, par rapport à son entourage personnel, institutionnel et social, par rapport à lui-même[527] ». Une liberté, comme le fait remarquer François Soulages, qui doit s'accorder et s'articuler à l'imagination pour susciter la rencontre des procédures inédites. Mais c'est aussi un travail actif sur l'imagination, un travail de l'imaginaire, et un travail de

---

[526] CONCHE, M., *op. cit.,* p. 124.
[527] SOULAGES, F., « L'invention entre liberté et altérité », in TOULOUSE, I, DANETIS, D. (Dirs.), *op. cit.,* p. 27.

l'inconscient, pour que l'inventeur puisse « penser l'impensé, voire ce qui était donné comme impensable[528] ». Une attitude où le désir s'adjoint à la volonté, où l'on refuse la passivité. On détourne sa pensée et son effort sur ce qui ne semble pas dépendre de nous, pour autant que cela en dépend. Une manière de prendre en compte que l'improbable n'est pas l'impossible, c'est même souvent le but recherché, ce qui fait que nous inventons.

Cela ne s'opère pas sans difficulté, erreur, tâtonnement, angoisse et obstacle, demandant à se confronter directement à l'imprévisible et à l'imprévu des expérimentations, aussi radicales soient-elles. François Soulage insiste sur le fait que l'invention, quelle qu'elle soit, est d'abord « rupture, différence et nouveauté. Rupture avec ce qui précède, rupture avec ce qui entoure, rupture avec ce qui est prévu ou prévisible, rupture avec la manière de poser les problèmes scientifiques ou artistiques. L'invention est donc marquée de crise et de critique, par le problème à travailler plus que par la question dont la réponse qui existerait déjà serait à trouver[529] ».

C'est pourquoi inventer consiste en un problème. L'invention se mesure à la hauteur du problème posé. L'invention forme une idée problématique : « non pas une idée refermée sur elle-même, une, homogène, claire et distincte, mais une idée ouverte, claire obscure, multiple et différenciée[530] ».

---

[528] *Ibid.*, p. 28.
[529] *Ibid.*
[530] PREVOST, B., « L'invention : un concept périmé de l'ancienne théorie de l'art ? » SOULAGES, F. (Dir.), *Dialogues sur l'art et la technologie, op. cit.,* p. 47.

Inventer nécessite donc de changer de point de vue, à partir sur les bases d'hypothèses incertaines, des supputations plus ou moins risquées, voire de se changer soi-même, d'avoir une nette préférence pour la difficulté à la réponse toute faite, pour l'incertitude à l'intransigeance, pour l'irréalisable à l'existant. De naviguer à vue dans le multiple, le clivé, l'hétérogène.

La capacité à lier, à imaginer, à s'autoriser une certaine liberté, tout comme la qualité à « com-prendre, com-parer, com-biner[531] », sont à l'origine de l'acuité et de l'éveil face à l'ordinaire, qui suscite « une hardiesse à penser, à faire, à agir et à entreprendre[532] ». Tout repose souvent sur une intuition, ou d'une manière astucieuse, volontaire ou non, d'exploiter les circonstances rencontrées, à tirer parti de nous-mêmes à partir de tout ce qui nous entoure.

Parallèlement, il nous faut réinventer, car le numérique se positionne sur le présupposé de ses dispositifs, pratiques et normes, qui s'imposent comme s'il s'agissait de vérités immanentes, que les objets techniques soient fabriqués dans un espace et des conditions neutres, qu'ils soient soustraits à toute autre législation qu'à la liberté de disposer des usages préconisés, qu'ils proviennent tous d'un même système ou d'un espace de production équivalent, et qu'ils soient faits pour être utilisés dans les conditions définies pour nous préalablement.

Les pratiques expérimentales comme la nôtre, dépendantes de la trouvaille, de l'invention du regard, peuvent nous inciter à nous débarrasser de ces présupposés, justement, parce que manifestement,

---

[531] SOULAGES, F., « L'invention entre liberté et altérité », *op. cit.,* p. 29.
[532] *Ibid.,* p. 30.

elles ne proviennent pas de ce genre d'espace. C'est ce qui nous incite à déplacer, lacérer, tordre, brouiller, déformer, défigurer, ironiser, pour faire advenir un sens qui recèle toujours des promesses en plus de celles que l'on a déjà cru discerner : un recours contre les clichés et les stéréotypes, une possibilité pour les objets d'apparaître à nouveau, de se donner à voir et de donner à parler dans un espace qui leur est propre.

« C'est peut-être un espace d'invention, précisément : ni de création ex nihilo, ni seulement d'interprétation. L'espace du « trouver ». Pour avoir la chance de rencontrer ce que l'on trouve, il faut être dehors ; mais pour avoir celle de le reconnaître comme tel (et alors de le trouver vraiment), il faut que ce dehors soit un plan sur lequel les choses puissent effectivement émerger et apparaître au regard de celui qui les trouve. Ce dernier doit donc bien voyager, mais de telle sorte que pendant cette balade il conserve et mette en œuvre un peu de son dedans aussi[533] ».

« Cet espace doit pouvoir constituer un plan d'émergence pour des regards multiples, qui n'ont pas les mêmes intérêts ni les mêmes perspectives, qui ne sont pas précédés par les mêmes regards pilotes, qui n'y cherchent pas les mêmes choses et qui ne le rapportent pas aux mêmes a priori. Il doit se prêter à des projections qui, de la part de tous ceux qui le traversent, ne sont ni identiques, ni normalisés, ni canalisées vers les mêmes significations. Il doit être le support de propositions

---

[533] *Ibid.*, p. 146-147.

multiples, foisonnantes, irréductibles les unes aux autres[534] ». Un regard riche de multiples « apparaître ».

Faille

Nous indiquions précédemment que : « Détourner équivaut à une prise de risque. Celui de l'écart par rapport à la norme, où encore celui donné par le goût du défaire qui cherche à tailler des brèches, *trouver la faille*, démonter, démontrer ».

Défaillances, failles et faillites. *Failure* dit-on en anglais : fêlure, prononce-t-on à peu près pour désigner les bris et le fracas du patatras.

Précisément, le moment de l'invention tel que nous l'entendons serait indissociable *de la faille,* voire du risque *de la faillite, de défaillir.* Car la faille est cette issue ténue et frêle qui ouvre sur la possibilité d'une invention, qui éclaire le regard inventif, qui suscite notre inventivité, qui permet d'investir un espace, d'ouvrir un plan d'émergence. Mieux, comme le dit Antoine Moreau : « la faille est la condition inespérée de l'invention. C'est elle qui offre les dispositions les plus avantageuses pour que l'inventeur découvre, non seulement ce qu'il cherche, mais au-delà de ce qu'il peut imaginer : ce qu'il ne cherche pas[535] ». Chercher la faille est probablement une sorte de stratégie. Elle est l'équivalent d'un

---

[534] *Ibid.,* p. 147.
[535] MOREAU, A., « Il n'y a que faille qui vaille » in TOULOUSE, I, DANETIS, D. (Dirs.), *op. cit.,* p. 173.

coup dans une partie, qui dépend de la qualité du jeu, mais aussi du joueur. Un art tactique donc, fait de coups dans le sens de l'occasion, jouant de toutes les possibilités : zébrures, éclats, fêlures, trouvailles, astuces, résistances, risques…

C'est cette prise de risque qui laisse advenir le moment de cet accident heureux de la trouvaille, et qui fait découvrir, de l'ordre *du faire venir,* ce qui demeurait jusqu'alors occulté. Il y a dans cette mise en œuvre ce que Philippe Quéau formule en « l'art de trouver ce que l'on ne cherche pas en cherchant ce que l'on ne trouve pas[536] » : la confrontation à une dimension du « fortuit », de l'anomalie non anticipée, propre au domaine artistique. On pense spontanément au : « Je ne cherche pas, je trouve » de Picasso[537], ou encore le « J'aime à chercher » de Gauguin[538], mais aussi au « Je ne cherche pas, j'attends ! » de Corot[539]. Un fortuit caractérisé par la possibilité de déjouer la prévision, de contourner la déduction en utilisant la surprise, par cette faculté de faire par hasard des découvertes heureuses et inattendues. Œuvrer avec l'inattendu, observer

---

[536] QUÉAU, P., donne une définition de la « sérendipité ». Sérendipité (fortuitude) est en français un néologisme dérivé de l'anglais « serendipity », un terme introduit en 1754 par WALPOLE, H., pour désigner des « découvertes inattendues ». Walpole s'était inspiré du titre d'un conte persan intitulé Les Trois Princes de Serendip, où les héros, tel des chasseurs, utilisaient des indices pour décrire un animal qu'ils n'avaient pas vu. Il y a donc, dès l'origine, une ambiguïté dans le terme de « sérendipité » : s'agit-il simplement d'un synonyme du hasard, pour décrire des coïncidences inattendues permettant des découvertes? ou bien s'agit-il d'une forme d'intuition ou de connaissance?
http://goo.gl/EXTTM
[537] COROT, J.-B., « Lettre sur l'art » 1926, cité par BERNADAC, M.-L., *Propos sur l'art,* Paris, Gallimard, 1998.
[538] GAUGUIN, P., « Lettre de Paul Gauguin à Emmanuel Bibesco (Mai 1900) » in MALINGUE, M., *Lettres de Gauguin à sa Femme et à ses Amis*, Paris, Grasset, 1946, p. 296.
[539] RUTAULT, C., cité par JEUNE, F., « Carambole : l'invention à répétition » in TOULOUSE, I, DANETIS, D. (Dirs.), *op. cit.,* p. 183.

les traces, les indices, les détails infinitésimaux. Paradoxalement, trouver où chercher la faille, provoquer où être dans l'attente *du faire venir* n'est-ce pas nous situer plutôt dans le régime insatiable du « je ne trouve pas, mais je cherche[540] » dont parle Claude Rutault non sans ironie ?

Ainsi, la faille serait cet élément qui détermine potentiellement des qualités présentes et *à venir* de ce qui est là et qui est à découvrir. C'est la recherche d'une faiblesse voulue qui peut « permettre de vaincre la faiblesse subie, imposée[541] ». Antoine Moreau dit qu'elle « transmet, quand bien même nous n'en aurions aucune idée, aucune preuve, aucune perception, ce qui ouvre sur l'à-venir. Elle met à jour, un jour d'invention, ce que nous découvrons. La faille est ce présent immanent qui articule la réalité du passé avec l'à-venir conforme à la vérité de l'objet même[542] ». Elle est l'invention d'un lieu, l'ouverture d'un interstice « qui donne chair à des espaces improbables, impossibles, impensables[543] ». Sans cette brèche qu'elle ouvre par la faille, l'objet de notre attention, *la trouvaille*, ne saurait exister. Notre travail est uniquement soucieux de ces moments durant lesquels l'esprit est actif, créatif, apte à « occuper une zone autonome, l'interzone qui s'ouvre au beau milieu ou dans le sillage[544] ». Serait-ce ce mouvement fortuit, ce « supplément qui cependant y est déjà », comme le dit Roland Barthes, qui nous y attire, qui nous motive ? Un supplément qui anime et semble dénoncer la superficialité des objets que nous gardons ? Un appoint qui porte en lui ce qui le détruit, le modifie ?

---

[540] RUTAULT, C., *op. cit.*, p. 7.
[541] HIRSCHHORN, T., cité par JOUANNAIS, J.-Y., « Le pari de la faiblesse », in *Art Press n° 195*, 1994, p. 57.
[542] MOREAU, A., *op. cit.*, p. 177.
[543] DIDI-HUBERMAN, G., *L'homme qui marchait dans la couleur*, Paris, Editions de Minuit, 2001, Quatrième de couverture.
[544] BAY, H., *TAZ, Zone Autonome Temporaire*, Paris, L'éclat, 2007, p. 56.

Quand il n'y a pas de faille, on la cherche, on essaie de la trouver, on la produit, et quand il y en a une, on essaye « d'entrer dans la brèche » comme le dit Henri Matisse. On tente de s'en saisir, parfois de la combler. De ce fait, la faille est ce qui nous incite à chercher « les points faibles dans la forteresse[545] », de résister, de tirer avantage des perturbations et des ruptures. Il y a, au sein même des intentions avouées et décrites, des fissures, des interstices, des délires : une piste pour que s'installe notre faire déstructurant. Pourtant, la faille n'est-elle pas en chaque chose ce qui en prive la complétude, diffère l'unité ? Le geste de montrer, de chercher la faille procède du choix de favoriser son existence. Or la faille n'est pas à interpréter comme un manque, comme l'indice d'une perte, comme l'effet d'un accident, mais plutôt comme une « réserve » insondable de potentialités que contiendrait chaque objet que nous questionnons. Une sorte d'ouverture en relation étroite au défaire, qui les expose de l'intérieur et qui les destine à ce qu'ils ne sont pas, à ce qui pourrait ou doit encore survenir. La faille est peut-être alors un dépassement, une possibilité d'un mouvement en avant en-dehors de l'espace stable de l'objet, favorisant « ce qui va arriver », bien qu'on l'ignore encore et de quelle manière cela adviendra. C'est pourquoi, mettre en évidence la faille pourrait témoigner d'une constitution à la fois dynamique, comme un mouvement constant, toujours à refaire, un geste jamais achevé qui implique une décision relationnelle. Et dans ce contexte, montrer la faille signifie probablement témoigner de cette décision qui est promesse d'ouverture et d'invention de possibles : la faille elle-même donne à voir ou fait voir. Habituellement, on laisse à l'objet la liberté de fonctionner ou de dysfonctionner. De ce point de vue, notre approche passe de l'évitement du défaut de conception, à la recherche active d'une conception du défaut. D'ailleurs, la faille semble présente en tout objet, garante de son existence et de ses potentialités

---

[545] CRITICAL ART ENSEMBLE, , *op. cit.,* p. 246.

pour qui sait inventer son regard : la création se tient là, béante, prise par défaut en sa faille même. La faille est ainsi une sorte de passage, une percée donnant sur une intériorité que l'apparence immédiate nous dissimule et que nous ne pouvons soupçonner qu'à la faveur d'une défaillance ou d'une interruption que nous stimulons.

La faille fait voir à la fois son inscription et son caractère insondable du processus dans lequel elle prend forme et auquel elle contribue. En même temps, elle suggère qu'il y a une grande part d'inexplicable, confrontant son advenue à l'ignorance qui la porte, tout en déstabilisant ce qui se donnait comme l'évidence indiscutable : elle est la démonstration partielle de ce que nous ne voyons pas encore, mais qui pourtant indique, fait signe, qui ne révèle pas, mais qui esquisse ce qui la constitue et la meut. Indication, suggestion, qui serait une mémoire à rebours, une temporalité heurtée faite de tensions et d'affrontements, de concessions extorquées ou accidentelles, une sorte de temps compliqué qu'elle recèle et dont elle provient, une potentialité, un possible, un probable, un inaccessible ?

C'est pourquoi, il serait vain de prétendre se livrer totalement au hasard, mais plutôt un cheminement dû au hasard, « il faut bien reconnaître que les œuvres qui s'accumulent [...] comme autant de trouvailles, dessinent un chemin qui dans votre dos assure le retour de la prévision, dont vous aviez cru vous défaire[546] ». Nous sommes peut-être moins un inventeur de formes ou un bâtisseur de structures, qu'un tacticien de la mise en scène. Car au fond, tous ces cheminements, les allers-retours, les éclairs et les ratages, tous ces tâtonnements questionnants, failles et faillites, ne seraient-ils pas destinés à tout

---

[546] *Ibid.,* p. 185.

simplement mettre à l'épreuve le fondement même de la création qu'ils engendrent ?

Chapitre 4. Fuites

Le but de l'art n'est pas de faire surgir des ressemblances, mais au contraire de déployer des liens singuliers. Resituer et analyser un parcours dans un discours semble amoindrir sa logique sensible, les savoirs étant déjà à l'œuvre au cœur même du travail plastique. Il s'agit d'une observation qui délimite pour un temps, qui engage à penser dans un contexte et, de ce fait, permet de se situer. Pourtant, la pratique est une expérimentation qui ne s'achève pas avec l'œuvre, mais continue de se poursuivre en elle, touchant autant celui qui la produit que celui qui la regarde.

Au terme de cette recherche, nous relevons le caractère indéterminé de l'agir, le fait que la pratique n'est jamais l'application littérale d'une idée ou de théories, encore moins celles définissant « l'art numérique ». Nous constatons une posture excentrique, une sorte de dépense en surrégime imaginatif : le recours à l'idiot. Il s'agit probablement d'une tactique, d'une stratégie, certainement une deuxième nature bien rodée, une corde sensible permettant d'épuiser le numérique dans un langage plastique réinventé. Peut-être est-ce un moyen d'affirmer sa part de liberté ? Une sorte d'acte de connaissance qui nécessite que le sujet se modifie, se déplace, devienne autre que lui-même pour l'entrevoir. Une déprise de sa propre maîtrise, à la recherche de ce qui déborde. D'ailleurs, expérimenter ouvre à plus d'interrogations qu'il ne donne de réponses. C'est peut-être là, dans l'interstice des modes de construction et d'observation, d'activité et de passivité, dans la perte du processus lui-même que se joue véritablement toute recherche plastique : aller au-delà d'un territoire constitué, toucher la clôture et la fin, vivre une aventure ouverte du faire.

4.1 L'idiotie

« Regardez-moi bien ! Je suis idiot, je suis un farceur, je suis un fumiste. Regardez-moi bien ! [...] Je suis comme vous tous ! [547] ».

« Cesse de faire l'idiot », « c'est idiot », « quelle idiotie », « il est idiot », « je pense comme un idiot... » ou encore « je suis un idiot », sont autant de qualificatifs, de remarques, ou de réflexions critiques que nous portons à nous-mêmes, à notre travail, et même parfois d'autres le font aussi.

Notre travail est-il réellement *idiot,* relèverait-il d'une certaine part *d'idiotie,* voire d'une pratique symptomatique ou d'une sensibilité déréglée ?

Idios, en grec signifie particulier, privé, en dehors du gouvernement, et par là s'oppose à magistrat : il désigne l'homme du peuple, le simple citoyen. *Idios* a ainsi pour sens l'homme singulier, voire extraordinaire chez Plutarque[548]. Dans l'encyclopédie des lumières, idiot est un synonyme de sagesse : « le mot idiot signifie l'homme particulier, qui s'est renfermé dans une vie retirée, loin des affaires du gouvernement, c'est-à-dire celui que nous appellerions aujourd'hui sage[549] ». Mais

---

[547] TZARA, T., cité par JOUANNAIS, J.-Y., *L'idiotie. Art, vie, politique – méthode,* Saint-Amand-Montrond, Beaux arts magazine livres, 2003, p. 10.
[548] MAURON, V., RIBAUPIERRE, C. (Dirs.), *Les figures de l'idiot. Rencontres du Fresnoy,* Paris, Editions Léo Scheer, 2004, p. 11.
[549] http://www.alembert.fr/I.html

l'idiot, tout au long du XIXe siècle, est celui qui reste « isolé du reste de la nature », pour devenir peu à peu dans le sens médical, l'aliéné, perçu comme l'être le plus dégradé. Cependant l'idiot est aussi plus généralement celui qui manque d'intelligence, de bon sens, le bête, l'imbécile, le sot, le stupide. L'idiot est le fait absurde, le contresens[550], ou encore un état de la déviance : un état d'idiotie face à ce qui est considéré comme la normalité, la raison, la maturité.

L'idiot en tant qu'élément de notre pratique plastique, est vraisemblablement une manière de toucher la déviance, la marginalité, l'originalité. L'idiot est ce qui nous permet d'avoir des pensées débiles, des approches informes. L'idiot est ce qui nous fait tendre vers la singularité, l'unique, le particulier, l'excès, le marginal, le déficient, l'anticonformiste.

Fréquenter l'idiot, explorer l'idiot ou, plus justement « le rencontrer », revient dans chacune des œuvres à laisser croître des zones franches d'idiotie, autrement dit à s'explorer soi-même : qu'est ce que l'idiotie me montre de ce que nous sommes ?

L'idiot est comme un interlocuteur, un « tu ». Un double qui nous offre la possibilité de trouver de la singularité, de se positionner en termes de singularité, de faire venir des associations inédites, scandaleuses, satiriques, comiques.

L'idiot qui est au plus profond de nous est celui qui cherche une langue non dirigée, non maîtrisée, en dehors de la logique imposée, et qui

---

[550] Le Petit Robert, *op. cit.,* p. 1273.

puise ses sources dans l'inconscient, la rêverie, l'imagination, dans la rébellion. L'idiot, dans notre approche, se retrouve dans le mal fait du bricoleur « superlouche[551] » comme aimait le dire Jean Tinguely, dans le non-sens du contestataire, dans l'improvisation, dans le défaire clandestin, dans la réinvention du regard, dans notre pratique tout entière.

À travers l'idiot nous fabriquons nos néologismes, nos vocabulaires, nos raccourcis, nos approches défectueuses, archaïques ; une langue libre, faite d'un monologue à la fois décousu, à la fois construit : une liberté dans la contrainte.

Paradoxalement, tout peut y être dit sans prononcer un son, tout peut y être pensé sans censure : des idées et des formes qui se suivent et s'enchaînent, de la poésie à la trivialité, dans une absence apparente de logique. Une sorte de parole du quotidien qui se transforme en une sorte de discours intérieur qui tourne en rond, qui cherche inlassablement, qui est fait d'obsessions, de reprises, un discours qui piétine les interdits, trahit les secrets, transgresse, pour y inscrire son œuvre au gré de sa propre démythification :

> « *La pensée s'y voit poussée jusqu'à son retournement. Et l'idiotie n'est autre que l'intelligence poussant sa propre contradiction jusqu'à son terme. Elle n'est pas la contradiction portée à l'intelligence, elle en prolonge les données jusqu'à les boucler sur elles-mêmes [...] l'idiotie imprime à l'intellect une circularité qui la fait se compléter et se nier dans le mouvement même de*

---

[551] CONIL LACOSTE, M., *op. cit.*, p. 90.

son ambition. L'idiotie, comme projet intellectuel, non comme pathologie subie, ne semble restrictive, régressive que dans les termes. Dans les formes, elle est la manifestation d'une idée de la complétude, d'un entendement qui fasse véritablement système jusqu'à se commenter et se contredire lui-même[552] ».

Une liberté qui dépend entièrement d'une oralité intérieure, d'une parole non sociale, qui trouverait une forme tant dans le défaire plastique, que dans la verbalisation et l'appropriation : « la langue défaite de l'idiot, agrammaticale, excessive : il l'invente, se l'approprie. Il laisse parler son inconscient. Il expérimente le monologue intérieur, cette parole écrite qui surgit avant qu'elle ne soit prononcée, cette parole de l'inconscient, cachée au plus profond de l'être[553] ».

Fréquenter l'idiot, jouer à l'idiot, jouer de l'idiot, faire preuve d'idiotie, c'est aussi une stratégie d'opposition à la logique calculatrice, rationnelle du numérique. Une posture proche de la gratuité du don, « liée à l'absence de calcul, à l'élan spontané, à l'impulsion, à la folie, à l'affect, au primaire, au sauvage, au naturel, au pulsionnel[554] » : l'idiotie nous apporte une bouffée salutaire d'insoumission et d'irrégularité, un travail de « démolition » qui précède la « construction » de la pensée.

« La prétendue intelligence que les gens s'enfoncent dans la tête comme un couteau ne donne

---

[552] JOUANNAIS, J.-Y., *op. cit.,* p. 214.
[553] RIBAUPIERRE, C., « Le langage de l'idiot », in MAURON, V., RIBAUPIERRE, C. (Dirs.), *op. cit.,* p. 63.
[554] GODBOUT, J. T., CAILLÉ, A., *L'Esprit du don*, Paris, La Découverte, 2000, p. 256.

qu'une image superficielle, et cette intelligence-là doit être détruite. L'idiotie doit être partagée, car en elle existent toutes les autres forces, comme une volonté sauvage, un sentiment vital devenu fou, et peut-être une tout autre connaissance[555] ».

Cette pratique de « l'inintelligence » *du faire idiot, ou du penser idiot,* ne semble donc pas l'expérience d'un abandon intellectuel, plutôt son occultation temporaire, sa réversion, laquelle ouvre à la narration et au champ poétique un terrain qui par essence s'y oppose radicalement. L'idiot nous rend attentifs à l'expérience immédiate, c'est-à-dire passionnée par l'expérimentation. Et « l'idiotie comme matériau gagne en pertinence, en intensité lorsque, non plus envisagé comme un objet détouré, non plus en scène de manière explicite, littérale, elle se dilue jusqu'à disparaître et finalement exister davantage comme jeu de possibles au sein d'un champ d'expériences. L'idiotie n'est plus simplement idiotie, mais le système plus large qui l'admet au sein des possibles, au même titre, et au même niveau, que toute autre hypothèse, que cette dernière fût envisagée moralement ou esthétiquement[556] ».

L'idiotie est souvent le fruit d'un pari, d'un détail, d'une trouvaille dans les objets que l'on aimera disposer et défaire, non pas simplement pour les dénaturer, mais pour leur offrir une identité, en questionnant le mépris, l'absence et la permanence de l'instrument de fermeture qu'est l'uniformité.

---

[555] BEUYS, J., cité par JOUANNAIS, J.-Y., *op. cit.,* p. 204.
[556] *Ibid.,* p. 198.

C'est une manière de *passer outre*, de réagir au principe de rétention, c'est-à-dire de sortir de l'univers des croyances normatives pour éprouver de l'insouciance. Une sorte de dissidence excentrique nous autorisant à entrer dans une zone de turbulences, d'engager de la défiance, pour nous obliger à fonctionner dans la sphère de la dépense en surrégime imaginatif, vis-à-vis de cette pensée qui n'agit pas, de ce qui est prédéterminé, de ce qui est « prévu à l'avance », de ce dont il faut apprendre l'usage tel qu'il a été prédestiné hermétiquement, de ce qui est bridé. L'idiotie est le moyen d'emmener les formes et les discours dans des directions inappropriées, dans une économie de l'accumulation, du grossissement du détail, dans une pression de l'inutile exercée aux dépens de l'essentiel, de l'illogique aux jeux. Autrement dit, une potentialité qui s'attache à mieux démontrer, par l'absurde, la conception commune de la réalité normative qui se manifeste comme pure convention, où règne la clôture du sens, le culte du secret, l'indicible et le non partageable. L'idiotie est là, comme une arme au service d'un terrorisme canularesque, pour combattre sur le terrain de la perfection et de la compétence, du savoir-faire et de l'idéalisme, « la bêtise » et l'ignorance qu'impose la fermeture ; non pas pour la démobiliser, mais installer momentanément un fond sur lequel ses traits grossissent davantage. Ainsi, la norme n'exclut nullement la constitution d'une contre-norme subversive, elle en favorise l'émergence même.

En quelque sorte, s'abîmer à l'idiotie sollicite une sensibilité « déréglée » qui tente de s'abstraire des règles, et qui ne se laisse corrompre que par sa propre règle qu'elle épuise. Un système où les facultés logiques sont momentanément congédiées, décentrées, laissant de la place à une succession d'intuitions et d'approches fantaisistes, oniriques, métaphoriques, distanciées. L'idiotie porte en elle l'émergence d'une logique nouvelle au cœur d'une autre, une manière allusive, distanciée, de la fuite. À la fermeture et l'ordre se substitue l'absence d'autorité ; à la crainte, le rire ; à la victoire, la défaite ; aux rituels imposés, le ridicule et l'insubordination ; à l'échec, la moquerie ; à l'acquisition, la dispersion.

Pourtant, *faire l'idiot* semble plus de l'ordre du jeu, *jouer à l'idiot*, car l'idiotie est dans sa définition même une qualité innée et non acquise. Jouer à l'idiot, faire l'idiot, est à entendre comme une tactique, une stratégie, certainement une corde sensible qui nous permet d'être transgressif plus que d'autres : se moquer des règles, s'affranchir des contraintes, briser la convention, épuiser un langage plastique en le réinventant : *je m'oppose, je conteste, je ris à mes dépens, je m'invente des distances.*

Faire l'idiot c'est simuler la bêtise, avoir un comportement stupide, jouer de la naïveté, mais aussi *faire le malin* en prenant des risques[557]. C'est fréquemment entraîner notre travail vers le ridicule, dans la contradiction, dans l'impasse, dans la bourde, dans le bide, dans toute une série de manières de perdre la face. Néanmoins, à travers cette démarche idiote, l'enjeu est peut-être d'affirmer sa part intérieure de liberté, toujours rappelée au monde normal et à ses lois : une certaine conscience du personnage idiot qui se parle à lui-même, dans le secret de l'intimité, dans l'introspection. Une sorte d'acte de connaissance qui nécessite que le sujet se modifie, se déplace, devienne autre que lui-même pour l'entrevoir. Une déprise à la recherche de ce qui déborde, de ce qui entraîne au rire. Mais le rire n'est pas tout. Même, il n'est rien en soi. Il est la chute, la conclusion de l'histoire drôle, la fin de l'idiotie.

---

[557] Le Petit Robert, *op. cit.*, p. 1273.

En ce sens, affronter l'idiot, c'est inévitablement s'affronter soi-même en tant qu'idiot en renonçant à un quelconque contrôle. Jouer d'une vocation à la fois anarchique et constructive, où l'illogisme subversif peut apporter du sens. C'est s'essayer dans la confrontation d'un rationalisme retravaillé par les stratagèmes incohérents. C'est se suspendre au regard idiot, c'est accepter la confusion, le rapprochement et la mise à distance, c'est consentir à entrer dans l'altérité, c'est suivre une sorte de rite initiatique « de ce même moi qui, dans son ignorance, condamne, réprouve des actes de son intellect, des mouvements de ses affections entachés de fixité, d'irrésistibilité, comme s'il eût produit dans la plénitude, l'exercice régulier de son libre arbitre[558] ». Ce même moi où l'entropie résiste à l'intelligence raisonnante et, où le rire et l'intuition, positionnent l'idiotie comme un mode de connaissance, comme une approche, à la fois humble et convulsive.

Ainsi, recourir à l'idiot s'apparente à une certaine forme d'auto-analyse qui n'est pas exclusive, plutôt une manière de révéler en prenant des risques, des éclats, des débris, des fragments de réminiscences qui permettent de construire notre univers d'objets. Une sorte de folie douce de l'ordre de l'irréductible, de l'irrépressible, de l'incontournable, où ces réminiscences trahissent le manque et caractérisent l'impossibilité de toucher pleinement cette individualité « autre » que nous incarnons, ce non-être fuyant ; l'idiot reste un étranger : *je chute, je m'aperçois que je ne sais plus rien du tout. Je suis idiot.*

---

[558] BALZAC, H. cité par PIGEAUD, J., « La conception de l'idiot chez Moreau de Tours », in MAURON, V., RIBAUPIERRE, C. (Dirs.), *op. cit.*, p. 159.

4.2 Expérimenter

Qu'il s'agisse de défaire, de bricoler, de bidouiller, de détourner, d'inventer, de faire preuve d'idiotie, notre approche semble se définir par un caractère exploratoire. Étonnements, tâtonnements, doutes, erreurs, ratages, sont toutes des figures du caractère indéterminé de l'agir, du fait que la pratique n'est jamais l'application littérale d'une idée. Expérimenter n'est-ce pas justement une manière de poser plus de questions que de produire des réponses ?

L'expérience peut être à même d'engager un nouveau type d'action et de connaissance. En ce sens, expérimenter pour nous semble être le moyen d'introduire une pratique entre savoir et non-savoir puisque cela implique des pratiques faites d'indécision et d'incertitude, appelant des questionnements multiples jusqu'aux doutes qui s'introduisent en actes dans le processus de réalisation. Comme nous l'indiquions à propos de l'ignorance, l'incompétence ouvre la possibilité d'un nouveau régime de compétence par laquelle l'expérimentation devient un point d'articulation indissociable. Et dans ces moments d'expérimentation nous sommes distanciés vis-à-vis de nous-mêmes accordant plus d'importance aux potentiels qu'aux possibilités réelles qui s'offrent à nous. Peut-être est-ce pour nous le seul mode pour faire avancer les choses, aller au-delà du seuil de nos modestes connaissances sans cesse repoussées ?

Nous n'expérimentons pas pour expérimenter, car il ne s'agit pas d'une fin en soi. Nous avons notre manière de faire, de livrer nos petites opérations ou plus justement de défaire. Cela à pour effet de nous positionner sur le fil tranchant de l'échec, de l'erreur, de vaciller du côté périlleux de la non-réalisation, chercher toujours à dépasser la limite.

L'expérimentation croise sans cesse cette question de la limite, et tend vers un débordement : aller au-delà d'un territoire constitué, toucher la clôture et la fin, mais aussi s'orienter vers la perte de maîtrise du processus lui-même. L'expérience de l'expérimentation donne forme, mais arrête aussi dans un entre-deux, ou plutôt, nous fait circuler dans cet entre-deux. Trouver le moyen de « s'en sortir » serait l'enjeu qui nous pousse à continuer ? En fait, l'étymologie du mot « expérimental » caractérise « ce qui dépasse les limites », qui s'aventure en terrain inconnu, qui tente des expériences nouvelles, qui met des hypothèses à l'épreuve de l'expérience. Il faut bien admettre qu'expérience et expérimentation possèdent les mêmes racines et en tant qu'actions, sont étroitement imbriquées[559]. Il y a bien initialement l'expérience du faire, où nous cessons de percevoir l'œuvre, à mesure que nous la constituons - qu'elle se constitue -, sur laquelle nous ne cessons d'exercer un contrôle en tant que juge et partie. Monter une expérience, acquérir ou avoir l'expérience, « faire l'expérience de », décrivent bien l'emploi multiple du mot. L'anglais offre d'ailleurs un équivalent intéressant avec *to experience*, qui se réfère alors au vécu, le fait de vivre une présence, un certain mode de percevoir. Dans ce cas, l'idée de l'œuvre elle-même ne se forme qu'à mesure qu'elle s'élabore, et ne cesse de relancer l'activité : ressenti de ce qui est à faire, idée insaisissable d'une présence dans la mesure et la perte. Un faire qui sait et qui ne sait pas où il va, jusqu'à se récuser même fréquemment, ambiguïté de ce qui s'affirme et se nie, qui naît et disparaît aussitôt. Or, expérimenter dans son sens conventionnel, c'est soumettre une idée à l'épreuve des faits, de manière volontaire, systématique et critique, pour en tirer des enseignements[560]. En ce sens, c'est faire, à la manière de scientifiques, des observations minutieuses, à

---

[559] SCHECHNER, R., « Déclin et chute de l'avant-garde (américaine) », *Performance. Expérimentation et théorie du théâtre aux Etats-Unis*, Paris, Editions Théâtrales, 2008, p. 293.
[560] SOURIAU, E., *op. cit.*, p. 709.

la fois imprévues et déterminées d'avance dans un contexte précis et mesurable où chaque nouveauté pourra suggérer une idée pour ouvrir une voie nouvelle. Souvent il s'agit de vérifier ou mettre à l'épreuve un principe de manière systématique. Cependant, pour nous dans le contexte bidouillant, expérimenter n'est peut-être qu'un art de recherche et d'essais, où nous passons à l'acte pour voir ce que cela donne. Une posture qui n'est en aucun cas à la recherche du chef d'œuvre, de la nouveauté, ou de la création *ex nihilo*, mais montre en tâtonnant qu'il y a peut-être une voie qui s'ouvre, de nouvelles pistes à suivre. L'expérimentation n'est donc pas à concevoir dans son sens scientifique, rationnel et méthodique. Elle est le contraire de la prédiction et de la planification, même si elle n'est pas opposée à une certaine forme de rationalité ouverte, qui en tant que tel n'est pas sa propre fin, mais un prélude au dépassement.

Pourtant, l'expérimentation pour nous, on l'a vu, se situe à mi-chemin de la théorie et de la pulsion du bricolage. Elle nous force ainsi à croiser différentes pensées, mêlant art, art de faire, science et philosophie, comme nous le disent Deleuze et Guattari : « Les trois pensées se croisent, s'entrelacent, mais sans synthèse ni identification. La philosophie fait surgir des événements et des concepts, l'art dresse des mouvements avec ses sensations, la science peut s'établir entre les plans. Mais le réseau a ses points culminants, là où la sensation devient elle-même sensation de concept ou de fonction, le concept, concept de fonction ou de sensation, la fonction, fonction de sensation ou de concept. Et l'un des éléments n'apparaît pas sans que l'autre ne puisse être encore à venir, encore indéterminé ou inconnu[561] ». L'expérimentation se situerait ainsi entre des modes de construction et d'observation, d'activité

---

[561] DELEUZE, G., GUATTARI, F., *Qu'est-ce que la philosophie ?* Paris, Editions de Minuit, 1991, p. 187.

et de passivité, à la recherche de fonctions déviantes : formes livrées à l'expérience, formes de l'expérience elle-même, expériences informant, déformant, performant ses propres conditions. John Cage confirme cette approche en exprimant le fait que l'expérimentation se doit d'être désignée « non pas un acte destiné à être jugé en termes de succès ou d'échec, mais simplement un acte dont l'issue est inconnue[562] ».

L'expérimentation semble un facteur de libération, une situation, un système de rapports complexe avec la structure qui la supporte, qui la spécifie et qui relève d'un agencement. L'expérimentation est donc une aventure ouverte ; « sa question est : qu'est ce que ça donne si j'essaye ceci ou cela ? Il s'agit toujours de mettre fortuitement sur une table de dissection une machine à coudre et un parapluie et voir ce que ça donne. On se jette à l'eau, et il faut s'en sortir ; on s'engage, on voit après[563] ». Alors, ne sommes-nous pas tel un « aventurier expérimentateur » prisonnier de notre propre territoire comme le décrit si justement David Zerbib ?

> « L'expérimentateur serait donc à sa manière un aventurier de l'empeiria, mais toujours entre l'empire et l'expire, entre l'établissement d'un territoire sur lequel il règne avec autorité et la menace d'une caducité programmée ; celle qui fixe alors un nouveau péril à percer et où l'expert abdique, faute de nouvelles expériences qui ne seront concluantes qu'à la condition de ne mettre un point final à rien. Il n'est pas savant en sa

---

[562] CAGE, J., *Silence*, Middletown, Wesleyan University Press, 1961, p. 13.
[563] PEYRET, J.-F., « Comment j'ai expérimenté ? », in DURING E., JEANPIERRE, L., KIHM, C. (Dirs.), *actu. De l'expérimental dans l'art*, Presses du réel, 2009, p. 144.

pleine positivité, car pour une part le non-savoir l'accompagne, en ce que le savoir ne constitue pas pour lui un bien acquis, mais une épreuve. Sa marque, son territoire, voire son nom même ne sont que provisoires[564] ».

« Lorsqu'on expérimente, il faut tout autant respecter l'élément d'étrangeté au moi que le maîtriser subjectivement ; ce n'est que maîtrisé qu'il témoigne du libéré ». Une maîtrise rendue possible, sans doute, par le fait que toute imagination présente une marge d'indétermination, bien que cette marge ne s'oppose pas indissolublement à l'imagination. L'expérimentation tient donc ici, en pratique, essentiellement au rapport entre imagination et matériau, et donc entre sujet et matière[565].

Les pas accumulés tracent un chemin, vers « un espace inhabité qui est l'endroit même de l'expérimentation[566] ». Ils illustrent comment, d'un savoir limitatif, une route par détour et retour, accidentellement, ou parfois par non-conformisme s'en vient à devenir un tracé personnel : c'est faire, et faire c'est choisir, mais c'est aussi être choisi, retenu, dans ces moments ténus des commencements, de ce qui pourra parfois être ultérieurement considéré comme une œuvre. Une manière de dépasser les

---

[564] ZERBIB, D., « Les noms du per », in DURING E., JEANPIERRE, L., KIHM, C. (Dirs.), *op. cit.*, p. 37.
[565] ADORNO, T. W., cité par ZERBIB, D., *Ibid.*, p. 44.
[566] KAPROW, A., « L'art expérimental », *L'art et la vie confondus*, Paris, Centre Georges Pompidou, 1996, p. 110.

moments d'incertitude en se démarquant précisément de l'impératif du dépassement par l'ouverture.

Le revers de cette posture expérimentaliste est la perte d'intérêt, dès lors que nous intégrons les règles, à voir et à savoir comment cela fonctionne. L'impression d'être en terrain connu, de reproduire des choses que nous savons déjà, nous ennuie : il est impératif de passer à autre chose. Une tendance qui nous fait aller un peu partout et nulle part. Pourtant, l'accumulation des savoirs partiels finit par nous donner une certaine singularité : celle de les avoir amassés et de pouvoir les entrecroiser. Où mène cette direction est secondaire en rapport à l'instabilité qui la caractérise : c'est là, dans cet équilibre difficile, que nous avons l'impression de nous trouver.

Conclusion

Ce texte resta longtemps en gestation, parce qu'écrire sur sa pratique demande sincérité, humilité, recul et difficulté. Il s'agit également de s'accepter créateur, puis de se détacher suffisamment de son objet. Le travail, en prenant forme, fait intervenir une multitude de réflexions, au travers desquelles les mots tentent parfois d'appréhender, et retraduire la complexité du langage plastique. Tout semble simple lorsque la main agit et que l'objet répond aux arguments de réalisation. Mais la connivence qui s'établit entre le créateur et son œuvre ne suffit pas à éclairer explicitement et à distance sur les desseins mis en œuvre.

Au fur et à mesure de notre travail, nous avons accumulé et ordonné des gestes, des signes, des procédures. Le geste fut déterminant. C'est en lui que se sont jouées toutes les altérations, transformations, interventions. De la même manière, les supports que nous avons choisis et questionnés dans leur être ou leurs relations ont toujours posé les problèmes de l'inscription et de la signification de nos interventions. Cela nous a amené à nous interroger sur les termes qui engendrent ces actions, ces rituels, ces effets, c'est-à-dire se questionner sur le sens des mots, et à travers les mots.

Même si dans l'exercice de création on éprouve le sentiment d'accéder à une certaine conscience, il semble indispensable de « se saisir momentanément à distance » du praticien, de formuler « à l'extérieur de soi-même » une pensée reflétant les dimensions essentielles de la pratique en train de se faire : *passer de la mise en œuvre à la mise en mots et vice versa*, articuler la réflexion, mettre en forme la recherche, la contextualiser avec les discours existants. Faire de la recherche consiste à collecter des éléments et à les soumettre à des critères d'analyse afin de constituer du savoir. Pourtant, en tant que *praticien de sa recherche*, ou *chercheur sur sa pratique*, la préoccupation n'est pas limitative à transmettre une pensée, un savoir, mais plutôt d'élaborer un discours entrecroisé et entrecroisant la production : représenter, questionner, saisir la « complexité » dans la pratique même dans la laquelle on se trouve engagé. Aussi détaillée soit-elle, et en raison de l'importance qu'elle accorde aux processus subjectifs, l'activité relève en son essence même d'une certaine part d'insaisissable et d'irréductible que le praticien ou le théoricien n'arrivera pas à expliciter, du moins clairement dans sa globalité. On se trouve inévitablement protagoniste d'une dualité inflexible qui est à la fois libératrice et aliénante, et porte en elle un équilibre instable entre le pôle de la réflexion et celui de l'imaginaire.

Il s'agit donc d'un mouvement d'aller-retour, tributaire non seulement de la recherche, mais subordonné à la nature même de la pratique : l'objet de la recherche. S'impose ainsi un va-et-vient ininterrompu, parfois contradictoire, entre la pensée en acte de l'expérience sensible et subjective, et celle de la pensée conceptuelle objective et rationnelle. Il en ressort une sorte de tension ambiguë entre un processus intellectuel qui conduit à l'analyse et à la décomposition en concepts, et l'acte de création qui sollicite une disposition poétique, un travail de structuration sensible.

Un mouvement où l'analyse advient comme une conséquence qui ne peut découler que du repérage des récurrences à l'intérieur même de la pratique, celles qui forment le sens de la pratique. En conséquence, il s'agit, conjointement au faire, d'éclaircir ce qui cherche à s'y affirmer, les concepts qui font agir des relations, ce qui met en place des structures signifiantes : l'histoire de l'œuvre subséquente au geste, faite de liens où le concret et l'abstrait se mêlent simultanément pour tenter d'aller de l'œuvre au texte.

Le point de départ et le fil conducteur, on l'a vu, restent indéniablement la pratique dans sa singularité, tout en s'efforçant de questionner le sens de cette singularité : le sens de l'intentionnalité, le sens de ce qui est en train de s'opérer, le sens produit, le sens contextualisé. C'est ce qui légitime une certaine compréhension des possibilités plutôt que de la seule interprétation rétroactive : *tenter de comprendre le faire « en train de se faire »*.

En cela, décrire une production achevée, comme le monde de l'art s'évertue à le faire, serait futile, à peine l'aveu d'une ignorance malhabile de son essence même. De ce fait, exploiter ces questionnements pour « témoigner de l'intérieur », expliciter « l'intimité » des orientations, saisir le critère de l'œuvre à l'état naissant, s'institue à la fois comme le principal vecteur de notre recherche, mais invariablement comme la difficulté principale de celle-ci.

Ainsi le discours résulte de cette recherche qui en cours de route s'est modifiée, ajustée, positionnée. La question n'a pas été de savoir comment procéder pour retranscrire les spécificités de cette approche. Encore moins de « concevoir » une réflexion, mais paradoxalement de la « révéler ». Révéler le cours des pensées, révéler les actions mises en jeu, « s'observer soi-même en tant qu'observateur ». C'est-à-dire se regarder soi-même et produire à partir de sa propre expérience un mode de connaissance. Un aspect qui semble en retrait, souvent absent, dans l'ensemble des discours que nous avons croisés définissant l'art, encore moins « l'art numérique ».

De ce fait, malgré l'abondante littérature, le concept « d'art numérique » reste un cadre très ouvert et de fait mal délimité : à notre sens non délimitable. Paradoxalement, les théoriciens ont tenté de l'élever au rang de discipline pour rendre accessible des pratiques et des discours discernables et appréciables tout en faisant largement l'impasse sur la parole des artistes engagés dans de telles expérimentations. Ce faisant, ils ont pu forger un ensemble de concepts et de propriétés communes et représentatives qui en structurent artificiellement l'existence. Ainsi, les préoccupations matérialisées principalement dans les caractéristiques techniques ont pour objectif de rendre digne d'intérêt et de valoriser l'aspect prospectif de ces pratiques au détriment des singularités. Les thématiques sont suffisamment précises pour construire une réflexion, mais appellent une généralisation qui ne produit que des conclusions touchant toute œuvre exploitant le numérique. Un certain nombre de ces caractéristiques nourrissent bien les œuvres produites à l'aide du numérique, sans en être exclusives. Chaque fois que de nouveaux « outils » de création sont inventés, ils deviennent de nouveaux champs d'investigation artistiques, faisant apparaître un foisonnement d'œuvres et de pratiques qui ne peuvent être classifiées. Le numérique intéresse, car il propose une autre manière de créer et parce qu'il est partout, ce qui explique sa grande popularité. Néanmoins peu d'artistes se revendiquent strictement d'une catégorie, le numérique n'est à notre sens qu'un moyen de produire des œuvres parmi d'autres. Nombreux sont ceux qui exploitent d'anciennes pratiques peu à peu infiltrées par le numérique et donc s'en servent. En cela, il permet d'apporter de nouvelles réponses à des préoccupations diverses, et fréquemment antérieures au numérique. Comme dans tout art exploitant un potentiel technique, le numérique apporte sa part de contraintes qui s'avèrent génératrices d'idées.

D'ailleurs, dans cette recherche traitant de notre pratique questionnant spécifiquement le numérique, nos préoccupations ont été alternativement matérielles, sensibles, plastiques souvent plus proche du peintre, du sculpteur, du musicien, que du technicien et de l'informaticien. Ceci suppose de ne pas devenir un « technicien qui fait de l'art », mais bien *un artiste qui s'appuie sur la technologie*. Nous cherchions également à produire de la connaissance, dans le faire en auscultant et démontant des objets du numérique, en se distanciant des approches techniques et technologiques autoréférentielles et auto-justifiantes. Ce qui nous intéresse est de comprendre, savoir comment fonctionne notre pratique des objets numériques, comment l'interrelation des deux coexiste, comment s'en détacher, comment s'y immiscer. Les discours sur le numérique sont pourtant importants, car ils permettent de situer, mais aussi de mesurer l'écart, l'état d'un domaine en pleine expansion. Si le numérique amène ses contraintes, ses caractéristiques, nous le percevons véritablement *comme une matière première, un matériau* questionnable dans une pratique expérimentale porté par ses propres faiblesses et maladresses supplantant les caractéristiques supposées. Les œuvres produites[567], dans le temps de cette recherche sont autant d'exemples de nos interrogations scientifiques que de témoins de notre pratique artistique exploitant le numérique.

En ce sens, vouloir parler « d'art numérique » ou d'autre dénomination classificatoire aujourd'hui, même sous l'angle de la nouveauté, semble obsolète. Il serait préférable de parler « d'art aux moyens numériques » ou « d'art produit avec le numérique ». Prétendre proposer une approche exhaustive et définitive est également voué à l'échec, tant les caractéristiques sont mouvantes, mobiles, instables

---

[567] Voir : http://digitaldefeat.fr

et imprévisibles. Comprendre les transformations que le numérique introduit dans les conceptions et les pratiques de l'art ne peut se faire sans référence à la globalité du contexte dans lequel cette approche numérique s'insère, encore moins sans la parole des artistes : les théories ne suffisent pas en elles-mêmes, d'autant que la distance critique semble inaccessible.

Même si les pratiques et les formes d'expression s'inventent à travers l'appropriation des technologies numériques, même si elles bouleversent les découpages entre champs disciplinaires en générant des approches déstabilisantes et transversales liant création artistique, recherche scientifique, développement technologique, pratiques médiatiques, les œuvres intégrant le numérique assimileront pleinement le monde de l'art pour perdre progressivement cette description restrictive qui n'est qu'une caractéristique historique d'une époque : les artistes travaillant, œuvrant avec le numérique, sont tout simplement des artistes de l'art, ce qu'ils ont toujours été.

Bibliographie

AGAMBEN, G., *Image et mémoire*, Paris, Hoëbeke, 1998.

ALBERS, J., *Bauhaus and Bauhaus People*, New York, 1970.

AMEY, C., « De l'usage discontinu de l'œuvre d'art », *Fragment, montage-décollage, collage-décollage, la défection de l'œuvre ?*, Paris, Harmattan, 2002.

ARAGON, L., *Henri Matisse, roman*, vol. 1, Paris, Gallimard, 1971.

ARASSE, D., *Le détail, pour une histoire rapprochée de la peinture*, Paris, Flammarion, 1996.

ARDENNE, P., *Art, l'âge contemporain*, Paris, Editions du Regard, 2003.

ARNHEIM, R., *La pensée visuelle*, Paris, Flammarion, 1999.

AUBENAS, F., BENASAYAG, M., *Résister c'est créer*, Paris, La Découverte, 2002.

BACHELARD, G., *Essai sur la connaissance approchée*, Paris, Vrin, 1927.

BARBIER, G., « Entretiens », in BAZZOLI, F., *Vertige de la connaissance: Art contemporain et sciences humaines*, Bruxelles, Images en manœuvre, 1992.

BARILIER, E., *L'ignorantique. L'ordinateur et nous*, Genève, Editions Zoe, 2005.

BARON, D., *Corps et artifices. De Cronenberg à Zpira*, Paris, Harmattan, 2007.

BARTHES, R., « Théorie du texte », *Encyclopédia Universalis, vol. 15*, Edition 1975.

BARTHES, R., *La chambre claire, Note sur la photographie*, Cahiers du cinéma, Paris, Gallimard, 1980.

BARTHES, R., *L'obvie et l'obtus*, Paris, Seuil, 1982.

BARTHES, R., *Vers le neutre*, Paris, Bourgeois, 1991.

BATAILLE, G., *« Le non-savoir »*, dans Œuvres complètes VIII, Paris, Gallimard, 1976.

BATAILLE, G., *La peinture préhistorique. Lascaux ou la naissance de l'art*, Genève, Skira, 1980.

BAUDRILLARD, J., *Le système des objets*, Paris, Gallimard, 1968.

BAY, H., *TAZ, Zone Autonome Temporaire*, Paris, L'éclat, 2007.

BAZZOLI, F., *Vertige de la connaissance : Art contemporain et sciences humaines*, Bruxelles, Images en manœuvre, 1992.

BENJAMIN, W., *Images et pensées*, Paris, Christian Bourgois, 1998.

BERGSON, H., *Les Deux Sources de la Morale et de la Religion*, Paris, PUF, 1932.

BERNADAC, M.-L., *Propos sur l'art,* Paris, Gallimard, 1998.

BERTOLINI, G., *Art et Déchets,* Angers, Aprede/ Le Polygraphe, 2001.

BETHUNE, C., *Le rap, une esthétique hors la loi,* Paris, Revue Autrement, 2003.

BLANCHOT, M., *La part du feu*, Paris, N.R.F., 1949.

BLANCHOT, M., *L'espace littéraire,* « L'œuvre fait apparaître ce qui disparaît dans l'objet », Paris, Gallimard, 1955.

BLOCH, O., VON WARTBURG, W., *Dictionnaire Etymologique de la langue française*, Paris, PUF, 1996.

BOLL, M., *Les certitudes du hasard*, Paris, PUF, 1962.

BORREIL, J., *La raison nomade*, Paris, Payot et Rivages, 1993.

BOURRIAUD, N., « Relations et Programmations », in *Transit, 60 artistes nés après 60*, Paris, Ecole Nationale Supérieure des Beaux-Arts, 1997.

BOURRIAUD, N., *Formes de vie, l'art moderne et l'invention de soi*, Paris, Denoël, 2003.

BRECHT, G., *Chance-Imagery/ L'Imagerie du hasard*, Dijon, Les presses du réel, 2002.

BRETON, A., *Point du jour, Œuvres complètes, Tome II*, Gallimard, Paris, 1992.

BRETON, A., *L'Amour fou, Œuvres complètes, Tome II*, Gallimard, Paris, 1992.

BRETON, A., *Le Surréalisme et la peinture*, Paris, Gallimard, 2002.

BROSSARD, L., « Audace et citation », in BERTHET, D. (Dir), *L'audace en art,* Paris, Harmattan, 2005.

BUCI-GLUCKSMANN, C., *L'œil cartographique de l'art*, Paris, Galilée, 1996.

CAGE, J., *Silence*, Middletown, Wesleyan University Pres, 1961.

CAGE, J., *Pour les oiseaux*, entretiens avec CHARLES, D., Belfond, 1976.

CAHEN, G. (Dir), *Résister. Le prix du refus*, Paris, Editions Autrement, 1994.

CAILLET, A., *Quelle critique artistique ? Pour une fonction critique de l'art à l'âge contemporain*, Paris, Harmattan, 2008.

CAILLOIS, R., *Les Jeux et les Hommes, Le masque et le vertige*, Paris, Gallimard, 1967.

CAM, P., « Le bricolage, un art pour l'art », in *Critiques sociales*, mai 1991.

CASTELLS, M., « Épilogue : L'informationnalisme et la société en réseau », in HIMANEN, P., *L'éthique hacker et l'esprit de l'ère de l'information*, Paris, Exilis, 2001.

CASTILLO DURANTE, D., *Les dépouilles de l'altérité*, Montréal, XYZ Ed., 2004.

CAUQUELIN, A., *L'art du lieu commun*, Paris, Seuil, 1999.

CERTEAU, M., *L'invention du quotidien, tome 1 : Arts de faire*, Paris, Gallimard, 1990.

CHAISSAC, G., « Lettre à R.G. 25 mai 1948 », *Hippobosque au Bocage 1951*, Paris, Gallimard, 1995.

CHARAUDEAU, P., « Des catégories pour l'humour ? », in *Questions de communication n°10*, Nancy, 2006.

CHATELAIN, Y., ROCHE, L., *Hacking dictionary, « The jargon files »*, Paris, Harmattan, 2001.

CHOAY, F., à propos de l'exposition *Le Plein* d'Arman, dans « Lettre de Paris », *Art International, vol. IV, n°9*, 1960.

CIRET, Y., *Art Press n°258*, 2000.

CLÉMENT, E., DEMONQUE, C., HANSEN-LOVE, L., KAHN, P., *Dictionnaire. La philosophie de A à Z*, Paris, Hatier, 2011.

COLLIN, F., *Maurice Blanchot et la question de l'écriture, L'imaginaire, Le chemin*, Paris, Gallimard 1971.

COMPAS, P., « Le parti pris des choses », *Correspondances n° 5-6 Métissages*, Strasbourg, 1993.

CONCHE, M., *L'aléatoire*, Paris, PUF, 1999.

CONIL LACOSTE, M., *Tinguely, l énergétique de l'insolence*, Paris, La différence, 2007.

CONSTABLE, J., *Peintures, aquarelles et dessins*, catalogue d'exposition Tate Gallery, Londres, 1976.

CORBIN, A., « Les balbutiements d'un temps pour soi », in *L'avènement des loisirs 1850-1960*, Collectif, Paris, Aubier, 1995.

CRIQUI, J.-P., « Usage du déjà là. Les Moyen Age de l'art contemporain », *Cahiers de la Villa Gillet n°17*, Lyon, 2003.

CRITICAL ART ENSEMBLE, *La résistance électronique. Et autres idées impopulaires*, Paris, Editions de l'éclat, 1997.

DAGOGNET, F., *Des détritus, des déchets, de l'abject, une philosophie écologique*, Les empêcheurs de tourner en rond, Paris, 1997.

DAMISCH, H., *La partie et le tout, Revue d'esthétique n°23*, Paris, 1970.

DAMISCH, H., *Fenêtre jaune cadmium, ou, Les dessous de la peinture*, Paris, Seuil, 1984.

DA SILVA, J. M., *Les technologies de l'imaginaire : Médias et culture à l'ère de la communication totale*, Paris, La table ronde, 2008.

DELEUZE, G., *Logiques de sens*, Paris, Editions de Minuit, 1969.

DELEUZE, G., GUATTARI, F., *Kafka pour une littérature mineure*, Paris, Les Editions de Minuit, 1975.

DELEUZE, G., *L'image-mouvement*, Paris, Editions de Minuit, 1983.

DELEUZE, G., *Le Pli,* Paris, Edition se Minuit, 1988.

DELEUZE, G., GUATTARI, F., *Qu'est-ce que la philosophie ?* Paris, Editions de Minuit, 1991.

DELORME-LOUISE, M.-N., « Matériau et créativité au Bauhaus, *Recherche Poïétiques. Tome II, Le matériau, Klicksieck*, Paris, 1976.

DEMANGE, M., « Préface », *Sculptures trouvés. Espace public et invention du regard*, Paris, Harmattan, 2003.

DEVILLERS,V. (Dirs), *L'arrière-pays des créateurs*, Bruxelles, Editions Complexe, 2003.

DIASIO, N., « La liaison tumultueuse des choses et des corps : un positionnement théorique », in JULIEN, M.-P., ROSSELIN, C. (Dirs), *Le sujet contre les objets... tout contre, Ethnographies de cultures matérielles*, Paris, CTHS, 2009.

DIDI-HUBERMAN, G., *Devant l'image*, Paris, Editions de Minuit, 1990.

DIDI-HUBERMAN, G., *Ce que nous voyons, ce qui nous regarde*, Paris, Editions de Minuit, 1992.

DIDI-HUBERMAN, G., *L'empreinte,* Paris, Centre Georges Pompidou, 1997.

DIDI-HUBERMAN, G., « Images contact », *Phasmes*, Paris, Editions de Minuit, 1998.

DIDI-HUBERMAN, G., *L'homme qui marchait dans la couleur*, Paris,

Éditions de Minuit, 2001.

DIDI-HUBERMAN, G., « Montage des ruines. Conversation avec Georges Didi-Huberman », *Simulacres*, *« Ruines I »*, *n°5*, 2001.

DIDI-HUBERMAN, G., *Ninfa Moderna. Essai sur le drapé tombé*, Paris, Gallimard, 2002.

DOMINIC, M., *Savoir et affect : pour une économie du non-savoir*, Montréal, Université de Montréal, 2009.

DONNE, B., *Pour mémoires. Un essai d'élucidation des mémoires de Guy Debord*, Paris, Allia, 2004.

DUBUFFET, J., *L'homme du commun à l'ouvrage*, Paris, Gallimard, 1973.

DUCASSE, I., comte de LAUTREAMONT, *Les Chants de Maldoror (Chant sixième)*, Paris, Flammarion, 1990.

DUCHAMP, M., « Le processus créatif », *Duchamp du signe*, Paris, Flammarion, 1994.

DUFRENNE, M. *Esthétique et philosophie*, tome 3, Paris, Klincksieck, 1981.

DUHUIT, G., *l'Image en souffrance. 1 : coulures*, Paris, Fall, 1961.

DUMAIS, F., *L'appropriation d'un objet culturel. Une réactualisation des théories de C.S. Peirce à propos de l'interprétation*, Presses de l'Université du Québec, 2010.

DUPIN, J., *Un portrait par Giacometti*, Paris, Gallimard, 1991.

DUPUIS, G., « De l'humour et de la poésie », *Urgences, n° 12*, 1984.

DURAND, R., *Le regard pensif, lieux et objets de la photographie*, Paris, Éditions de la différence, 1988.

EDGERTON, D., « De l'innovation aux usages. Dix thèses sur l'histoire des techniques », *Annales histoire, Sciences sociales, Histoire des techniques, n°4-5*, 1998.

EGAÑA, M., « Le regard ontologique », *Recherches poïétiques n°7*,

Presses Universitaires de Valenciennes, 1998.

EHRENZWEIG, A., *L'ordre caché de l'art*, Paris, Gallimard, 1982.

EHRMANN, G., *Les inspirés et leurs demeures*, Paris, Le Temps, 1962.

ENRICI, M., *Identification d'un artiste*, in GASIOROWSKI, G., Coll. Contemporais monographies, MNAM – Centre G. Pompidou, 1995.

ESCOUBAS, E., *Venezia -Fragments Jean Luc Tartarin*, Ecole des Beaux-arts de Metz, Tourcoing, E.R.S.E.P., 1992.

FLAHAUT, F., « L'artiste-créateur et le culte des restes. Un regard anthropologique sur l'art contemporain », *Communications, n° 64, 1997.*

FOCILLON, H., *Vie des formes. Eloge de la main*, Paris, PUF, 1981.

FORERE-MENDOZA, S., « De la citation dans l'art et dans la peinture en particulier », in BEYLOT, P., *Emprunts et citations dans le champ artistique*, Paris, Harmattan, 2004.

FOUCAULT, M., *Dits et écrits,* Paris, Gallimard, 1994.

FOURNEL, P., « Créer c'est coller », *Erro*, Paris, Editions du Jeu de Paume RMN, 1999.

FRECHURET, M., *Le Mou et ses formes. Essai sur quelques catégories de la sculpture du XXe siècle*, Paris, ENSBA, 1993.

GASQUET, J., *Paul Cézanne*, Paris, Bernheim, 1921.

GAUGUIN, P., « Lettre de Paul Gauguin à Emmanuel Bibesco (Mai 1900) » in MALINGUE, M., *Lettres de Gauguin à sa Femme et à ses Amis*, Paris, Grasset, 1946.

GAUTHIER, M., *L'Anarchème*, Genève, MAMCO, 2002.

GÉRARD, C., *L'œuvre du mouvement*, Presses universitaires de Nancy, 2011.

GIACOMETTI, A., « Entretien avec Pierre Dumayet » [1963], *Alberto Giacometti. Ecrits*, Paris, Hermann, 1990.

GINTZ, C., « Notes sur un projet d'exposition », *L'art conceptuel, une perspective*, Paris, Arc, 1990.

GIROUD, M., WOLF, S., *Documents Raoul Hausmann I*, Paris, Champ Libre, 1975.

GLEIZES, A., *Puissance du cubisme*, Paris, Présence, 2003.

GLISSANT, E., *Traité du Tout-Monde*, Paris, Gallimard, 1997.

GODBOUT, J. T., CAILLÉ, A., *L'Esprit du don*, Paris, La Découverte, 2000.

GONIN-PEYSON, D., « Inventer son chemin : Petite fresque heuristique », in TOULOUSE, I, DANETIS, D. (Dirs), *Eurêka. Le moment de l'invention. Un dialogue entre art et sciences*, Paris, L'Harmattan, 2008.

GOODMAN, N., *L'art en théorie et en action*, Paris, Gallimard, 1996.

GOSSELIN, S. (Dir), *Poétique(s) du numérique*, L'Entretemps éditions, Montpellier, 2008.

GUETEMME, G., « L'art au risque du corps », in *Le risque en art*, Paris, Klincksieck, 1999.

HABIB, A., *L'attrait de la ruine*, Liège, Yellow Now, 2011.

HEINICH, N., *Etre artiste. Les transformations du statut des peintres et des sculpteurs*, Paris, Klincksieck, 1996.

HENRIOT, J., *Sous couleur de jouer. La métaphore ludique*, Paris, Jose Corti, 1989.

HENRY, M., *La barbarie*, Paris, PUF, 2004.

HIMANEN, P., *L'éthique hacker et l'esprit de l'ère de l'information*, Paris, Exilis, 2001.

HIRSCHHORN, T., *Interview*, Catalogue FRAC Paca, Actes Sud, 2000.

HUIZINGA, J., *Homo ludens*. Essai sur la fonction sociale du jeu, Paris, Gallimard, 1951.

HUYGHE, P.-D., *L'art au temps des appareils*, Paris, Harmattan, 2005.

JACQUES, J., *L'imprévu ou la science des objets trouvés*, Paris, Odile Jacob, 1990.

JAMES, T., « Rêveurs tout éveillés –ou à moitié endormis », in PESENTI CAMPAGNONI, D., TORTONESE, P. (Dirs), *Les arts de l'hallucination*, Paris, Presses de la Sorbonne Nouvelle, 2001.

JANG, Y.-G., *L'objet Duchampien*, Harmattan, Paris, 2001.

JANKÉLÉVITCH, V., *L'irréversible et la nostalgie*, Champs essais, Paris, Flammarion, 1974.

JARREAU, P., *Du bricolage : archéologie de la maison*, Centre Georges Pompidou, Paris, CCI, 1985.

JAVEAU, C., « La socialisation du monde informatique : la rencontre « jeunes enfants-ordinateurs » dans la vie quotidienne », in GRAS, A., JOERGES, B., SCARDIGLI, V. (Dirs), *Sociologie des techniques de la vie quotidienne*, Paris, Harmattan, 1992.

JEAN, M., « Sens et pratique », in GOSSELIN, P., LE COGUIEC, E. (Dirs), *La recherche création*, Presses de l'Université du Québec, 2009.

JEFFREY, D., *Eloge des rituels*, Presses Universitaires de Laval, 2004.

JEUNE, F., « Carambole : l'invention à répétition » in TOULOUSE, I, DANETIS, D. (Dirs), *Eurêka. Le moment de l'invention. Un dialogue entre art et sciences*, Paris, L'Harmattan, 2008.

JOE, O., *ABC du bricolage, un guide pour les amateurs de « bric-à-brac »*, Paris, Libraire Delagrave, 1925.

JOSEPH, P., « Mémoire et disponible », in *Documents sur l'art n° 10*, 1996.

JOUANNAIS, J.-Y., « Des formes de bonne volonté », in *Art Press n°187*, 1994.

JOUANNAIS, J.-Y., « Le pari de la faiblesse », in *Art Press n° 195*, 1994.

JOUANNAIS, J.-Y., « Le siècle Mychkine ou l'idiotie en art », *Art press n° 216*, 1996.

JOUANNAIS, J.-Y., *L'idiotie. Art, vie, politique – méthode*, Saint-

Amand-Montrond, Beaux arts magazine livres, 2003.

JOUËT, J., « Le rapport à la technique », *Réseaux, Hors-Série 5*, 1987.

JULIEN, M.-P., ROSSELIN, C. (Dirs), *Le sujet contre les objets... tout contre, Ethnographies de cultures matérielles*, Paris, CTHS, 2009.

JUNOD, P., *Transparence et opacité. Essai sur les fondements théoriques de l'art moderne*, Nîmes, Jacqueline Chambon, 2004.

KAMPER, D., *Jean Fabre ou l'art de l'impossible*, Bischheim, La chaufferie, 1999.

KAPROW, A., « L'art expérimental », *L'art et la vie confondus*, Paris, Centre Georges Pompidou, 1996.

KHIM, C., « *Pop* », in *Art Press n° 304*, 2004.

KIERKEGAARD, S., *La reprise*, Paris, Flammarion, 1990.

KLEE, P., *Théories sur l'art Moderne*, Paris, Gonthier, 1964.

KLEIN, E., *Les Tactiques de Chronos*, Paris, Flammarion, 2003.

KRAUSS, R., *Passages, une histoire de la sculpture de Rodin à Smithson*, Paris, Macula, 1997.

KRISTEVA, J., *Sémiotikè recherche pour une sémanalyse*, Paris, Seuil, 1969.

LABASSE, B., *Une dynamique de l'insignifiance. Les médias, les citoyens et la chose publique dans la « société de consommation »*, Villeurbanne, Presses de l'enssib, 2004.

LABELLE-ROJOUX, A., *L'Art parodic'*, Cadeilhan, Zulma, 2003.

LACAN, J., *Le séminaire, livre XI : Les quatre concepts fondamentaux de la psychanalyse*, Paris, Seuil, 1973.

LACHAUD, J.-M., « De l'échec en tant que promesse », *LOEUVREENECHEC*, Paris, CERAP, 1995.

LACROIX, L., « L'atelier-musée, paradoxe de l'expérience totale de l'œuvre d'art », *Anthropologie et Sociétés, vol. 30, n°3*, Montréal, 2006.

LAMBERT, J.-C., « Le parti pris des objets », *Opus international, n°10-*

11, 1969.

LASCAULT, G., *Faire et défaire*, Paris, Fata Morgana, 1985.

LASCAULT, G., « Le marieur d'images », in *Beaux-Arts n°64*, 1989.

LASCH, C., *Les femmes et la vie ordinaire*, Paris, Climats, 2006.

LATOUR, J.-P., « L'atelier et son dessein », in *Revue Espace Sculpture, n°57,* Montréal, 2001.

LAWLESS, C., *Artistes et Ateliers*, Nîmes, Jacqueline Chambon, 1990.

LAZARIDES, A., « Eloge de l'échec. Du ratage au fiasco », *Jeu, Numéro 90*, Montréal, 1999.

LEFEBVRE, L., « Le chantier comme exercice pratique d'inachèvement lié à l'incertain », *ETC, n°73,* Montréal, 2006.

LE GOUIC, J.-C., « Le regard créateur », *Recherches poïétiques n°7*, Presses Universitaires de Valenciennes, 1998.

LEROI-GOURHAN, A., *Le geste et la parole, la mémoire et les rythmes*, Paris, Albin Michel, 1998.

LE ROY, E., « Sur la logique de l'invention », *Revue de Métaphysique et de Morale, Vol. 13 n° 1-3*, 1905.

LÉVÊQUE, J.,-J., « Procès de l'automatisme », *Sens plastique, n°8,* 1959.

LEVINAS, E., *Le temps et l'autre*, Paris, PUF, 1994.

LÉVI-STRAUSS, C., *La pensée sauvage*, Paris, Pocket, 2009.

LYOTARD, J.-F., *Discours, figure*, Paris, Kliencksieck, 1971.

LYOTARD, J.-F., *Que peindre ? Adami, Arakawa, Buren*, Paris, La différence, 1987.

MCKENZIE, W., *Un manifeste hacker*, Paris, Criticalsecret, 2006.

MAGLIOZZI, M., *Art brut, architectures marginales. Un art du bricolage*, Paris, Harmattan, 2008.

MAIXENT, J., « Un petit tour et puis… re ! », in *« ET RE ! » Recyclage, reprise, retour, La Voix du regard n°18,* Paris, 2005.

MANGUEL, A., *Le Livre d'images*, Arles, Actes Sud, 2009.

MARCADÉ, B., « De Margine », *Pertubation*, Paris, ARC, 1982.

MARTINON, J.-P., « Les formes du pauvre », *Revue d'ethnologie française, n°2/3*, 1978.

MASSÉRA, J.-C., *Amour, gloire et CAC 40*, Paris, Editions P.O.L., 1999.

MATISSE, H., *Ecrits et propos sur l'art*, Paris, Editions Hermann, 1992.

MAURIN, F., « Profits ou pertes ? » Entretien avec PEYRET, J.-F., Théâtre/Public 141, Paris, 1998.

MAURON, V., RIBAUPIERRE, C. (Dirs), *Les figures de l'idiot. Rencontres du Fresnoy*, Paris, Editions Léo Scheer, 2004.

MERLEAU-PONTY, M., *Le visible et l'invisible*, Paris, Gallimard, 1964.

MERLEAU-PONTY, M., *L'œil et l'esprit*, Paris, Gallimard, 1985.

MICHEL, P., « Que signifie improviser en jazz ? » in TOULOUSE, I, DANETIS, D. (Dirs), *Eurêka. Le moment de l'invention. Un dialogue entre art et sciences*, Paris, L'Harmattan, 2008.

MILNER, M., « Introduction », in PESENTI CAMPAGNONI, D., TORTONESE, P. (Dirs), *Les arts de l'hallucination*, Paris, Presses de la Sorbonne Nouvelle, 2001.

MOLES, A., *Les sciences de l'imprécis*, Paris, Seuil, 1995.

MONFOUGA-BROUSTRA, J., « Jouer avec l'interdit. La relation à la plaisanterie en culture africaine », REVEYRAND-COULON, O., GUERRAOUI, Z. (Dirs), *Pourquoi l'interdit*, Ramonville Saint-Ange, Erès, 2006.

MOREAU, A., « Il n'y a que faille qui vaille » in TOULOUSE, I, DANETIS, D. (Dirs), *Eurêka. Le moment de l'invention. Un dialogue entre art et sciences*, Paris, L'Harmattan, 2008.

MOROSOLI, J., « Tinguely » *Espace Sculpture, vol. 4, n° 2*, 1988.

MOULIN, R., « De l'objet à l'œuvre », *Arman*, Jeu de Paume, Paris, 1998.

MOUREY, J.-P., *Philosophies et pratiques du détail*, Hegel, Ingres, Sade et quelques autres, Seyssel, Champ Vallon, 1996.

MOUSSET, S., « Faisons parler l'interdit de la langue... », in REVEYRAND-COULON, O., GUERRAOUI, Z. (Dirs), *Pourquoi l'interdit*, Ramonville Saint-Ange, Erès, 2006.

M'UZAN, M., *De l'art à la mort*, Paris, Gallimard, 1994.

NANCY, J.-L., *Le Sens du monde*, Paris, Galilée, 1993.

NANCY, J.-L., *Les Muses*, Paris, Galilée, 1994.

NANCY, J.-L., « Matière première » in *Catalogue Miquel Barcelo, Mapamundi*, Saint-Paul-de-Vence, Fondation Maeght, 2002.

NANCY, J.-L., *Au fond des images*, Paris, Galilée, 2003.

NORDEY, S., MAURIN, F., « Pour un théâtre mitoyen avec l'essai», *Théâtre/Public 141*, Paris, 1998.

NOUGÉ, P., « La Vision déjouée », *Histoire de ne pas rire, L'Age d'Homme*, 1980.

NOGUEZ, D., « Le vilain petit cygne », in CAHEN, G. (Dir), *Résister. Le prix du refus*, Paris, Editions Autrement, 1994.

OLIVESI, S., *Référence, déférence. Une sociologie de la citation*, Paris, Harmattan, 2007.

ONCINS, V., « COLLAGE= what a b what a b what a beauty », *Le collage et après*, Paris, Harmattan, 2001.

OTTAVI, J., « Hacker le langage », in GOSSELIN, S. (Dir), *Poétique(s) du numérique*, L'Entretemps éditions, Montpellier, 2008.

PANOFSKY, E., *Idea*, Paris, Gallimard, 1989.

PASSERON, R., « La poïétique », in *Recherche poïétiques, Tome 1*, Paris, Klincksieck, 1975.

PASSERON, R., « L'enfance de l'art ou l'enfant comme valeur artistique », *Actes du Colloque de l'AGIEM*, 1983.

PASSERON, R., « Création et détournement », *Pour une philosophie de la création*, Paris, Klincksieck, 1989.

PAYOT, D., « Construction et vérité », *Le collage et après*, Paris, Harmattan, 2001.

PAYOT, D., « Postface », *Sculptures trouvés. Espace public et invention du regard*, Paris, Harmattan, 2003.

PAZ, O., parle à ce sujet de « récréations arithmétiques », *Marcel Duchamp : l'apparence mise à nu...*, Paris, Gallimard, 1990.

PEIRCE, C. S., *Ecrits sur le signe*, Paris, Seuil, 1978.

PIERRAT, E., *La collectionnite*, Paris, Le Passage, 2001.

PERRIAULT, J., « Un exemple d'empreinte de la technique : le cas de la machine à vapeur », in *Culture Technique N°4*, 1981.

PERRIAULT, J., *La logique de l'usage. Essai sur les machines à communiquer*, Paris, Harmattan, 2008.

PESENTI CAMPAGNONI, D., TORTONESE, P. (Dirs), *Les arts de l'hallucination*, Paris, Presses de la Sorbonne Nouvelle, 2001.

PEYRET, J.-F., « Comment j'ai expérimenté ?», in DURING E., JEANPIERRE, L., KIHM, C. (Dirs), *in actu. De l'expérimental dans l'art*, Presses du réel, 2009.

PICON, P., *L'œuvre d'art et l'imagination*, Paris, Hachette, 1955.

PIGEARD DE GURBERT, G., *Le mouchoir de Desdémone, essai sur l'objet du possible*, Paris, Actes Sud, 2001.

PIGEAUD, J., « La conception de l'idiot chez Moreau de Tours », in MAURON, V., RIBAUPIERRE, C. (Dirs), Les figures de l'idiot. Rencontres du Fresnoy, Paris, Editions Léo Scheer, 2004.

PIGUET, P., *Jean-Luc André, éloge de la dissection*, Frac Basse-Normandie, 1997.

POMIAN, K., *Collectionneurs, amateurs, curieux: Paris-Venise, XVIe - XIIIe siècles*, Paris, Gallimard, 1987.

PONGE, F., *Méthodes*, Gallimard, 1961.

POULET, G., *La pensée indéterminée de Bergson à nos jours*, Paris, PUF, 1990.

PREVOST, B., « L'invention : un concept périmé de l'ancienne théorie de l'art ? », in SOULAGES, F. (Dir), *Dialogues sur l'art et la technologie*, Paris, Harmattan, 2003.

QUÉAU, P., *Metaxu. Théorie de l'art intermédiaire*, Seyssel, Champ Vallon, 1989.

QUIGNARD, P., *Une gêne technique à l'égard des fragments*, Saint Clément, Fata Morgana, 1986.

RACHDI, M., *Art et mémoire. L'invention de l'oasis natale*, Paris, Harmattan, 1999.

RAMMERT, W., « Relations that constitute technology and media that make a difference: Toward a social pragmatic theory of technicization », in *Society for Philosophy and Technology* 4, Delaware, Agazzi, 1999.

RAUGER, J.-F., « Remakes américains », *Pour une cinéma comparé, influences et répétitions,* Paris, Cinémathèque Française, 1996.

RESTANY, P., *Les Objets-plus*, Paris, La différence, 1989.

RITTAUD-HUTINET, J., « La magie et la peur : les premières projections publiques de cinéma en France », in PESENTI CAMPAGNONI, D., TORTONESE, P. (Dirs), *Les arts de l'hallucination*, Paris, Presses de la Sorbonne Nouvelle, 2001.

RODRIGUEZ, V., « Mais, à quoi PEUT DONC BIEN SERVIR un atelier ? », in *Revue Espace Sculpture, n°57,* Montréal, 2001.

ROUSSEAUX, F., BONARDI, A., «Parcourir et constituer nos collections numériques», CIDE 10, http://goo.gl/lQLWL

ROUX, D., « La résistance du consommateur : proposition d'un cadre d'analyse », in *Recherche et Applications en Marketing, vol. 22, n° 4,* Aix-en-Provence, 2007.

RULLIER, J.-J., cité par BRESSON, C., *1989-95 : deuxième époque,*

Limoges, FRAC, 1996.

RUTAULT, C., *Le commencement de l'objet, sans fin*, Nantes, Joca seria, 2009.

SALLES, G., *Le Regard*, Paris, RMN Seuil, 1992.

SAINT-MARTIN, F., *Théorie de la gestalt et l'art visuel*, Presses Universitaires du Québec, 1990.

SAMOYAULT, T., *L'intertextualité. Mémoire de la littérature*, Paris, Armand Colin, 2001.

SARTRES, J.-P., *L'être et le néant*, Paris, Gallimard, 1990.

SASSO, R., *Georges Bataille : le système du non savoir. Une anthologie du jeu (Arguments)*, Paris, Editions de Minuit, 1978.

SATO, J., « L'œuvre en échec…échec ou fiasco ? », *LOEUVREENECHEC*, Paris, CERAP, 1995.

SAULNIER, C., *Le dilettantisme, Essai de psychologie, de morale et d'esthétique*, Paris, Librairie Philosophique, 1940.

SAYTOUR, P., « L'effet Calder », in LAWLESS, C., *Artistes et Ateliers*, Nîmes, Jacqueline Chambon, 1990.

SCARPETTA, G., « Le trouble », *Art Press*, janvier 1993.

SCHECHNER, R., « Déclin et chute de l'avant-garde (américaine) », *Performance. Expérimentation et théorie du théâtre aux Etats-Unis*, Paris, Editions Théâtrales, 2008.

SCHEFER, J.-L., « Comment répondre ? Fréquentation de la peinture », *Où est passé la peinture, Art Press Hors-série n° 16*, 1995.

SCHULMANN, D., « Secrets d'artistes, il faut qu'une porte soit ouverte et fermée », in *Ateliers : l'artiste et ses lieux de création dans les collections de la Bibliothèque Kandinsky*, Paris, Editions du Centre Pompidou, 2006.

SCHWABSKY, B., *Vitamine P, nouvelles perspectives en peinture*, Paris, Phaidon, 2004.

SCHWITTERS, K., « Merz », Art et temps, Paris, 1926.

SERRES, M., *Hermès II, l'interférence*, Paris, Editions de Minuit, 1972.

SERRES, M., *Genèse*, Paris, Grasset, 1986.

SIBONY, D., *Entre-deux. L'origine en partage*, Paris, Seuil, 1991.

SICARD, M., « Risque et provocation dans la peinture Cobra », *Le risque en art*, Paris, Klincksieck, 1999.

SIMON, J., traduite par MASSERA, J.-C., « Breaking the silence : An interview with Bruce Nauman », *Art in America, 76, n°9,* New York, 1988.

SIMONDON, G., *Du mode d'existence des objets techniques*, Paris, Aubier, 1969.

SOLLERS, P., « La défense Nabokov », *La Guerre du Goût,* Paris, Gallimard, 1996.

SOLLERS, P., « L'enchanteur », *La Guerre du Goût*, Paris, Gallimard, 1996.

SOULAGES, F., « L'invention entre liberté et altérité », in TOULOUSE, I, DANETIS, D. (Dirs), *Eurêka. Le moment de l'invention. Un dialogue entre art et sciences*, Paris, L'Harmattan, 2008.

SOURIAU, E., « Le mode de l'existence de l'œuvre à faire », *Bulletin de la Société française de philosophie, n°1,* 1956.

SOURIAU, E., *Vocabulaire d'esthétique*, Paris, Presses universitaires de France, 2009.

STIEGLER, B., « Il faut le défaut », interview par COLLINS, G., *Art press n° 189,* 1994.

STRAVINSKY, I., *Poétique musicale sous forme de six leçons*, Cambridge, Harvard University Press, 1942.

TILLIETTE, X., « Rapsodie concernant l'origine », *Corps écrit, n° 32,* P.U.F., Paris, 1990.

TINGUELY, J., *La collection Jean Tinguely Bâle*, Retrospectiva,

Valencia, Institut Valencia d'Art Modern, 2008.

TISSERON, S., *Petites Mythologies d'aujourd'hui*, Paris, Aubier, 2000.

TOULOUSE, I, « Présentation des enjeux d'une réflexion trans-disciplinaire sur l'invention », in TOULOUSE, I, DANETIS, D. (Dirs), *Eurêka. Le moment de l'invention. Un dialogue entre art et sciences*, Paris, L'Harmattan, 2008.

VARDA, A., « Les glaneurs et la glaneuse », Ciné Tamaris, 2000.

VERGINE, L., *Quand les déchets deviennent art. Trash rubbish mongo*, Milan, Skira, 2007.

WAJCMAN, G., in FALGUIERES, P., CRIQUI, J.-P., WAJCMAN, G., *L'intime, le collectionneur derrière la porte*, Lyon, Fage, 2004.

WEBER, M., *Essais de sociologie des religions*, trad. J.P. GROSSEIN, Die, Édition à Die, 1992.

WHITELEY, G., in JAMET-CHAVIGNY, S., LEVAILLANT, F. (Dirs), *L'art de l'assemblage*, Presses Universitaires de Rennes, 2011.

WINNICOTT, D. W., *Jeu et réalité, L'espace potentiel*, Paris, Gallimard, 1975.

WÖLFFLIN, H., *Réfléxions sur l'histoire de l'art*, Paris, Flammarion, 1998.

WOLS (SCHULZE, A. O. W.,), *Wols en personne, Aquarelles et dessins*, Paris, Delpire, 1963.

ZERBIB, D., « Les noms du per », in DURING E., JEANPIERRE, L., KIHM, C. (Dirs), in *actu. De l'expérimental dans l'art*, Presses du réel, 2009.

Table des matières

© G.BOENISCH - PANACOTTA, 2017
ISBN : 979-10-92964-00-4
Dépôt légal 4e trimestre 2017
Impression lulu.com

www.ingramcontent.com/pod-product-compliance
Lightning Source LLC
Chambersburg PA
CBHW070551270326
41926CB00013B/2281